한국증시
대폭등 시대가 온다

한국증시, 대폭등 시대가 온다

| 김경수 (초생달) 지음 |

한국경제신문

"자신만의 무기가 없으면 차라리 시장을 떠나라."

필자가 즐겨 사용하는 말 중 하나이다. 그러나 다수의 투자가들은 증권시장 또는 부동산 시장에서 도대체 어떤 무기를 거머쥐어야 승리할 수 있는지를 알아내기 어렵다. 수많은 무기 중 지금 이 시간 필요한 무기가 어느 것인가를 결정케 하는 판독력이 매우 미흡하기 때문에 무릎에서 사서 어깨에서 팔라는 교훈도 한낱 구호에 불과할 수 있다. 결론은 '어떤 무기가 필요한가?' 를 즉시 결정케 할 수 있는 무기가 필요하다.

진실은 항상 감추어져 있으며 거짓이 먼저 득세를 한다. 수많은 거짓의 몸짓과 발짓 속에서 진실의 실체를 찾아내는 것은 바늘구멍을 통과하는 낙타만큼이나 어렵다. 그러나 여러분이 수많은 아류와 오류의 틀을 스스로 거부한다면 실체는 너무 쉽게 그 모습을 드러낸다.

미디어의 발전으로 수많은 방송국이 탄생하고 케이블TV의 범람과 인터넷방송국의 개설로 인해 증권방송은 봇물처럼 쏟아지고 있다. 그 속에서 개인투자가들이 생각하는 최고의 무기는, 믿지 못할 자신의 머리가 아닌 전문가의 머리를 빌려와 떼돈을 번다는 시나리오를 실천하는 것이다.

그러나 대단한 전문가들이 분포되어 있는 증권시장에서 단 한 사람도 부를 이루지 못하고 오히려 대규모 손실로 얼룩진 성적표를 보여주는 까닭은 대단한 전문가들의 위장술 때문이다. 개인투자가들은 그 대단한 전문가들의 위장술을 판독할 수 있는 무기를 마련하지 않고 무작정 전문가라는 칭호에만 매달려 손실을 방어하지 못하고 패배자로 남게 된다.

서브프라임사태의 발발은 금융권에 의해서 탄생했으며 자신들의 기업이 쓰러지고 파산할 것도 모르면서 전세계 투자가들에게 정보를 제공하고 기업의 가치를 평가해왔다. 아이러니가 아닐 수 없다. 그 결과 펀드 투자가들은 모두 쓰러졌으며 땀 흘려 벌었던 소중한 자금을 순식간에 빼앗겨야 했다.

결론은 무엇인가? 여러분 스스로 진실과 거짓의 울타리를 구분해야 한다는 것이다. 지금 현재 어떤 사건이 불거졌다면 그 사건에만 몰두하지 말고 사건을 해결하기 위해 '소수의 수장들이 어떤 무기를 꺼내들 것인가?'에도 눈을 돌려보는 지혜와 심미안을 가져야 한다.

세상은 인간에 의해 만들어졌으며 인간은 수많은 세월 지구멸망의 시나리오를 당당하게 물리쳐왔다. 그것이 종교이든, 집단이든, 전쟁이든 그 무엇이든 지구는 여전히 건재하다.

증권시장에서 어떤 사건은 항상 갑자기 찾아 든다. 그것은 결코 악재로만 작동되지 않으며 대부분 정말 큰 돈을 거머쥘 수 있는 절호의 기회, 내 인생 최초이자 마지막 기회로 작동될 때가 더 많다는 것을 기억해야 한다. 최대의 악재가 최대의 호재가 되는 까닭은 인간 본연의 복구와 개선이라는 노력의 결과물이다. 인간은 결코 자신에게 손해가 되는 사건을 그대로 방치하지 않으려는 불굴의 의지를 갖고 있는 영장

류이다.

　서브프라임사태는 대단한 호재였으며 호재가 되는 까닭은 과거의 쓰레기와 결코 인간의 힘으로는 깨버릴 수 없었던 거대한 인맥과 정치적 교류를 과감히 청산하여 기업이 기업의 힘만으로 기업을 성장시킬 수 있도록, 새로운 제도를 도입할 수 있도록 하여 향후 이어질 미래에 또다시 같은 사건이 반복되지 않게 하려는 노력이 포함되어 있기 때문이다. 만약 지구촌이 향후 오랜 세월 동안 현재와 같은 금융몰락이 등장하지 않는다면 증권시장은 어떻게 될까?

　지금이라도 여러분 스스로를 지켜내고 부의 꿈을 일구어내기 위해서는 자신만의 무기, 세상을 직관적으로 살펴볼 수 있는 무기를 갖추어야 한다. 이 책이 그런 여러분의 앞날에 도움이 되기를 바란다.

김경수(초생달)

CONTENTS

6장 당신의 계좌를 불려줄 최고의 투자기법

7장 단기매매에서의 살 때와 팔 때

8장 **당신도 폭등과 폭락을 척척 알아낼 수 있다**

증권·금융　　　　　　　초생달 특집 : 한국증시 대전망편 ◀

1부
한국증시 대전망

1장

주식은 왜 오르고 내리는가?

드러난 사실과 감추어진 진실

주식시장은 내재가치에 의해 움직인다. 내재가치는 증시의 상승을 이끌어내고 주식시장이 상승한다는 것은 기업의 내재가치가 갖고 있는 성장력이 돈으로 바뀌고 있다는 뜻이다.

주가는 왜 오르고 내리는가? 당신은 주가의 상승과 하락에 대한 근본적인 이유를 어떤 잣대로 측정하고 있는가? 만약 주식시장에 상장기업의 주가를 측정할 수 있는 잣대가 없다면 주식시장이 존재할 이유도 없다. 어떤 수단과 방법을 써도 결코 A 기업의 주가가 비싼지, 싼지를 평가할 수 없다면 주식을 발행해서도 안 되며, 주식을 사서도 안 된다. 비록 A 기업의 미래성장률이 숫자를 동원해 정확한 결론으로 이어지지 않는다 해도 성장동력을 갖고 있다는 것을 인정받았기 때문에 주식을 발행했을 것이다.

동일한 경쟁기업과 비교해 어떤 기업이 미래의 성장동력을 갖기 위해 안간힘을 쓰고 있다면 그 기업은 분명 미래를 준비하는 기업에 해당된다. 즉 내재가치가 있다는 뜻이다.

현재 주식시장에서의 주가는 시장가치로 분류된다. 왜냐하면 시장가치는 종종 실제가치보다 낮은 가격에 거래되기 때문이다. 그 이유는, 넘쳐나는 투자금의 흥청거림에 의해 실제가치 이상으로 거래되는 경우가 있고 이것을 내재가치의 잣대만으로는 주가가 왜 가치 이상으로 뛰는지를 설명할 수 없기 때문이다. 따라서 주식시장의 거래가치로 분류되어 시장가치라 부른다.

주가가 내재가치 이상으로 뛰는 배경에는 미래의 기술력을 담보한 투기세력의 버블 형성이 가세하기 때문이다. 투기세력이 버블을 형성하는 근본 이유는 돈을 더 많이 벌기를 원하기 때문이다.

다시 생각해보자. 투기 또는 투자세력이 돈을 더 많이 벌 수 있다는 판단은 그럴 만한 확신을 할 수 있는 어떤 현상이 주식시장을 장악했기 때문에 가능하다. 만약 주식시장이 참혹한 사건에 휩싸여 흐느적거리는 국면에 있다면, 돈을 벌 수 있다는 확신을 갖는 투기세력은 존재치 않는다. 오히려 그 사건에 의해 돈을 잃을 수도 있다는 불안감을 가질 것이다.

'결국 주식시장이 앞으로 상승할 것이다!' 라는 확신을 가진 사람들이 증가할수록 현재의 주가는 내재가치가 극도로 저평가되었다는 판단을 하게 되고 이는 주가가 상승으로 방향을 트는 요인이 된다.

주식시장을 움직이는 힘은 거대한 자금력을 확보한 사람들에 의해 장악되며 그들이 향후 증시가 상승할 것이라는 확신을 가졌다면 이는 현재가 아닌 미래 가치를 계산했을 가능성이 매우 높다. 지금은 비록

흉물스럽지만 보톡스를 맞고, 성형수술로 코를 세우고 살을 뺀다면 날씬한 몸매와 더불어 순식간에 미인으로 탈바꿈하는 꿈을 꾸는 것과 같다. 그래서 증시는 미래의 꿈을 먹고 사는 것이다.

이제 이러한 내용을 내재가치와 비교해서 자세히 분석해보자. 2007년 세계 각국의 기업들은 거대한 중국 땅에 공장을 짓고 물류센터를 이전하기 시작했다. 서둘러 중국의 러브콜로 빨려들기 위한 노력의 일환이다. 공장 이전을 위해서는 온갖 물자를 실어날라야 했는데 갑자기 폭주하는 물동량을 모두 소화하는 것은 사실상 불가능했다. 그 영향으로 한진해운의 주가가 17,000원에서 63,000원까지 중기 폭등을 했다. 쏟아지는 물동량을 실어나를 유일한 한국 기업은 한진해운뿐이었던 것이다.

이것이 바로 미래의 내재가치에 해당된다. 한진해운이 벌어들이는 막대한 달러는 곧 한국 경제를 부유하게 만드는 재료가 된다. 따라서 경제성장은 기업이 이끌어가는 것이며 정부 정책자들이 기업이 다양한 사업을 전개시킬 수 있도록 관문을 넓히고 법을 개정하며 부양책을 쏟아낸 결과물이다.

이것은 마치 한국이 부동산투기에 휩싸이는 논리와 비슷하다. 수십만 평에 달하는 땅을 개발해 대규모 아파트단지를 조성하기 위해서는 그곳에 거주하는 주민들을 이주시켜야 한다. 즉 보상금과 이주대책이 세워져야 한다. 그러나 보상금은 주어지지만 이주대책은 이주민 스스로 해결해야 하는 문제이기 때문에 재개발이 이루어지는 주변 일대는 순식간에 전세대란에 휩싸이게 된다.

또는 보상금을 두둑이 받은 이주민은 새로운 집을 구입하기 위해 개발지역 부근을 어슬렁거리게 되고 그 결과 부동산가격이 오르기 시작한다. 그 지역에 대규모 아파트단지와 거대 상권이 형성될 것을 이미 알고 있기 때문에 구태여 다른 곳의 부동산을 구입할 필요가 없는 것이다. 즉, 대규모 아파트단지의 개발 소식은 그 지역의 내재가치가 지금보다 매우 높게 상승할 수 있다는 단서를 마련해준 것이다. 이것이 바로 내재가치의 원리이다. 정리하자면, 내재가치는 잠자고 있는 자본을 끌어들여 투자를 활성화시키고 이 투자는 경제에 반영되어 지금과 다른 미래의 경제구조를 형성하게 한다.

만약 한국의 삼성전자와 LG전자, LG디스플레이, 삼성SDI 등과 같은 우수한 기업들이 달러를 대규모로 벌어들이지 못했다면 한국의 주식시장은 폭락했을 것이며 결코 회복할 수 없는 지경까지 도달했을지도 모른다. 주식시장의 폭락은 즉시 경제에 반영되어 깊은 침체를 이끌어내면서 서민은 물론 한국의 허리에 해당되는 중산층을 몰락시킬 수도 있다.

오늘날 우리의 삶은 경제와 밀접하게 연결되어 있고, 경제는 주식시장, 부동산시장, 금융계가 한 덩어리가 되어 움직인다. 서로를 떼어 놓고 진단할 수 없는 것이며 주식시장은 결코 수치나 지표에 의존해 움직이지 않는다.

만약 당신이 주식시장은 어떤 유명한(영향력 있는) 사람이 제공한 수치나 보조지표에 의해 움직인다고 생각한다면 당신은 100% 실패이다. 수치는 현재의 데이터만을 제공할 뿐이며 지표 또한 다분히 선행성을 배제하고 과거와 현재까지의 가치만을 제공할 뿐이다. 따라서 "수치와 지표가 투자기술이며 투자기법을 만든다"고 주장하는 사람은 "기술적 분석은 쓸모없는 것이며 어떤 분석으로도 시장을 적중시킬 수 없다"는 궤변을 늘어놓게 된다. 혹시 당신도 그런 부류의 사람은

KEY POINT •••
내재가치는 잠자고 있는 자본을 끌어들여 투자를 활성화시키고, 이 투자는 경제에 반영되어 지금과 다른 미래의 경제구조를 형성한다.

아닌가?

지표와 수치를 만드는 원료는 기업의 내재가치이다. 내재가치는 기업의 다양한 현황을 반영하지만

❶ 기업의 미래이익과 배당 수준 정도를 추정하여

❷ 이를 현재가치로 환원해서 나온 값을

❸ 현재 시장에서 거래되는 가격과 비교한 뒤

❹ 고평가냐, 저평가냐를 따진다.

쉽게 풀어보면, A 기업의 주가가 싼지 비싼지를 알 수 없기에 미래가치를 계산해본 뒤 판단을 하는 것이다. 이는 어떤 의미에서는 하찮은 듯 보이고 귀찮은 일이기도 하지만 만약 A 기업의 주가가 싼지 비싼지 측정하는 도구가 전혀 없다면 도대체 무엇을 기준으로 주식투자를 할 것인가.

결국 내재가치는 포괄적인 용어로 기업이 가진 수익을 창출할 수 있는 능력과 인프라 구축, 그 기업이 갖고 있는 사회적 브랜드 가치와 연구인력의 능력까지도 포함되기 때문에 결코 단순한 개념이 아니다.

따라서 실질적인 내재가치를 돈으로 환산하는 것은 매우 모호한 구석이 있으나 기업의 브랜드 가치와 연구인력의 능력가치, 당장 수익을 창출할 수 있는 가치 등은 모두 기업이 미래를 개척해나가는 도구로 사용된다(기업이 미래를 위해 다양한 수단과 방법으로 오랜 기간 준비를 하는 것이 왜 중요한가에 대해서는 다음 장에서 설명한다).

KEY POINT •••
내재가치는 기업이 가진 수익을 창출할 수 있는 능력과 인프라 구축, 그 기업이 갖고 있는 사회적 브랜드 가치와 연구인력의 능력까지도 포함되기 때문에 결코 단순한 개념이 아니다. 이러한 가치들이 기업의 미래를 개척해나가는 도구로 사용된다.

🌙 주가는 미래의 가치를 먹고 산다

내재가치는 미래가치를 계산하기 위한 측정치로 환산되기 때문에 결국은 수익가치와 비슷한 결과를 얻게 된다. 수익가치는 '기업이 물건을 판매해서 얼마나 돈을 버는지'를 측정하는 것이다. 따라서 수익가치는 대부분 동종 업계의 기업을 대상으로 비교한다. 어찌 보면 내재가치와 기업의 수익가치는 같은 뜻으로 해석해도 무방하다. 현재는 물론이고 기업이 미래에 어떤 방법과 기술로 돈을 벌 것인지를 이야기하고 있기 때문이다.

내재가치가 극단적인 방향으로 흐른다 해서 기술적 분석 자체를 무의미한 것으로 치부할 필요는 없다. 단지 분석가 스스로 왜 내재가치가 극단적인 방향으로 흘러갔는가를 깨닫지 못했기 때문이다. 내재가치가 생각하는 대로 흘러가지 않고 잦은 이탈과 방향의 틀어짐이 발생한다고 해서 기술적 분석을 가치 없는 행위로 일축해서는 안 된다.

한진해운의 주가가 극단적으로 폭등한 것이 마음에 들지 않더라도 그것은 분명 기업의 내재가치가 주가에 포함되는 과정이었다. 또한 한진해운이 서브프라임 사태를 맞이하면서 극단적인 폭락으로 얼룩진 것도 사필귀정처럼 당연한 결과였다. 단지 당신이 끝없이 오른다거나 끝없이 폭락한다는 관념에 사로잡혀 확고한 기술적 분석의 툴을 사용하지 않고 증시와 겨루었을 뿐이다.

한진해운의 주가는 서브프라임 사태 때문에 폭락한 것은 결코 아니다. 한진해운이 서브프라임의 직격탄을 맞아 극단적으로 폭락했고, 그 결과 63,000원에서 18,000원까지 1/6 토막이 났다고 생각하는 것 자체가 모순이다. 한진해운은 2007년과 2009년을 비교해볼 때 기업의

KEY POINT • • •
주식이 끝없이 오른다거나 끝없이 폭락한다는 관념에 사로잡혀 확고한 기술적 분석의 툴을 사용하지 않고 증시와 겨루면 백전백패한다.

내재가치가 극단적 변화를 보여주었기 때문에 주가 또한 극단적 폭락을 했을 뿐이다. 그러나 사실 엄청난 차이로 극단적 변화를 보여주었다는 것은 사후에 알게 되었을 뿐이고, 내재가치를 예측하는 기법의 잣대에서는 이미 한진해운의 주가가 대폭으로 추락할 것을 예고하고 있었다.

남들보다 먼저 기업의 주가가 어떻게 될 것인가를 척척 알아낼 수 있다면 그것이 바로 기술적 분석을 높이 평가해야 하는 이유가 된다. 그렇게 된다면 정말로 대단하지 않은가? 주가의 미래를 점칠 수 있다니.

그러므로 극단적이라는 단어를 사용해야 할 만큼 공포스러운 주가 폭락을 이끌어낸 내재가치의 변화가 무엇이었는지를 이해해야 한다. 물론 한 발 더 나아가 내재가치를 변화시키는 원인이 무엇이었는가를 깨닫는다면 매우 빠르게 기술적 분석의 가치를 알게 될 것이다.

이를 알기 위해서는 다시 원점으로 돌아가야 한다. 2007년은 삼성중공업이나 현대중공업, 대우조선해양, STX조선 등의 기업이 배를 많이 만들지 못했던 시절이다. 세계 각국으로부터 엄청난 양의 수주물량은 확보했지만 배를 인도하기까지에는 매우 많은 시간을 필요로 했던 것이다. 따라서 2007년은 한진해운이 열심히 돈을 벌어들일 수 있는 기회가 계속 이어졌으며 그로 인한 내재가치 상승을 이용하려는 세력의 침투가 끊이지 않았다. 그 결과 주가가 중기 폭등을 할 수 있었다.

그러나 2008년을 지나 2009년이 되자 바다를 떠다니는 초대형 화물선의 숫자가 급격히 늘어났다. 배의 숫자가 증가할수록 한진해운이 벌어들일 수 있는 수익가치는 점점 추락하는 것이 당연하다. 이는 기업의 미래가 불투명하다는 것과 같은 뜻이 된다. 불투명하지 않더라도 분명 2007년보다는 나쁠 것이다. 나쁜 만큼 한진해운의 내재가치는 추락하고 그만큼의 주가 하락은 필연적인 것이었다. 시장에는 수많은 기업이 상장되어 있는데 구태여 오를 대로 올라 높은 가격을 유지하고 있는 한진해운 주가를 무리하게 더 많이 끌어올리는 바보는 없을 것이다.

주식은 내가 매수한 가격보다 더욱 비싼 값에 매수해 줄 사람이 존재할 때에만 주가를 끌어올리는 세력이 등장한다. 따라서 한진해운은 결코 내가 매수한 가격보다 더욱 비싼 값에 팔아치울 자신이 없기 때문에 세력은 주식을 내동댕이쳤고, 주인을 잃은 주가는 폭락을 한 것이다. 결국 한진해운의 주가를 곤두박질치게 만든 것은 내재가치이다. 미래의 한진해운이 현재의 한진해운보다 나쁠 것이 분명하기 때문에 하락한 것이다.

물론 초생달의 내재가치 파악법을 읽은 후에 한진해운의 미래가 나쁘다는 것을 알았다면 기술적 분석은 의미가 없다며 결코 주가의 하락이나 상승을 적중시킬 수 없다고 생각할 수도 있다.

서브프라임이 안정을 보이면서 삼성전자의 주가는 급격히 상승하고 있다. 그러나 한진해운은 서브프라임이 진정되었음에도 불구하고 여전히 비틀거리고 있다. 삼성전자는 신고가를 갱신하는 기염을 토하고 있는데 한진해운은 이제 겨우 20,000원이다. 63,000원을 언제 회복할지 까마득하다.

여기에서 꼭 기억해야 할 것은, 주식시장과 주가는 미래의 가치를 먹고 산다는 것이다. 만약 기업에 내재가치에 해당되는 미래가 없다면 외국계의 거대 자금은 한국 증시를 외면하게 될 것이다. 한국의 내재가치가 급격히 추락할 것으로 예측되면 누가 한국 증시에 배팅을 하겠는가?

이렇게 쉽고, 너무 쉬워서 유치원생도 하루만 가르치면 알아들을 기술적 분석을 무조건 사기꾼의 기술로 치부하는 것은 대단히 흥미로운 사실이다. 더 흥미로운 것은 사기꾼을 비롯해 별볼일없는 기술적 분석을 하는 사람들이 주식투자로 돈을 버는 방법을 가르쳐주는 책을 펴낸다는 사실이다. 아무런 결론도 제공하지 못하는 책을 왜 출판하는지 도무지 이해가 되지 않는다.

그러므로 우리는 흥미를 벗어나 '드러난 사실'에 현혹되어서는 안 된다. 우리는 매스컴이 만든 조형물의 껍질에 현혹되는 삶을 살고 있는지도 모른다. 이미 드러난 사실은 항상 다양한 대중에게 흡수되어 전파되는 속도 또한 대단히 빠르다. 공감대를 이끌어낼 수 있는 다양한 동조적 대중들이 분포되어 있기 때문이다. 많은 대중들이 이야기를 할수록 그 내용은 더욱더 신뢰감을 형성하게 되어 더 이상 자신의 판단력만으로는 진실의 진위를 파악할 수 없게 된다.

오히려 그들과 반대되는 이론을 꺼낼 경우 대중들로부터 소외당하거나 뭇매를 맞는 심각한 상황까지 치달릴 수도 있다. 어쩌면 그것이 두려운지도 모른다. 또는 감추어진 진실을 알아낼 실력을 갖추지 못했기 때문에 불특정다수의 대중들과 어쩔 수 없이 함께 하는 것인지도 모른다.

그런 의미에서 이 책에는 다른 책을 참고로 삼은 이야기는 단 한 줄도 없다. 저작권을 침해하면서까지 오래된 내용을 인용하여 설명할 필요가 없다. 또 그 내용들은 과거의 기술과 투자기법을 다룬 것들로, 이미 낡고 병든 존재에 불과하다.

기술적 분석은 결코 과거를 이용해 현재를 분석하는 데 그치지 않는다. 미래를 밝혀내는 주춧돌 역할을 한다는 것에 의미를 두어야 한

KEY POINT •••

기술적 분석은 결코 과거를 이용해 현재를 분석하는 데 그치지 않는다. 미래를 밝혀내는 주춧돌 역할을 한다. 그러나 다수의 대중들은 항상 드러난 사실에만 집중한다.

다. 그러나 다수의 대중들은 항상 드러난 사실에만 집중하려 한다.

연예인은 매우 편하게 돈을 벌며 재미있는 삶을 살아간다고 생각하지만 실제 연예인의 삶을 들여다보면 고달프기 한이 없다. 그들은 새벽 4시에 일어나 5시면 방송국 의자에 앉아 방송을 시작해야 한다. 드라마 한 편을 찍기 위해 몇 달씩 집을 비우고 외딴 촬영장에서 고군분투할 때도 많다. "돈은 좀 벌지만 그 돈을 쓸 시간이 없다"고 투덜거릴 정도로 일반인들이 상상하기 힘들 만큼 인생의 대부분을 빼앗기며 살아가고 있다. 어찌 보면 연예인이란 직업은 현재를 풍족하게 살기 위한 직업이 아니라 노후를 대비하기 위해 젊음을 희생시키는 것이기도 하다.

드러난 사실은 진실을 외면한다. 드러난 사실은 확정된 진실이 아니다. 단지 그런 사실이 보도되었을 뿐이며 사실은 진실로 넘어가기 전에 허풍으로 결론나기도 한다. 또는 잘못 보도된 루머 이상의 의미를 갖지 않는다. 그러나 역사를 되돌아볼 때 진실은 끈질긴 생명력을 통해 잘못을 바로잡는 역할을 한다.

서브프라임 사태, 드러난 사실과 감추어진 진실

서브프라임 사태는 드러난 사실을 추종하는 다수의 대중심리를 손쉽게 분석할 수 있는 대표적 사건이다. 서브프라임 사태는 필연적인 경기침체, 또는 경제흐름의 걸림돌이 되어 기업이 벌어들이는 수익이 축소될 것을 암시하는 '드러난 사실'에 해당된다. 모든 대중은 드러난 사실을 추종하기 시작했고 미국에서 시작된 공포의 부산물들은 다양한 대중에게 재빨리 파고드는 데 성공했다.

대중은 드러난 사실을 외면할 수 없었고 그것을 추종하여 모든 투자를 외면하게 되었다. 결국 드러난 사실은 펀드의 손실로 얼룩진 다양한 대중들을 움직이게 만들었다. 증시가 회복세로 돌아서자 끝없는 환매 행렬에 동참했던 것이다. 지금 이 시간에도 환매자는 꾸준히 증가하고 있다.

드러난 사실을 더욱 극적으로 강조하는 것만으로도 유명인사가 된 인물도 생겨났다. 미네르바가 대표적인 인물이다. 드러난 사실을 더욱 사실적으로 묘사하는 것만으로 유명인사가 되었다는 것은 다양한 대중의 의식이 정체되어 있다는 것을 손쉽게 느낄 수 있는 대목이다.

수많은 대중은 드러난 사실을 더욱 강력한 언어의 조합으로 강조하는 분위기에 휩싸였지만 소수의 집단은 분위기가 강렬한 불안으로 휩싸일 때를 숨죽이며 기다리고 있었다. 소수집단은 감추어진 진실을 만들어내는 힘을 갖고 있다. 대다수의 대중이 드러난 사실에 흥분할 때 소수집단은 그것을 활용해 감추어진 진실을 밝혀내기 시작한다.

그것이 만약 증시 폭등기 직전에 드러난 사실이라면 흥분한 대중이 감정에 휩싸여 주식을 팔아치우고 자포자기에 빠져 있을 때 소수집단은 헐값이 되어버린 주식을 쓸어담기 시작한다. 이때의 진실 속에는 과거의 사실을 뒤덮어버릴 만큼의 강력한 해결 방안이 자리잡고 있다.

드러난 사실은 이미 드러난 것에 불과하기 때문에 그것이 아무리 공포를 이끌어낼지라도 결국 과거의 부산물에 불과하다. 현실에서는 이미 드러난 사실에 대응하기 위한 수많은 방법들이 거론되고 있으며 해결책을 완성하기 위한 막바지 조율작업이 시작된다.

감추어진 진실 속에는 대중이 알 수 없는 것들로 가득하다. 알 수

KEY POINT •••

수많은 대중은 드러난 사실을 더욱 강조하는 분위기에 휩싸여 갈팡질팡하지만 소수집단은 숨죽이며 기다리면서 감추어진 진실을 만들어내는 힘을 갖고 있다. 대다수의 대중이 드러난 사실에 흥분할 때 소수집단은 그것을 활용해 감추어진 진실을 밝혀낸다.

없는 것들은 대부분 대중들이 두려워하는 것에 대한 해결책으로 채워진다. 따라서 미래는 드러난 사실의 문제점을 하나둘 해결해 나가는 장이 필연적으로 펼쳐진다.

그러나 이제까지 당신은 어떻게 행동했는가? 그 피말리는 결단의 순간에 세상의 문제점들을 모두 알아낼 수는 없기 때문에 지금이라도 주식을 내던지고 도망쳐야 한다고 생각했을 것이다. 또는 지나간 과거의 문제점으로 미래를 적중시키는 것은 매우 어렵기 때문에 결국 주식을 구매해서는 안 된다고 결심했을지도 모른다. 이런 편견에 사로잡혀 하늘이 준 기회를 외면했을 것이다. 허상과도 같은 한국증시 500포인트를 기다리거나 아파트 가격이 반토막이 나기를 인내하며 기다린 투자자도 있을 것이다. 그들은 왜 돈을 벌 절호의 기회를 놓쳤을까?

이제부터 당신은 행복을 거머쥘 수 있는 제5원소가 '드러난 사실' 속에 '감추어진 진실'로 존재한다는 사실을 깨닫게 될 것이다. 왜 서브프라임 사태가 증시 상승을 이끌어 냈는가라는 의문점을 풀어내야 한다. 당신은 냉철한 머리와 얼음처럼 차가운 가슴으로 ─겉으로 드러난 사실만을 쫓는 대중의 길을 벗어나─ 은밀하게 감추어진 진실을 찾아내는 기술을 이 책을 통해 얻어내야 한다.

내재가치를 모른다는 이유만으로 기술적 분석은 사기꾼의 기술이거나 세치 혀를 놀리는 엉터리 기술이라고 치부하는 오류를 범해서는 안 된다. 내재가치를 당장 당신이 판단해낼 수는 없지만 이미 시장은 그것을 먼저 판단한 소수집단이 이끌어가고 있기 때문에 당신은 미래를 낙관적으로 보는 부류가 많을 때 투자를 시작하면 된다. 그러기 위해서는 반드시 미래를 긍정적으로 보는 부류들이 주식시장에 개입했다는 단서를 찾아내야 한다.

이 책은 내재가치가 주가와 경제에 어떤 영향을 미치는가를 정확하게 일깨워준다. 기술적 분석이 미래의 내재가치에 어떻게 접근하는가에 대해 진실을 바라보는 눈을 배워보자.

2장

폭락을 먼저 이해하라

찰스 다우는 1900년대 사람으로 경기사이클을 통한 주식시장의 심리적 갈등을 최초로 자세하게 묘사했던 사람이다. 2000년대도 아닌 1900년대 사람의 이야기를 서두부터 꺼내야 할 필요가 있을까? 결론은 예스다.

지금까지 전세계 주식시장은 투자의 지침서로, 나아가 약세와 강세의 출발점을 짚어내는 방식으로 다우이론을 즐겨 사용하고 있다. 다우이론은 앞으로도 영원히 계속될 것이지만 그의 이론을 바탕으로 설계된 펀드상품은 왜 이익을 내지 못하는 것일까? 전세계 유명 증권분석가들과 그들에게 소중한 자본을 맡긴 투자자들은 왜 치유할 수 없는 손실을 막지 못한 것일까?

다우 이야기는 매우 고리타분한 이야기가 될 것이다. 2시간 또는 1시간 뒤에 주식을 처분하는 데이트레이더가 대단한 기술로 인식되는 세상에서 1900년대 사람의 이야기를 하는 것은 비상식적이며 인기 없는 이야기처럼 생각될지 모른다.

그러나 이렇게 인기 없는 이야기 때문에 세계 여러 곳의 은행들이 문을 닫아야 했고, 유명 펀드에 돈을 맡긴 사람들이 치유할 수 없는 손실을 입었다는 사실을 알아야 한다. 이것은 결코 먼 나라 이야기가 아니며 어쩌면 당신의 이야기가 될 수도 있다. 그러므로 과연 어떤 것이 비상식적인 지식이었는가를 파헤칠 필요가 있다.

찰스 다우에 대한 성토는 대단한 가치가 있으며 천문학적이고 방대한 자본시장이 죽음을 맞이할 만큼의 손실을 키우고 이익을 얻지 못한 원인을 제시한다. 펀드의 개념을 깊이 이해하지 못하는 개인투자자의 손실을 사전에 차단하는 데도 커다란 역할을 한다.

결국 주식은 싸게 사서 비싸게 팔면 되는 것이지만 주식시장의 메커니즘은 싸게 살 수는 있으되(싸게 사는 것도 대단히 정교한 분석이 필요하다) 비싸게 팔 수 없는 구조가 깊이 뿌리박혀 있음을 알아야 한다. 다수는 매우 비싸게 주식을 매수하며 소수의 투자자들만 비싸게 주식을 팔 수 있는 증시구조가 형성되어 있다. 따라서 주식을 비싸게 팔아치우고 있는 은밀한 매도세력의 행동을 포착하는 능력을 키워야 한다.

[그림 1]은 중요한 의미를 갖고 있다. 기관투자자와 외국계, 다수의 투자자들 모두는 분산국면을 기다렸으나 중국 증시는 폭락 직전까지 분산국면의 흔적을 제공하지 않았다. 결국 폭락 징후를 사전에 파악할 기회를 제공받지 못한 금융상품과 개인투자자들은 규모를 막론하고 막대한 손실을 입어야 했다. 그리고 2009년의 호황기로 접어든 주식시장의 강세 속에서 그들 모두는 외면당하고 있으며 손실의 일부를 회

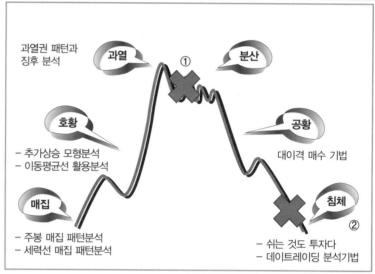

그림 1 다우 이론의 강세와 약세 3국면

과열권 패턴과
징후 분석

과열 ① **분산**

호황 **공황**

－ 추가상승 모형분석 대이격 매수 기법
－ 이동평균선 활용분석

매집 **침체**
②

－ 주봉 매집 패턴분석 － 쉬는 것도 투자다
－ 세력선 매집 패턴분석 － 데이트레이딩 분석기법

❶ 예측 실패로 분산기회 놓침(기관, 외인, 은행, 전문투자자)
❷ 기업자본 확장에 따른 침체국면의 소멸(기업 신기술 확대로 장기침체 소멸)

복하고 있는 것에 불과하다. 이는 분명 패배이다.

개미는 분산국면의 최대 피해자

주식을 매수하는 것과 펀드에 투자하는 것은 모두가 주식을 사는 행위이다. 이때 되도록이면 주식을 저렴한 값에 남들보다 싸게 구입하기 위해 노력한다. 그렇다면 주식이 가장 싼 시점은 언제인가? 아이러니하게도 대부분의 사람들이 '지금은 결코 주식시장이 상승할 수 없다는 강한 두려움에 젖어 있을 때'이다.

이때야말로 모두가 주식을 보유해서는 안 된다는 극단적인 생각을 하기 때문에 한 점의 의심도 없이 많은 주식을 미련 없이 버릴 준비가 되어 있으며, 소수의 망하지 않은 -두려움을 갖지 않는- 세력과 자본집단에게는 대량의 물량을 싸게 거머쥘 천금 같은 기회가 된다. 그래서 항상 매집 국면에서 대량의 주식을 가장 싸게 구입하는 것은 세력뿐이다. 그렇다면 이는 찰스 다우가 주장한 매집 국면이 분명히 주식시장과 부동산시장, 골동품시장에 존재한다는 것을 증명한 것과 같다.

매집기는 이처럼 남의 불행을 이용해 부자가 되기 위한 선도세력에 의해 완성되지만 호황기는 기업의 실적을 바탕으로 주가를 끌어올리는 인위적인 세력의 개입과 넘쳐나는 자본의 유입으로 이루어진다. 과열 국면은 모든 자본과 세력이 개입하여 더 이상의 세력과 자본이 모두 고갈된 상황에 이르렀을 때 등장한다. 톡 하고 건드리면 즉시 추락할 준비가 되어 있는 상태라 말할 수 있다.

그러나 과거에는 즉시 주가가 폭락하지 않고 바닥권에서 막대한 주식을 가마니에 쓸어담은 소수의 세력들이 보유 주식을 더욱 비싼 값에 모두 처분하기 위해 분산국면이라는 수단을 사용했다.

'더 오를 것이다!' 라는 기대심리로 광분한 투기자들을 현혹하기 위해 그들은 인위적으로 잠시 오르는 척하는 상승파동을 만들어 사람들을 유인했고, 유인 당한 투기자들에게 고공에서 비싼 값에 주식을 모두 처분할 수 있었다. 이것이 바로 지그재그 파동이 갖고 있는 실체이다.

[차트 1]은 전형적인 분산국면의 패턴으로 고공행진을 하는 주식시장에서 언제 어느 때 어떤 방식으로 보유 주식을 처분하는가를 자세하게 보여준다. 분산국면에 희생되는 투자자는 대부분 개미들이다. 그들은 언제 어느 때나 자신의 계좌에 돈이 입금되는 즉시 주식을 사려고

X 위치의 상승파동은 결코 많은 봉우리를 만들지 않는다.
왜 봉우리가 자꾸 생기는가? 왜 더이상 상승하지 못하는가를 주목해야 한다.

하거나 데이트레이딩 매매와 단기매매에 치중하기 때문에 보이지 않는 세력의 매도 압력에 가장 크게 희생당하는 먹이사슬에 위치해 있다. 잡아먹히기 위해 자신의 몸을 노출시킨 불쌍한 양과 다름이 없다.

만약 당신이 분산국면을 이해하고 있었다면 그 시기가 언제이든 기관투자자와 펀드, 외국계를 비롯한 은밀한 세력의 매도 압력으로부터 벗어나 소중한 돈을 지켜낼 수 있었을 것이다. 또는 뒤늦게 펀드투자의 물결에 휩쓸려 큰 손실을 입지도 않았을 것이다.

개미는 왜 분산국면의 최대 피해자일까?

여기서 말하는 개미는 적금을 깨뜨려 펀드에 투자한 사람부터 전업 투자자 또는 직장에 다니면서 남의 이야기를 듣고 막연한 투자를 하는 모든 사람들을 일컫는다. 과거에는 분산국면을 만들어내는 일이 식은 죽 먹기처럼 쉬웠던 시절이 있었다. 각 증권사와 기관투자자, 소수의 은밀한 세력군은 결탁을 통해 또는 물밑교섭을 통해 매우 쉽게 단결했고 언제라도 자신들이 원할 때 보유 주식을 높은 가격에 매도할 수 있었다. 그만큼 규모의 측면에서 빈약했던 시절이다.

1998년 IMF 시기의 삼성전자 주가는 32,000원을 기록했고 종합지수는 200포인트 근처까지 폭락했다. 그러나 원/달러의 풍요로움을 만끽하기 위한 외국계 투자자본이 밀려들면서 매집은 걷잡을 수 없는 강렬함으로 치달았고 증시는 2008년 9월 2000포인트를 향한 대규모 폭등을 시작했다. 그러나 개미는 여전히 IMF의 망령을 떨쳐내지 못하고 어둠이 내리는 밤거리를 서성이고 있을 뿐이었다. 2008년 미네르바가 등장해 "원/달러 2,000원 돌파, 아파트 가격 반 토막, 증시 500포인트 폭락"을 외치며 대한민국 멸망의 시나리오를 거침없이 뱉어내던 시간에도 모든 개미들은 그를 신성시 여기며 은밀한 매집세력의 주식 사재기에는 아무런 관심도 없었다.

아무리 많은 세월이 흘러도, 지식이 그토록 크게 발전해도, 정보의 교류가 시시각각 발달해도 인간 본연의 공포에 대한 두려움은 IMF 때와 서브프라임 사태 때가 특별히 다르지 않다. 이는 정말 불행이라 할 수 있다. 하지만 은밀한 세력, 소수의 승리자들에겐 천만 다행스런 일도 없을 것이다.

KEY POINT • • •

아무리 많은 세월이 흘러도, 지식이 그토록 발전해도, 정보의 교류가 시시각각 발달해도 인간 본연의 공포에 대한 두려움은 IMF 때와 서브프라임 사태 때가 특별히 다르지 않다. 하지만 은밀한 소수의 승리자들에겐 천만다행스런 일이다.

이 세상에는 영원한 바보가 존재하여 은밀한 세력의 돈가방을 채워주는 역할을 한다는 것은 결국 소수만이 승리자가 되는 주식시장의 논리를 증명하는 것이다. 개미로 불리는 투자자들이 어렵사리 주머니에 돈을 가득 채워와 주식을 사기 위해 웅성거리는 시점은 다우이론에서 말하는 호황기의 절정에 해당되는 분산국면 근처이다. 그들이 주식을 사주지 않으면 은밀한 매집세력도 대단히 큰 문제에 직면하게 된다. 그러나 욕망의 늪을 거니는 개인투자자들은 세력들이 내놓는 값비싼 주식을 매수하기 위해 혈안이 되다시피 한다.

그 이유가 내일이라도 당장 팔아치울 수 있다는 자신감에서든, 모두가 인정하는 결단력의 데이트레이더이기 때문이든, 더 오를 것 같아 중기투자를 위해서이든, 이유는 모두 다르지만 선도세력은 보유 주식을 처분할 수 있는 충분한 시간적 여유를 통해 분산을 시작한다.

개미들이 따라오지 않는다면 따라올 때까지, 소수의 집합체라는 특권을 사용해 얼마든지 시장을 유린할 수 있을 만큼 증시의 체질은 허약했기 때문에 분산국면에 이르러 봉우리가 중첩되며 쌓여가는 현상은 대규모 매입세력의 물량털이를 의심해야 하는 국면이었다.

결국 분산국면은 개미들의 무덤이며 주식만 떠올리면 두려움과 공포가 엄습하는 고통의 패턴이었다. 마치 신기루와도 같이 그곳에만 가면 달콤한 열매가 보장되는 파라다이스가 사실은 물 한 방울 나지 않는 죽음의 도시였던 것이다.

이제 쉽게 생각해보자. 누군가 주식을 팔지 않는다면 주가는 쭉쭉 뻗어 올라간다. 주식을 팔지 않고 사는 사람만 존재한다면 최소한 잦은 봉우리를 계속 만들지는 않을 것이다. 그러나 누군가 주식을 처분하고 있다면 저점(低點)은 사수해야 하지만 고점(高點)은 구태여 높게 끌어올릴 필요가 없다. 그렇다. N자형으로 이름 지어진 눌림목은 그들이 물량을 분산하는 패턴이다.

일본은 물론이고 미국의 다우존스지수에서도, 한국의 코스피지수에서도 분산국면은 상투권마다 자주 나타났음을 증명한다. 그러나 분산국면의 위험을 경고한 전문가는 그 당시에 아무도 없었음을 상기해야 한다. 당신은 매스컴을 믿는가? 혹시 매스컴의 정보를 토대로 투자를 하고 있는가? 매스컴이 사실은 분산국면의 소수를 위한 것이라고 한다면 당신은 어떤 생각이 드는가?

자의든, 타의든 매스컴은 대중을 위한 뉴스로 치장하기 때문에 결국 소수를 즐겁게 해주는 다수의 공포를 조성하거나 열광의 폭등에 대한 환상을 심어준다. 그렇기 때문에 대중들은 피해갈 수 없는 위험을 안고 투자를 해야 한다.

분산국면을 탐지했는가, 못했는가의 차이점은 삶과 죽음의 분기점만큼이나 대단히 큰 의미를 갖고 있다. 분산국면이 얼마나 위험한 폭락을 예고하는 징조인가를 깊이 인식하기 위해 단기매매를 할 때 자주 부딪치는 분산국면에 대해 소개한다(개인투자자는 모두 단타매매를 하기 때문에 분산국면에서도 열심히 투자를 진행한다).

2003년 〈주식투자 혁명〉 1, 2권을 통해 소개한 '각도술'에는 "1차 상승각도 대비 2차 상승각도가 미흡하다면 앞으로의 주가는 크고 빠르게 폭락한다"는 내용이 소개되어 있다. 1차에 비해 2차 상승각도가 부족하다면 그것은 곧 분산국면에 해당될 가능성이 매우 높다. 이는 단기간에 주가를 끌어올려 제법 높은 수익을 만들고 보유 주식을 처분하려는 올챙이 세력들의 치밀한 물량 처분 수법에 해당된다.

개별종목의 상투는 어떻게 만들어지며, 세력은 어떻게 주식을 처분하는지 알 수 없어 분산국면의 공포가 피부에 와닿지 않는 독자들도 있을 것이다. 하지만 이 책을 끝까지 읽어보면 그 공포가 얼마나 큰 상처를 남기는지 알게 될 것이며, 나아가 폭락의 아픔을 이기고 대폭등의 즐거움을 만끽할 준비가 끝날 것이다.

3장

집을 팔아서라도 사야 할 때와
가장 먼저 도망쳐야 할 때

햄릿과 돈키호테

부동산투자와 주식투자는 어떤 사람이 잘할까? 이때 햄릿과 돈키호테가 등장한다. 햄릿은 침착하고 계획적이며 뜸을 들이고 신중하게 오래도록 생각하여 일을 처리한다. 하지만 돈키호테는 길을 걷다가 갑자기 무언가 생각이 나면 그 즉시 그것을 실천한다. 저돌적이고 무책임한 행동을 쏟아내는 돈키호테와 치밀하지만 결단력이 떨어지는 햄릿은 주식시장의 대표적 비교 인물로 손색이 없다.

 햄릿이 우유부단하고 용기가 없으며 결단력이 부족하다고 생각하는 까닭은 그는 물론이고 그가 사랑하는 모든 사람들이 죽었기 때문이다. 만약 햄릿이 조금만 일찍 복수의 칼을 휘둘렀다면 모두를 죽음으로 내몰지는 않았을 것이다. 이를 펀드투자나 주식투자, 부동산투자에 빗대어 판단해보자. 보통사람들은 증시가 하락할 때에는 멀리 도망친다. 매우 현명한 행동이다.

그러나 보통사람들은 증시가 폭락에 폭락을 거듭해서 급기야 땅을 파고 그 속으로 처박히는 엄청난 폭락을 해도 끝까지 주식을 피해 멀리 도망친다. 그들은 주가가 땅속에서 나와 서서히 상승을 해도 믿지 않는다. 보통사람들은 모두가 열광하고 모두가 안심할 때 비로소 주식을 사기 위해 계좌를 만들거나 주식투자 가이드북을 구입한다. 이것이 햄릿형 투자자이다.

과거부터 지금까지 이어지고 있는 단타성 매매와 데이트레이딩은 돈키호테형 매매이다. 일단 눈에 표적이 보이면 앞뒤 가릴 것 없이 초를 다투는 매수를 실천해야 한다. 매수가 잘못되어 손실이 발생한다면 게임을 중단하기 위한 액션을 즉시 취한다. 전광석화처럼 빠르고 대단한 것 같지만 하루 종일 이것을 해서 얻는 것은 무엇일까?

돈키호테의 정열과 포부, 생각을 즉각적 행동으로 이끌어내는 것은 좋지만 그것을 실천해서 얻는 게 무엇인지를 곰곰이 생각해야 한다. 지금은 하락하지만 내일과 한 달 뒤는 어떻게 될지에 대해서는 무지하기 짝이 없다.

물론 어느 쪽이 더 주식투자에 맞는 성격인가에 대한 해답을 찾기란 쉽지 않다. 가장 합리적인 선택은 중립형 인간이다. 중립형 인간으로 새롭게 자신을 만든다면 하락은 물론이고 상승의 초기 흐름을 과감히 올라타 큰돈을 벌 수 있지 않을까?

그러나 여기에도 문제는 존재한다. 햄릿형 인간이 된 까닭은 더 이상 알 수 없고, 알지 못하기 때문이다. 지금까지 최대한 노력해서 결정지은 투자법이 결코 도움이 안 된다면 더 이상 꺼낼 카드가 없기 때문에 햄릿형으로 살아야 한다. 어찌 보면 비참한 일이다.

당신이 별볼일 없는 지난 삶을 정리하고 성공으로 가기 위해서는 지금 당장 머릿속에 들어 있는 온갖 지식을 비워야 한다. 그 지식들이 지금까지의 투자에 도움을 주지 못했다면 그것은 분명 햄릿형 기술이 거나 돈키호테형 기술에 불과하다. 둘 모두 성공적 주식투자로 이끌지 못한다.

만약 당신이 기준선을 토대로 주가가 희망의 영역에서 암흑의 영역으로 곤두박질 칠 때 햄릿형 투자자가 되어 모든 투자를 중단하고 도망친다면 매우 합리적인 선택이 된다. 그러나 주식시장이 폭락을 거듭해 결국 땅을 파고 그속으로 들어갈 지경이 되어 어느 날 주가가 기준선을 돌파했다면 이때에는 햄릿형을 버리고 돈키호테형 매수자가 되어야 한다. 그렇게 되면 매우 간단하게 완전한 투자자로 변신할수 있다.

이렇게 간단하고 너무 쉬운 기술을 시도한다면 그동안 당신이 해왔던 온갖 지표와 지식은 어떻게 해야 할까? 여기에 대한 답은 간단하다. 당신이 단 하루만 시간을 내 기준선의 효능과 보조지표의 효능을 비교분석해 본다면 어느 쪽이 월등한가를 쉽게 찾아낼 수 있다. 주가가 하락과 상승 어느 쪽을 선택하든 그것은 모두 당신의 레이더망에 발견된다. 당신은 단지 살 것인지, 팔 것인지, 기다릴 것인지 결정만하면 된다.

기준선은 추세의 지지선으로 —어느 때는 추세의 저항선으로— 작용하는데 이는 과거 당신이 배웠던 추세선의 저점과 저점을 잇는 분석보다 한수 위의 기법에 해당된다. 너무나 간단한 기준선(240일선) 투자법이지만 지금까지 설명한 것처럼 기준선이 그 안에 담고 있는 포괄적인 내용은 방대하다. 너무 쉬운 투자법이지만 2000년 초생달이 세상에 발표하기 전에는 증권사 매매시스템에서도 240일선을 지원하지 않았다. 어떻게 사용해야 되는가에 대해 무지한 세상이었다.

당시 어떤 심리와 어떤 계략이 기준선에 담겨 있는가를 밝힌 까닭은 다수의 투자자를 더 이상 깡통으로 다가서지 않게 하기 위한 초생달의 고육책이었다. 지금은 모든 전문가들이 이 기술을 사용하지만 그들은 결코 초생달이 창안한 새로운 기법이라는 사실은 밝히지 않는다(오랜 세월 피와 땀으로 이루어낸 기술인만큼 이제라도 원작자의 공로를 인정해 이름 정도는 알려야 한다는 생각이다).

🌙 가장 강하면서도 단순한 방법을 활용하라

당신은 주식을 매매하기 위해 최소한의 기본적인 룰과 타이밍은 알고 있다. 그것이 책을 통해서든 전문가를 통해서든, 또는 주식관련 책을 한 번도 본 적이 없는 사람일지라도 기본 룰은 알고 있다.

그러나 기본 룰을 알고 주식에 투자한다 하여 모두가 돈을 버는 것은 아니다. 이는 여자를 만났다 하여 결혼에 골인하는 것은 아닌 것과 마찬가지다. 또한 펀드에 가입했다 하여 모두 투자수익을 얻는 것은 결코 아니다. 데이트레이딩을 해본 사람이면 누구나 아는 사실 중 하나는 돈 벌기가 너무 어렵다는 것이다.

이때 생각해야 할 것이 있다. 당신은 머릿속에 너무나 많은 지식을 담아두고 있는데 그 지식의 대부분은 전혀 쓸모없다는 것이다. 쓸모없는 도구를 가지고 투자를 하는데 어떻게 돈을 벌 수 있겠는가? 정말 쓸모없는 것 중 하나를 꼽으라면 추세선 분석에서 등장하는 강화모형

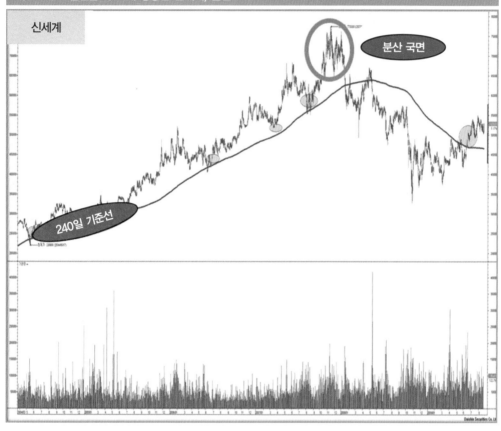

신세계

분산 국면

240일 기준선

중 역헤드앤숄더와 상투를 상징하는 헤드앤숄더의 패턴이다. 이것들
은 단타와 데이트레이딩을 하는 사람이라면 약간의 도움이 되지만 헤
드앤숄더 자체가 갖는 의미는 주가폭락이다.

어떤 책을 꺼내들어도 헤드앤숄더의 패턴이 완성되면 주가는 폭락
한다는 말이 실려 있을 것이다. 그러나 어디까지 폭락할지, 어디에서
멈출지 폭락하는 듯하다가 다시 상승하는 위치까지 정확하게 설명해
주지는 못한다. 즉, 도대체 어떻게 써먹어야 할지 애매모호한 분석툴

에 불과하다는 말이다. 그러나 보라! [차트 2]은 신세계가 역사적 대바닥인 5만원 이하에서 77만원까지 상승하는 동안 무엇에 의지해 상승했는가를 보여준다. [차트 2]은 모든 이평선을 지우고 기준선인 240일 이평선만을 남겨 놓았다. 단기간에 완성되고 소멸되는 20일 이동평균선을 기준으로 매매를 한다면 결코 엄청난 상승의 폭발력을 받아내는 영광을 가질 자격이 없다.

주가가 기준선 위에 있으면 매수를 하거나 지속적으로 보유해야 한다. 또는 20일선인 세력선을 깨뜨릴 때 팔아치우지만 기준선에 도착해 재차 반등의 신호인 양봉이 발생하면 즉각 매수로 대처해야 한다. 이는 그야말로 가장 정확하고 신뢰할 수 있는 투자방법이 된다.

왜냐하면 매수에 실패를 할지라도 손절매의 손실은 매우 작은 금액으로 마무리할 수 있기 때문이다. 그러나 성공하면 도대체 어디까지 상승할지는 아무도 모른다. 유일하게 알 수 있는 길은 초생달이 주장하는 기준선을 깨뜨리지 않으면 계속 오른다는 것이다. 기준선 아래에서는 잠시 투자를 멈추고 경청하라. 차트가 다시 기준선 위로 올라섰다는 이야기를 해줄 때 문을 열고 들어가면 된다. 얼마나 쉬운가?

만약 당신이 데이트레이더들이 사용하는 캔들분석 또는 5분봉 차트를 꺼내놓고 MACD에 등장하는 다이버전스를 찾으려 애를 쓰거나 미국 나스닥이 폭락이라도 했다면 그야말로 당신의 머릿속은 갑자기 아수라의 마귀가 스며든 것처럼 혼란에 빠질 것이다. 그것이 어떻게 존경받는 기법, 투자기술이 될 수 있겠는가?

대한민국 땅에서 만들어진 주식투자 기법과 기술은 없다. 당신은 주식을 살 때 20일선, 골든크로스, 5일선, 양음양 추세선, 강화모형, 볼린져밴드, 보조지표 등 온갖 다양한 기술들을 꺼내놓고 정신없이 몰두한다. 그것들의 적중도를 계산해 보았는가? 유명하다는 사람이 보조지표(쓰레기 같은) 중 무엇무엇을 사용한다고 하여 그것을 사용해본 결과 승률은 어떻게 나오는가?

당신은 광고의 물결과 그것에 한통속인 상업적 홍보에 중독되어 있다. 만약 당신이 초생달이 최초로 창안한 240일선(기준선)을 이용한 매매를 시도한다면 그 어떤 잘난 지표들보다 월등히 뛰어난 실전을 치를 수 있다. 또한 평안한 투자 스타일을 찾게 된다.

🌙 기업의 자산가치를 측정하라

IMF 시절 한국의 외환보유고는 거덜이 났고 기업은 거지가 되었다. 은행은 망가졌고 길거리에는 다양한 퇴직자들이 즐비한 시절이었다. 주식시장에서 삼성전자의 주가는 3만원이었으며 신세계는 8,750원이었다.

그 시절에는 삼성전자 3만원도 매우 비싼 가격이었다. 삼성전자는 반도체 생산시설을 갖추고 있었으나 고작 256메가D램을 만들고 있었다. 10년이 지난 지금과 비교하면 그야말로 비약적인 기술력의 차이가 드러난다.

결국은 기술이 돈으로 바뀌는 불변의 법칙을 생각한다면 수율 악화와 기술의 결여, 제한된 소비와 생산시설의 협소함 등을 생각해볼 때 삼성전자의 주가 3만원은 결코 싸지 않다는 결론을 얻게 된다. 당시 삼성전자는 VCR, 브라운관TV, 세탁기 등의 생산에 주력하던 때였다.

IMF가 어느 정도 진정되고 원/달러 환율의 안정이 가속화되면서

1999년 초 해외 투자자들의 자금이 속속 한국으로 들어왔다. 그에 발맞추어 삼성전자의 주가도 날개를 달고 비상해 3만원에서 30만원대로 10배 가까이 껑충 오르는 기염을 토했지만 모든 종목이 이 정도는 올랐던 때였다. 삼성전자는 그 후 새로운 상승파동을 열게 되는데 이때부터 비로소 기업의 자산가치가 빛을 보는 진정한 실적의 향연에 불이 붙게 된다.

1999년 삼성전자의 주가가 폭발적인 상승을 하게 된 까닭은 256메가D램의 수준 낮은 제품을 양산하던 기업이 1기가라는 엄청난 용량의 반도체 칩을 개발하면서부터였다. 또한 램버스 D램과 손잡고 새로운 속도와 빠른 억세스타임을 갖고 있는 경이로운 램을 만들어냄으로써 현재의 주가가 타당하다는 인정을 받게 된다.

실질적인 기업의 자산가치는 반도체 생산기술이 발전하면서 제품을 생산하기 위해 준공한 건물과 토지의 자산가치도 증가하게 된다. 결국 회사가 망해도 자산가치가 매우 높기 때문에 망할 수 없는 것이며 그 가치가 주가를 떠받치게 된다. 이런 논리가 주식시장에 존재하기 때문에 삼성전자는 아무리 폭락을 해도 10만원 아래로 미끄러지지 않는 것이며, 신세계의 글로벌 이마트 진출에 따른 무지막지한 자산의 증가는 천문학적이기 때문에 결국 신세계는 본전만 해도 몇 십만원 대를 유지하게 된다.

그런데 왜 주가는 아무도 모르며, 마치 술 취한 사람의 걸음걸이와 같아서 도대체 어디로 갈지 아무도 모른다고 말하는지 나는 궁금하다.

또 하나 명심해야 할 것이 있다. IMF 당시의 기업자산 가치와 2009년의 기업자산 가치를 평가해보라. 결코 한국이 망한다 할지라도 주가는 IMF 때처럼 500포인트까지 폭락할 수 없는 분명한 이유를 갖고 있다. 특히 세계가 휘청거릴 때마다 단골메뉴로 등장하는 '원/달러 환율'과 '외환보유고의 고질적 문제'를 과대평가하여 선동하는 웃지 못할 해프닝도 여전히 벌어지고 있다. 하지만 이것은 한국을 이끄는 경제 전문가들의 고리타분하고 고정된 지식의 게으름 때문에 발생하는 문제이다.

우리나라가 비약적인 성장을 했다는 것을 경제학 박사가 어떻게 알겠는가? 결코 펜대를 굴리는 자세만으로는 한국의 기술과 내부적 안정도가 얼마나 강하게 형성되어 있는지 그들은 알지 못한다.

한국의 외환보유고는 학자들의 분석 데이터처럼 불안한 흐름을 보인다 할지라도 과거에는 존재하지 않던 전세계와의 통화스왑이 존재한다. 통화스왑은 획기적인 것인데 한국이 일시적으로 달러가 부족해 환율 불안이 발생할 경우 묻지도 따지지도 않고 미국으로부터 달러를 지원받을 수 있는 제도적 장치이다. 그러므로 한국 증시의 위험이 사라졌으며 원화 가치도 위험에서 벗어날 수 있는 기회를 맞이했다는 것을 알아야 한다.

만약 당신이 통화스왑은 대단한 호재라는 것을 인식하기만 했어도 주식을 매입하거나 펀드에 가입하거나, 부동산을 통한 미분양 아파트 구입에 열을 올렸을 것이고 큰돈을 벌었을 것이다. 물론 환율의 안정과 주가 상승을 통화스왑의 결과물로만 해석하는 것은 협소한 분석에 해당된다. 그러나 환투기 세력과 환율 거래시스템에 침투한 거대 세력으로 하여금 환헷지를 실천토록 하여 환율을 안정시킨 1차적 방어막은 통화스왑이었다. 여기에 덧붙여 세계 각 정부의 부양책 자금이 폭발적으로 시중에 풀리면서 큰손들부터 살얼음이 녹는 훈기를 경험하게 되었고 IT기술주의 대규모 실적 호전으로 환율전쟁은 종지부를 찍었다.

초생달은 항상 과거를 존중하며 '현재의 어머니는 과거'라는 사실을 잊지 않는다. 현재 어떤 일이 벌어지고 있다면 그것은 필연적으로 과거에 의해 만들어진 사건이다. 만약 지금 이 시간 환율이 안정되었다면 기업이 무엇인가 사건을 저지른 것이고, 국가의 수장들 또한 과거에 어떤 안정책을 쏟아냈기 때문에 현재의 환율이 안정된 것이다. 결국 현재는 과거를 먹고살기 때문에 하나의 연장선으로 해석해야 한다.

과거는 현재를 만들며, 현재 벌어지고 있는 사건은 곧 미래를 만든다

2009년 이후는 결코 증시의 폭락이나 장기침체를 떠올리며 하락에 대비하는 어리석은 투자를 계획해선 안 된다. 강력하고 새로운 신고가를 만들기 위한 IT기술주의 약진이 기다리고 있기 때문이다.

서브프라임의 충격파는 대만의 반도체기업과 일본의 반도체 왕국을 무너뜨렸다. 일본은 대만과의 기술교류와 합병을 통해 삼성전자를 제압하기 위한 작전을 서둘렀지만 대만의 반도체 시설은 이미 낡을 대로 낡은 장비들이 대부분이기 때문에 원원의 시너지효과를 얻기에는 역부족이다. 결국 대만의 반도체기업은 생존을 포기하고 매장되는 기업이 증가할 것이며 일본의 반도체 사업 축소와 미국의 반도체기업 실적 악화가 확장되면서 삼성전자는 급격한 스타덤의 위치로 떠오를 것이다.

이것은 단순한 예측이 아니다. 심혈을 기울여 대만의 반도체 집단을 몰살시킨 삼성전자의 끝없는 노력과 치밀한 작전의 성과라는 것을 인식해야 한다. 경쟁자가 사라진 시대… 그 시대는 경쟁자의 죽음 속에서 생존하여 살아남은 자만이 영광의 부를 누릴 수 있다. 삼성전자는 일본과 대만, 미국의 반도체기업을 무너뜨리기 위해 수율전쟁을 선포했고 다양한 반도체 분야에서 최강의 수율과 안정성으로 가격을 급격히 떨어뜨릴 수 있었으며 기술이 뒤떨어지는 대만 업체는 한순간에 멸종한 것이다.

삼성전자는 100원에 팔아도 50원이 남지만 대만의 반도체기업은 100원에 팔면 본전이 된다. 이것이 바로 수율전쟁의 혁혁한 전과이며 삼성전자가 혁신적 기술개혁의 주인공이 된 결과물이다. 실제로 삼성전자는 2009년 1분기에 6천700억원의 적자를 기록했는데 2분기에는 9천100억원의 흑자를 기록했다.

갑자기 분기실적이 급격히 상승한 이유는 무엇일까? 1분기 반도체 가격은 0.8달러였다. 그러나 월초 DDR2 가격은 1.06달러를 기록하면서 불과 0.26달러의 차이로 9천억원에 이르는 대규모 흑자를 기록한 것이다. 2009년 하반기는 DDR2보다 DDR3의 신기술이 접목된 메모리 판매의 급증 현상에 주목할 필요가 있다. 물론 이것은 아직 나타나지 않은 것에 대한 예측이지만 삼성전자의 3분기 실적 역시 DDR3의 강렬한 가격마진의 힘에 의해 대규모 순이익 증가를 기록했다. 2009년 연말결산 기준 삼성전자의 실적은 초생달의 예측적 상황을 적용해보면 8조원에 달하는 막대한 영업이익을 기록할 가능성이 매우 높다.

당신은 실적이 주가를 끌어올린다는 것을 믿는가? 그렇다면 2007년의 조선주 열풍의 바턴을 2009년부터는 삼성전자의 IT기업이 손에 쥐고 뛴다는 것을 기억해야 한다. 삼성전자가 강렬한 상승을 한다는 뜻은 파생시장의 투자자들도 하락의 포지션보다는 상승에 대한 선물매수와 콜매수의 전략을 수립하는 것이 떼돈을 벌 수 있는 전략이 되기 때문에 하락의 액션은 신중해야 한다.

파생시장은 결국 현물인 주식시장의 세력이 얼마나 강한 힘을 발산하고 있는가를 측정해 포지션을 구축하는 게임이기 때문에 세력의 에너지도 하락보다는 증시 상승으로 비중이 실리게 된다는 것쯤은 쉽게 예상할 수 있다.

🌙 대공황, 충격이 클수록 성장력도 크다

분명 서브프라임은 1929~39년까지 10년간의 대공황과 비교해 다를 것은 전혀 없다. 사람들은 어떤 사건의 강도가 거센 폭풍처럼 밀려들면 그만큼의 깊은 공포를 느끼게 된다. 사건이 크면 클수록 회복 또한 대단히 어려울 것으로 판단하며 당장 느끼고 있는 두려움으로부터 벗어나기 위한 행동을 시작한다. 보유하고 있던 주식을 팔아치우고 파생시장의 헷지가 시작되며 부동산시장에서는 헐값에라도 보유중인 아파트를 팔기 위해 아우성을 친다.

사실 이쯤이면 모든 투자자산과 투기자산은 모두 시중에 나온 것과 같다. 어떤 이론과 이야기를 늘어놓지 않아도 모든 사람은 지금의 사건에 동조되는 것을 어려워하지 않는다. 사건이 크면 클수록 그에 대한 반탄력의 부양정책에 따른 대가도 엄청난 크기로 제공된다는 것은 결코 생각지 않는다. 마치 세상에 그런 것은 없다는 식으로 치부하거나 이제 세상은 끝났다는 말에만 귀를 기울인다.

그렇다면 당신은 과거에 등장했던 대공황의 충격과 그 충격을 슬기롭게 이겨낸 이후의 세상은 어떻게 변했는가를 일목요연한 정리를 통해 검증할 필요가 있다. 그리고 대공황의 문제점을 지적하고 해결책을 제시한 다양한 저자들에 의해 소개된 책속의 내용을 가감없이 이해하려고 해서는 안 된다.

초생달 또한 그들과 다를 것은 없기 때문에 다양한 사람들의 다양한 분석과 판단을 토대로 당신이 느끼고 찾아낸 결과에도 귀를 기울인다. 따라서 이제 소개하는 대공황의 충격과 이후 세계가 진화를 거듭하게 된 배경은 초생달의 생각과 시나리오임을 밝혀둔다.

1차 대공황과 전쟁의 관계

전쟁이 가져온 대공황의 끝, 전쟁은 희망을 양산한다

지구가 만들어지고 최초로 등장한 대공황은 1929~39년까지 진행된 10년간의 침체기이다.

뉴딜정책은 미국 32대 대통령 F.D. 루스벨트가 대공황을 극복하기 위해 추진했던 적극적 시장개입 정책이다. 이 정책이 등장한 것은 1929년부터 시작된 대공황에 뿌리를 두고 있다. 10월 24일 뉴욕 주식시장의 주가대폭락을 계기로 시작된 경제불황은 미국 전역에 파급되면서 세계대공황으로 확대되기 직전이었다.

당시 대통령 H.후버(1929~33 재임)의 필사적 노력에도 불구하고 물가는 계속 폭락해 1932년에 이르자 국민총생산(GNP)은 1929년 수준의 56%까지 떨어졌으며 실업자도 날로 늘어나 1300만 명에 이르면서 파산자가 속출했다.

1932년의 대통령 선거에서 민주당 후보로 출마해 당선된 루스벨트는 경제사회의 재건, 빈궁과 불안에 떠는 국민의 구제 등을 목적으로 한 새로운 정책을 들고 나왔다. '잊혀진 사람들을 위한 뉴딜(신 정책)'로 미국의 경제공황을 이겨내겠다는 것이었다.

이 공약으로 그는 1933년 3월 특별의회를 소집해 '백일의회'로 불리는 특별회의를 열고 적극적인 불황대책을 확정했다. 뉴딜법안은 대통령 측근 경제 · 법률 분야의 진보적 학자와 전문가 그룹으로 구성된 '브레인 트러스트(brain trust)'가 기용돼 작업이 이뤄졌다.

이 그룹에서 마련된 주요 정책은 다음과 같다.

❶ 긴급은행법 제정 : 재기 가능한 은행에는 적극적인 대부를 해줌으로써 금융공황으로부터 은행을 구출해 은행업무의 정상화를 추진한다.

❷ 금본위제 폐지 : 관리통화법을 도입해 통화에 대한 정부의 규제력을 강화한다.

❸ 농업조정법 제정 : 주요 농산물의 생산을 제한해 과잉생산을 없애고 농산물 가격의 하락을 방지함으로써 균형가격을 회복하고 농민 자금 원조를 통한 농업구제를 추진한다.

❹ 전국 산업부흥법 제정 : 각 산업 부문마다 공정경쟁규약을 작성해 지나친 경쟁을 억제하고 생산제한, 가격협정을 인정하는 한편 적정한 이윤 확보 보장, 노동자의 단결권 · 단체교섭권을 인정하는 동시에 최저임금과 최고노동시간의 규정을 약속해 노동자에 대한 안정된 고용과 임금 확보를 추진한다.

❺ 테네시강 유역 개발공사 설립 : 지역의 발전(發電)과 치수관개용 다목
    적댐을 건설해 종합적인 지역개발을 실행한다.
❻ 자원보존봉사단과 연방임시구제국 설립 : 실업자와 궁핍자에 대한 정
    부자금 구제책으로 지방자치단체의 구제활동을 연방정부가 원조한다.

1934년의 중간선거는 뉴딜정책에 대한 국민의 지지를 확인해줬다.
그러나 경기가 점차 회복되자 이때까지 숨죽이고 있던 대자본가들의
비판이 커지기 시작했다. 대통령 당선 초 대자본가를 포함한 전계급적
지지를 얻으려는 자세를 가졌었던 루스벨트는 이 시기부터 대자본가
들보다는 노동자, 농민, 도시거주 서민의 복지를 우선시하는 정책으로
방향을 전환하기 시작한다.

1935년에 제정된 전국노동관계법과 사회보장법은 그와 같은 전환
을 보인 대표적 정책이다. 전국노동관계법은 최고재판소의 위헌판결
을 받은 전국산업부흥법에 대체되는 것으로 1938년에 제정된 공정기
준법과 함께 노동자 보호정책 확립의 기반이 됐다. 이때 도입된 사회
보장법은 실업보험과 노령자 부양보험, 극빈자와 장애인에 대한 부조
금제 등을 규정한 것으로 사회보장제도 확립의 기반이 되기도 했다.

뉴딜정책의 성공으로 1936년 대통령에 재선된 루스벨트는 "부유한
사람들을 더욱 부유하게 하는 것이 아니라 가난한 사람들을 풍요하게
하는 것이야말로 진보의 기준이다"며 뉴딜의 방향성을 분명히 밝혔
다. 이어 뉴딜정책은 대공황으로 마비 상태에 빠진 미국의 자본주의와
혼란해진 사회의 재건을 위해 새롭고 실험적인 정책을 잇달아 내놓아
성공을 거뒀다. 학자들은 이 정책에 대해 미국의 전통적인 자유방임주
의가 포기되고 정부권력에 의한 통제가 이뤄지는 한편 J.M. 케인스의

경제학을 받아들여 미국 자본주의를 수정하는 계기가 됐다고 평가한다. 결과적으로 7년이라는 장기간에 걸쳐 진행된 뉴딜정책은 단순한 경제정책에 그치지 않고 정치·사회 전체에도 커다란 영향을 끼쳐 미국의 항구적인 경제정책의 틀을 만들고 도약의 기반을 마련했다는 역사적 의의를 갖게 된다.

상황에 맞는 분석도구가 필요하다

1. 긴급은행법 제정 : 재기 가능한 은행에는 적극적인 대부를 해줌으로써 금융공황으로부터 은행을 구출해 은행업무의 정상화를 추진한다.

여기서 당신이 관심을 가져야 할 대목은 위의 1번 항목이다. 이 글의 뜻은 금융불안을 야기했던 다양한 문제점을 거론하지 않더라도 수많은 은행의 도산과 폐업은 통화공급을 감소시키고 돈의 회전이 불가능하게 한다. 그 결과 돈의 가치가 증가해 돈은 귀해지고 물가는 떨어지는 현상으로 나타났다.

물가하락 속에서도 제품이 팔리지 않자 제조업자와 상인들은 가격을 더욱 낮추기 위해 많은 근로자를 해고했고 생산시설을 감축했다. 또한 이자를 높게 책정해 달러에 대한 가치를 끌어올리는 정책을 펼치면서 달러에 대한 통과공급량이 급격히 줄어들었고 이에 대한 피해는 고스란히 기업과 은행이 입어야만 했다. 결국 은행은 돈이 들어오지 않는 텅 빈 금고를 지켜보면서 도산과 폐업을 했고 미국 전체는 불황의 그늘에서 신음하게 되었다.

사실 1900년대의 대공황을 예측하는 것은 그리 어려운 일이 아니다. 그 당시는 다양한 직업을 가질 만큼의 다양한 산업이 활성화되지 못했던 시절이다. 대다수 기업은 자동차의 철 구조물과 타이어, 엔진의 생산과 같은 기본적 사업에 매달렸고 또 다른 일부는 집을 짓거나 건물을 짓는 건축업에 종사했으며 석유를 탐사하고 시추하는 사업과 석유에서 추출한 플라스틱을 생산하는 수준의 기초적 산업이 주류를 이루었다.

결국 총인구가 직업을 모두 가질 수 없는 구조였기 때문에 산업의 다양성이 없는 환경에서는 매우 작은 불씨 하나에도 순식간에 경제구조가 무너질 수 있음을 경험하게 되었다. 농산물은 헐값에 거래되었고 지금과 같은 다품종 소량생산의 산업적, 농업적 특성은 찾아보기 어려운 시절이었다.

1919년부터 1930년대 인간의 삶은 매우 제한된 범위에서 생산과 소비를 했기 때문에 더 이상의 확장과 발전 가능성은 매우 희박한 상태였고 1차대전의 후유증을 겪으면서 패전국인 독일은 물론 유럽 전역이 기아와 가난에 허덕여야 했다.

1930년대의 경제대공황은 이처럼 피해갈 수 없는 필연적인 성격을 띠고 있다는 점에 주목해야 한다. 이것은 앞으로 얼마든지 피해갈 수 있는 공황에 불과하며 지금처럼 산업이 발달한 상황에서는 충분히 대처할 수 있는 관문이 많기 때문에 과거의 비참한 현실을 현재로 끌어들여 분석하는 오류의 잣대를 사용해서는 안 된다.

아무튼 패전국 독일의 합스브르그왕조는 멸망했지만 관례에 따라 패전국은 승전국에게 지불해야 하는 엄청난 전쟁보상비를 물게 되었다. 그러나 이미 황폐해진 독일로서는 그 돈을 마련할 재원이 충분치 않았다. 죽음을 각오한 독일의 선택은 2차대전을 일으켜 승전국이 된다면 전쟁보상비를 물지 않는 것은 물론 그 반대로 패전국에게 돈을 받아낼 수 있다는 치밀한 계산 하에 두 번째 전쟁의 소용돌이가 시작된다.

초생달은 당신께 이야기한다. 과거는 결코 피해갈 수 없는 현재를 만든다는 것을….

유럽의 전쟁은 그들 국가 전체를 피폐하게 만들었고 그 결과는 현재의 유럽이 미국에게 패권을 내주고 전전긍긍 살아가면서 멈춤 현상에 갇히는 계기가 되었다. 미국은 2차대전을 통해 유럽보다 우월한 자금력과 안정된 경제를 바탕으로 엄청난 양의 군수물자를 생산, 공급했으며 그에 힘입어 급격한 경기호전에 불을 붙이게 된다.

연합군으로 결성된 영국, 프랑스, 러시아, 미국은 지금도 비교적 안정적인 삶을 영위하고 있고 미국은 막강한 제국의 위엄을 과시하고 있다. 반면 패전국인 독일과 오스트리아-헝가리제국, 불가리아, 오토만제국은 오랜 세월 전쟁 패배의 극심한 경제적 고통을 받아야 했다. 이쯤에서 당신이 주목할 것은 전쟁을 통해 미국 경제가 대공황을 탈출하게 된 배경이다.

사실 2차대전은 1차대전의 연장선에 불과하다. 일본과 독일, 동서 양극화에 따른 공산주의와 민주주의의 확고한 단절, 유럽의 초토화를 불러왔던 2차대전이 시작된 가장 근본적인 원인은 죽을 수밖에 없는 경제환경 때문이었다.

직업을 가질 수 없는 환경, 먹고살아야 하는 인간의 가장 기본적인 인권이 유린당한 과도기적 시대에 살아야 했던 일본과 독일의 초조함은 결국 이판사판의 행동을 이끌어내게 된다. 그렇다면 지금의 2000년대는 죽기 아니면 까무러치기의 이판사판 정책을 펼쳐야 할 만큼 먹고살지 못하며 인권이 유린당하는 과도기적 시대인가?

결론은 그렇지 않다. 그럼에도 불구하고 현재의 경제 불황을 1929~39년의 공황과 비교 분석하는 것은 원초적인 분석도구가 잘못되었기 때문에 정확한 문제점과 해결책 모두를 이끌어낼 수 없다. 그렇기 때문에 현재의 서브프라임 사태를 진단한 수많은 전문가들의 이야기는 모두 거짓으로 드러났으며 오랜 기간의 침체를 외친 자들은 모두 어디론가 숨어들었다.

소수의 남아 있는 경제 전문가들은 "아직 완전히 회복된 것은 아니다!"라는 말로 말끝을 흐리고 있지만 이것은 곧 지구촌이 망하기를 바라는 허망한 외침에 불과하다. 처음부터 시장을 꿰뚫는 도구를 잘못 선택한 자신의 잘못을 수정하는 노력부터 기울여야 한다.

그들은 잘못된 판단을 발표함으로써 지구촌의 수많은 사람들에게 대폭 손실을 입혔으며, 집을 팔고 주식을 팔면서 2차 물량 압박에 의한 추가 폭락을 이끌어낸 장본인들이다. 그런 그들이 아직도 잘못을 바로잡기보다는 자신의 주장을 굽히지 않는 것으로써 일말의 명예를 지키려 하는 것은 지위에 대한 모독이다.

아무튼 1차 대공황은 전쟁에 의해 해소되었다. 경제는 돌아갔고 다양한 직업을 가질 수 있는 산업이 등장하게 되었다. 이는 전쟁이 큰 위력을 발휘한 결과이다. 소총으로 싸우던 시대는 비행기를 개발하고 미사일을 개발하는 과정까지 진행되어 세상은 수많은 기술을 필요로 했고 냉전시대의 우월한 지위를 선점하기 위한 기술의 진보는 그야말로 눈부시게 성장을 했다.

일본이 전자기술의 최고 국가로 인정받는 까닭도 2차대전의 패전국이 된 결정적 사건인 히로시마 핵폭탄의 위력을 보았기 때문이다. 비행기를 제어하는 기술, 미사일을 목표 지역까지 정확하게 유도하는 기술, 밤에도 물체를 식별할 수 있는 기술, 무인자동차를 통해 경계지역의 위험 요소를 모니터로 파악하는 기술은 모두 일본의 미래를 전자강국으로 이끄는 촉매 역할을 했다. 결국 다양한 산업시설이 마련되었고 시설을 운영할 근로자가 필요해지면서 일본의 실업자는 자연스럽게 해소된 것이다.

금융계의 폭군, 정크본드와 블랙먼데이

1987년 10월 19일 주가 대폭락의 블랙먼데이와 두 번째 대공황

물론 이러한 황금시절은 두 번째 대공황을 맞이하면서 또 한 번의 위험에 직면하게 된다. 금융시스템의 무분별한 확장과 금융권의 사업 확대가 불러온 위험의 경계는 붕괴로 치달았고, 금융계의 포악한 폭리작전은 세계를 죽음으로 이끄는 주범이 된다.

금융계가 저지른 처참한 죄악은 넘쳐나는 돈을 이용해 순식간에 막대한 차익을 얻어낼 수 있는 도박성 상품인 정크본드를 상품화하면서 시작되었다. 정크본드의 상품을 이용할 경우 기업이 부실해서 언제 쓰러질지 몰라도 은행이 제시한 높은 금리의 이자를 지불하면 얼마든지 대출을 받을 수 있었다.

언제 망할지 모르는 기업을 대상으로 은행은 높은 이자를 받고 돈을 빌려주기 시작했고 무분별한 기업합병과 차입금을 이용한 기업 인

KEY POINT •••

금융계가 저지른 처참한 죄악은 넘쳐나는 돈을 이용해 순식간에 막대한 차익을 얻어낼 수 있는 도박성 상품인 정크본드를 상품화하면서 시작되었다. 정크본드의 상품을 이용할 경우 기업이 부실해서 언제 쓰러질지 몰라도 은행이 제시한 높은 금리의 이자를 지불하면 얼마든지 대출을 받을 수 있었다.

수까지 영역을 넓히는 기업이 속출했다. 결국 시중에 자금이 흘러넘치게 되면서 증시는 폭등했고 가수요의 확장에 따른 버블 확장이 동시에 시작되었다. 결국 버블의 정점에서 세계경제는 폭락과 멸망을 끌어안고 있었으나 당시 이것을 경고한 사람은 아무도 없었다.

정크본드가 위험한 까닭은 무차별적인 부실기업의 자금지원 때문이다. 미국의 기업들은 부채비율이 급격히 증가해 자기자본은 완전잠식 상태에서도 망하지 않는 이상한 논리가 확대되었고 정부는 조만간 불행한 일이 벌어질 것을 인식하고 합병 억제와 세율을 높이는 정책으로 맞섰지만 이미 때는 늦었다. 무리한 합병과 컴퓨터를 이용한 프로그램 매매의 영향으로 1987년 10월 19일 미국 증시는 대폭락의 공포를 받아들여야 했다.

정크본드란?

정크란 '쓰레기'를 뜻하는 말로 직역하면 '쓰레기 같은 채권'을 의미한다. 일반적으로 기업의 신용등급이 아주 낮아 회사채 발행이 불가능한 기업이 발행하는 회사채로 '고수익 채권'이라 부른다. 신용도가 낮은 회사가 발행한 채권으로 원리금 상환에 대한 불이행 위험이 큰 만큼 이자도 높다.

- 1970년대 당시에는 신용도가 높은 우량기업이 발행한 채권 중 발행기업의 경영이 악화되어 가치가 떨어진 채권을 의미했다.
- 최근에는 성장성은 있으나 신용등급이 낮은 중소기업이 발행한 채권이나 M&A에 필요한 자금을 조달하기 위해 발행한 채권 등을 포함하는 넓은 개념으로 사용되고 있다.
- 정크본드 시장은 자금난에 시달리는 중소기업에 자금조달의 길을 열어주었으나, 반면 기업의 부채 부담을 가중시키기도 한다. 대량 발행한 후 경기가 좋아지면 상관없지만 경기가 나빠지면 도산할 가능성이 그만큼 높아지기 때문이다.

결국 블랙먼데이의 주가 대폭락은 정크본드의 쓰레기 채권도 이자

만 많이 내면 무조건 돈을 빌려주는 미래의 멸망을 담보로 한 금융계의 폭군에 의해 완성되었다. 2008년의 서브프라임 사태와 1987년의 금융대란은 다른 점이 없는 판박이식 동일성의 문제를 갖고 있다.

수많은 보험사들이 끝없는 TV 광고를 통해 보험상품을 소개하기 위해 막대한 광고비를 지불하는 것은 새로운 자본 확보를 위한 수단이다. 그들은 왜 세계 각국을 돌면서 다양한 인종으로부터 보험상품을 판매하려 할까? 한 명의 보험가입자가 지불하는 돈이 월 2만원이라 가정해보자. 100만 명의 보험가입자가 지불하는 월비용은 200억원이 된다. 1년 동안 보험료를 거두어들일 경우 총금액은 연간 2,400억원이다

하나의 보험상품으로 1천만 명의 회원을 지구촌 전체에서 확보할 경우 기업이 연간 벌어들이는 돈은 2조4천억원에 이른다. 그러나 보험회사의 상품은 수십 종류가 넘기 때문에 각자 다른 분야에서 확보된 자금은 천문학적인 돈이 된다. 이 돈을 어디에 어떻게 사용하는지에 대해서는 아무도 생각하지 않으며 궁금해하지도 않는다. 서브프라임 사태는 이러한 금융기업의 몰지각한 확대정책의 결말이다. 향후 지금과 같은 금융버블의 멸망은 자주 일어날 것이다.

금융사는 무형의 상품을 생산한다. 그 상품은 돈을 들여 원자재를 수입하고 제품을 만드는 공정이 필요 없다. 단지 아이디어만 내놓고 돈을 지불하는 고객을 기다리면 된다.

이렇게 거두어들인 돈은 모두 아파트 담보대출, 부동산 대출, 캐피탈 대출 등의 절차를 통해 고금리 사업으로 빨려들거나 주식시장으로 몰려든다. 어느 때는 정크본드처럼 쓰레기 같은 자산의 보험을 승인함으로써 높은 이자를 받아내기도 한다. 이러한 자금은 버블의 확산을

KEY POINT •••

이렇게 거두어들인 돈은 모두 아파트 대출, 부동산 대출, 캐피탈 대출 등의 절차를 통해 고금리 사업으로 빨려들거나 주식시장으로 몰려든다. 이러한 자금은 버블의 확산을 만들어내며, 당분간은 흥청망청의 소비 확산이 이어진다.

만들어내며, 당분간은 버블 효과에 따라 흥청망청한 소비 확산이 이어진다.

혹자는 이런 현상을 놓고 대통령이 정치를 잘해서 국민이 먹고살기 좋아졌다고 하고, 또 다른 자는 일자리가 많아 즐거우며, 장사가 잘돼 기분이 좋다고 이야기한다. 그러나 조만간 지구촌의 멸망을 초래할 버블의 순간적인 몰락에 대해서는 모르고 있으며, 도박과도 같은 부실자산 보험을 또다시 고금리를 받고 보험을 들어주는 행위에 대해 그 누구도 잘못을 이야기하지 않는다.

어느 날 보험사의 상품은 더 이상 고객을 유치할 수 없게 되고 보험 광고만 보아도 혀를 내두를 만큼 TV 채널은 온통 광고로 가득 차 있다. 광고는 계속되지만 신규로 가입되는 소비자 숫자는 극도로 줄어든다. 이러한 현상은 1차 대공황이었던 1929년의 형태와 똑같은 양상이다. 일을 하고 싶지만 일할 곳이 없는, 소수만이 부자이며 다수는 매우 가난하여 식량을 구할 수도 없는 상황과 정확히 배치된다.

기업 상품이 끌어들인 돈이 소비로 이어지지 않고, 투자와 투기의 형태로 이어질 때는 당장의 호전적 소비 증가를 수반하지만 소비 증가는 곧 정점에 도달하면서 급속한 침체를 만들어낸다. 매우 차가운 유리잔에 갑자기 뜨거운 물을 부으면 산산이 부서지는 파편처럼 흥청거리던 모든 경제구조와 상가, 토지, 아파트, 증권 등 유무형의 자산 모두가 일순간에 멈추어 버린다. 이는 곧 대재앙이다.

서브프라임 사태는 주가 폭등의 희망이다

두 번째 대공황으로 기록된 1987년 블랙먼데이의 공포는 빠르게 회복되었다. 모두의 예상을 깨고 즉시 회복을 시도하게 된 배경에는 금융 시스템의 과도기적 붕괴가 새로운 금융 안정을 이끌어 미래를 풍요롭게 할 것이라는 심리적 희망이 밑바탕이 되었다.

기계적인 매매공식을 컴퓨터에 입력해놓고 주가가 일정 가격까지 하락하면 아무 이유도 없이 주식을 팔아치우도록 프로그램된 시스템 매도가 폭락을 이끌었다는 것도 즉시 회복의 원인이 되었을 것이다.

정크본드가 부실화로 쓰러져가는 중소기업을 회생으로 이끈 점은 인정되나 이것은 극약처방과 같아서 기업이 꼭 살아난다는 보장은 전혀 없었다. 만약 정크본드의 방만한 금융상품을 정부가 차단하지 못했다면 미국은 생존하기 어려운 지경까지 기업의 파산과 부도가 속출했을 것이다.

기업 도산은 곧 금융계의 몰락으로 이어지고 실업자 증가와 국가의 존폐 위기로까지 치달린다는 공식쯤은 모두가 알고 있다. 따라서 미국 증시가 폭락을 딛고 순식간에 원래 위치까지 회복한 과정에는 프로그램 매매방식의 수정과 기업의 도산을 유도할 수 있는 정크본드의 상품 개발자를 전격 구속함으로써 투기자산의 투기적 대출상품도 자취를 감추게 된 덕분이다.

이것은 곧 기업이 도산할 가능성이 매우 낮아졌음을 암시하며 사실상 정크본드의 자금은 기업의 정상적 회생보다는 고금리의 이율을 추구하는 상품에 불과했기 때문에 투기자본을 이용한 기업인수, 합병의 부실화를 일찍 막아낼 수 있었다.

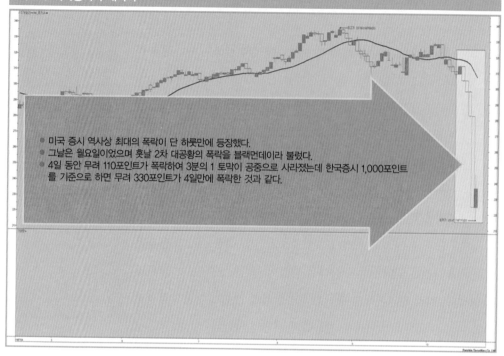

● 미국 증시 역사상 최대의 폭락이 단 하룻만에 등장했다.
● 그날은 월요일이었으며 훗날 2차 대공황의 폭락을 블랙먼데이라 불렀다.
● 4일 동안 무려 110포인트가 폭락하여 3분의 1 토막이 공중으로 사라졌는데 한국증시 1,000포인트
   를 기준으로 하면 무려 330포인트가 4일만에 폭락한 것과 같다.

　　망하는 기업이 없는 건전한 기업 간의 주가경쟁 시대… 결국 증시
는 투명함을 원했던 것이다. 막연한 환상보다는 투명해서 그 속을 모
두 들여다볼 수 있는 환경에 더욱 큰 폭등을 하게 되며 투명은 곧 기업
의 실적과 가치 계산으로 이어진다. 투기자금이 기업에 투자하는 정석
투자로 전환되면서 주가는 장기폭등을 하게 된다. 뛰어난 기업의 미래
를 투기자금이 사재기하는 투자로 성질이 변하면서 기업의 자산가치
는 급격히 증폭되어 가치만큼의 주가 상승이 장기적으로 이어졌다.

　　2차대전을 일으킨 1차 대공황, 1987년의 정크본드 몰락과 묻지마
투매의 2차 대공황, 그리고 서브프라임이라는 이름의 3차 대공황은
공포의 멸망으로 이어지는 특급코스는 결코 아니었다.

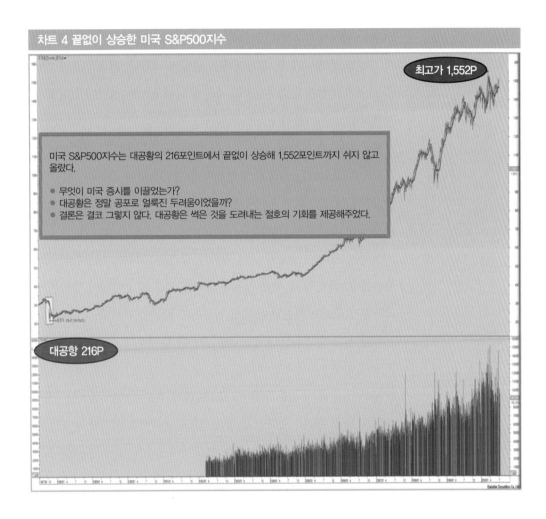

차트 4 끝없이 상승한 미국 S&P500지수

> 최고가 1,552P

미국 S&P500지수는 대공황의 216포인트에서 끝없이 상승해 1,552포인트까지 쉬지 않고 올랐다.

● 무엇이 미국 증시를 이끌었는가?
● 대공황은 정말 공포로 얼룩진 두려움이었을까?
● 결론은 결코 그렇지 않다. 대공황은 썩은 것을 도려내는 절호의 기회를 제공해주었다.

> 대공황 216P

못된 자식은 아버지도 못 고친다는 말이 있듯이 기업과 정치권의 결탁과 이합집산의 흐름이 계속되면서 미국 본토는 썩어가는 물과 같았고 한번은 꼭 그 물을 비워내고 신선하고 청량한 물로 바꿀 필요가 있었지만 그 누구도 해내지 못했다. 대마불사의 대규모 자본을 거머쥔 기업과 대항해 정치세력이 본질을 유지할 수 없었기 때문이다.

모든 정치는 기업의 후원금으로 운영되었고 돈 없이는 당을 유지할 수 없는 체제에서 기업은 교묘히 자본의 힘을 이용한 정치세뇌의 합법적 사업을 통해 더욱 큰 투기의 장을 만들어 나갔다. 결국 언젠가 한번은 기업의 멸망을 맞이하겠지만 자신의 임기 동안만 멸망이 현실로 등장하지 않으면 그만이다.

높은 연봉과 엄청난 보너스로 금고를 두둑이 채우고, 서비스로 정치권의 내로라하는 자들과 호형호제를 맺음으로써 소수의 선도자는 끝없이 도박과 투기의 자본운영을 유지하고 있었다. 이런 혼탁한 흐름을 한방에 과감히 청산시킬 수 있는 사람은 결코 없을 것이다.

결국 신선하고 청량한 물로 교환할 수 있는 파워는 대공황의 소용돌이였다. 썩을 대로 썩어 악취가 풍기는 자본의 혼탁함이 붕괴를 시작하면서 도미노 파산과 분열이 왕성하게 활동을 시작하고 시장은 조작과 은폐의 인위적인 흐름을 씻어내면서 순기능의 시장으로 제모습을 찾게 된다.

곪은 곳을 도려내고 그곳에 새로운 살이 돋을 수 있도록 하는 정화작용은 결국 모두가 공포와 두려움이라고 생각했던 엄청난 재앙에 의해 가능했던 것이다. 이것을 어찌 멸망이라 할 수 있는가? 이것이 왜 지구촌의 끝이라고 말해야 하는가? 끝은 더욱 깨끗하고 신선한 시작을 알리는 신호탄이 된다는 것은 왜 인정하지 않는가?

모든 대공황과 한국의 IMF, 9.11테러까지 잊지 못할 끔찍한 사건은 항상 주가의 대폭등과 장기간 상승이라는 코드를 제공해주었다. 대폭등과 장기간 상승의 코드 속에는 항상 동일하게 존재하는 요소가 있었으니 그것은 곧 '정화'이다.

신규자본과 대기자본의 유입

다수의 전문가들은 현재의 공포를 분석하기 위해 땀방울을 흘린다. 또 다른 자들은 전문가를 사칭하며 과거에 발표된 학설과 유명 저자가 지어낸 책 속의 분석 데이터를 앵무새처럼 읊조린다. 그리곤 자칭 전문가를 자처하며 매스컴을 타면서 영웅이 된다.

그들을 영웅으로 칭하는 소비자와 투자자 모두는 대멸망과 대재앙, 대공황의 희생양이 되어 죽음을 맞이하는 것이 당연했다고 자조 섞인 웃음을 남기며 쓰러져간다. 당연한 이야기지만 영웅을 사칭한 자도 죽음의 행렬 속에 포함되어 있다.

투기자본에 의한 버블게임이 환상적으로 펼쳐질 때 버블의 끝을 예언해야 하듯이 대멸망이 진행 중일 때 서둘러 희망의 끈을 찾아내야 한다. 따라서 현재 벌어진 문제점을 분석하고 그것이 왜 일어났는지, 어떻게 진행되었는지를 적중시키는 과거형 보고서는 쓰레기에 불과하다. 현재 벌어진 문제점을 분석하되 앞으로 어떤 세상이 펼쳐질 것인가를 예측하여 알리는 전문가의 역할을 충실히 하기 위해서는 더 넓은 미래안을 준비해야 한다.

서브프라임 사태는 정크본드와 비슷한 환경에서 잉태되어 결코 피할 수 없는 재앙이었다. 모든 자본은 이율이 높은 상품을 만들기 시작했고 그중 대표적인 것은 부동산 담보대출이었다. 투기자본의 이율보다는 이자소득이 낮지만 부동산을 담보로 잡아두었기 때문에 금융권은 결코 망하지 않을 것 같았다.

그들이 쏟아낸 아파트 대출자금의 거대한 늪은 결국 빚으로 아파트를 짓고 빚으로 매수하는 도미노 행렬로 이어졌고 결국 더 이상 아파

> **KEY POINT •••**
>
> 투기자본에 의한 버블게임이 환상적으로 펼쳐질 때 버블의 끝을 예언해야 하듯이 대멸망이 진행 중일 때 서둘러 희망의 끈을 찾아야 한다. 따라서 현재 벌어진 문제점을 분석하고 그것이 왜 일어났는지, 어떻게 진행되었는지를 적중시키는 과거형 보고서는 쓰레기에 불과하다.

트를 빚을 내어 구매할 사람은 소멸되었다.

어느 날 찾아온 아파트 가격의 하락….

17세기 네덜란드 튤립 열풍의 끝자락을 거머쥔 투기자의 몰락이 그랬듯이 은행상품에 정신을 빼앗겨 대출자본의 재투자를 계획했던 수많은 구매자들은 갑자기 찾아든 부동산거래 정체의 적막을 맞이하게 된다.

여기까지가 서브프라임의 시작이었다면 정크본드에 의한 대공황의 시작도 금융계가 더욱 높은 이자를 수익으로 확보하기 위해 시도한 투기적 상품의 멸망에 의해 시작된 것이기 때문에 비슷한 경향을 띤다.

서브프라임은 썩은 곳을 도려내는 절호의 기회로 판단해야 한다

서브프라임 사태는 미래에 찾아올 거대한 금융자산의 몰락을 리허설을 통해 미리 경험케 하는 중요한 무대였다. 서브프라임 사태는 그것이 왜 탄생했으며 무엇에 의해 확산되었고 빠른 전염의 원인이 어떤 시스템에 오류가 있었는가를 찾아내는 계기가 되었다. 정상적인 국가의 운영 국면에서는 결코 생각할 수 없는 정리와 파산, 합병과 금융상품의 재점검이라는 대규모 오류 수정작업이 시작된 것이다.

기업이 정상적인 영업을 유지할 때는 꿈도 꿀 수 없었던 인수전쟁이 급물살을 타면서 확대되었다. 누군가는 그 기업이 망하기를 손꼽아 기다려왔다는 증거이다. 세상은 이렇게 모두 망할 수는 없다. 망한 자를 통해 누군가는 새로운 생명을 수혈 받고 성장한다. 몇 십 년의 노하

우를 기업의 도산을 이용해 저렴한 값에 구매할 수 있다.

일본과 중국은 서브프라임을 이용해 평소 꿈도 꿀 수 없었던 견실한 기업을 사냥하는 데 심혈을 기울였고 대다수 기업은 결국 중국의 품에 안겼다. 이러한 현실은 서브프라임을 잠재울 수 있는 필수요소에 해당하는 -망하지 않은 자들이 갖고 있던- 대기자본의 활약을 꼽을 수 있다.

상업적 가치를 따지는 까닭은 이윤 때문이다. 결국 상업은 동일한 물건을 싸게 구입해 품귀를 빚을 때 비싸게 파는 것과 같다. 서브프라임 사태는 기업이 끌어안고 있던 고질적인 문제 하나를 해결하는 역할을 했다. 그 문제는 바로 고용문제의 후유증이다. 튼튼한 노조의 버팀목으로 무장한 근로자를 해고하는 것은 대단히 어렵다. 그러나 기업은 서브프라임을 무기로 삼아 쉽게 정리해고를 단행할 수 있었으며 중국과 일본의 입장에서 바라볼 때는 먹기 좋은 떡에 꿀을 발라준 환경이기 때문에 서둘러 기업사냥을 시작할 수 있었다.

세계 국가의 부양정책은 신규자본과 대기자본을 향한 호소문이다

아무리 정부가 뭉칫돈을 풀어낸다 할지라도 그 돈을 활용할 수 있는 마땅한 투자처가 없다면 모두 무용지물이 된다. 일본의 잃어버린 10년의 경제구조를 떠올려보면 그 이유를 알 수 있다. 온갖 방법을 들이댔지만 결국 신규자본과 대기자본을 수면 위로 떠오르게 하는데 실패하면서 일본은 오랜 침체기로 접어들었다.

정부가 진행하는 부양정책은 잠자고 있는 신규자본과 투자할 곳을 찾아 기회를 엿보는 대기자금을 수면 위로 끌어올려 정부가 지원한 부양자금과의 상승효과를 불러왔다. 이는 두려움에 가득 찬 심리를 역전시키기 위한 카드 중 하나이다.

만약 그 카드가 성공적인 흐름을 보여주기 시작한다면 당신은 즉시 헐값에 거래되는 주식을 사들여야 한다. 이때에도 매스컴은 여전히 미네르바를 칭송하거나 기업이 파산해서 실업자가 길거리에 가득하다는 뉴스를 송출한다. 아파트는 거래되지 않아 미분양 아파트가 속출하면서 건설사가 망하고 있다는 두려운 소식도 날아든다. 당신은 그 뉴스를 그대로 믿고 투자를 멀리하려 할 것이고 기회는 아직도 멀었다고 판단하는 실수를 선택한다.

국가가 나서 일개 시민에 불과한 미네르바를 구속하는 제스처를 구사한 까닭도 여기에 있다. 아무리 정부가 돈을 쏟아부어도 심리적 공포가 확산된다면 그 돈의 지원군은 무용지물이 된다. 일본의 잃어버린 10년은 이렇게 찾아왔음을 한국 정부는 깊이 깨닫고 있었던 것이다. 한국은 일본과 달리 중국과 인도라는 중추적인 기술도상국이 존재하기 때문에 분위기만 만들어준다면 회복의 가능성은 충분했다. 따라서 서둘러 심리를 진정시킬 필요를 느꼈을 것이다.

지식은 마치 다단계와 같아서 피라미드의 형상을 갖고 있다. 중학교를 졸업한 사람은 고등학교를 졸업한 사람을 부러워한다. 그러나 고등학교를 졸업한 사람은 결코 중학교를 졸업한 사람을 부러워하지 않는다. 자신보다 더 많이 배운 사람을 선호한다면 당연히 대학을 졸업한 사람을 부러워하는 게 정상이다.

지식도 이와 같아서 전혀 모르는 무지한 사람은 뉴스의 내용을 앵무새처럼 재연하는 사람을 대단히 유식한 사람으로 인정한다. 하지만 앵무새처럼 재연하던 사람도 뉴스와 다르게 자신의 생각을 덧붙여 의견을 내놓는 사람 앞에서는 기가 죽는다. 자신의 생각을 덧붙여 의견을 내놓는 사람도 대학의 경제학과를 졸업한 사람 앞에서는 금방 기가 죽는다.

결국 미네르바가 주장한 멸망의 단어들이 순식간에 국민 전체로 파급된 이유도 여기에 있다. 국민은 생업에 종사하며 바쁜 나날을 보내고 있었고 자신의 분야에서는 독보적인 기술자들이지만 경제적 구조에 대해서는 대부분 무지하다. 이것은 그들이 지식이 부족해서가 아니라 자신의 생활을 영위하는 과정에서 비롯된 한 분야의 달인과 같은 삶 때문이다.

이러한 사람들에게 미네르바의 경제적 멸망 이야기는 매우 그럴 듯하게 들렸다. 마치 9시뉴스를 앵무새처럼 재연하는 수준에 불과한 그의 이야기들이 한국땅을 뒤흔든 것만 보아도 국민들의 경제와 관련된 ―금융질서 흐름에 대한― 지식이 얼마나 부족한가를 단적으로 보여주는 사례라 할 수 있다.

정부는 이것을 충분히 숙지했으며 즉시 행동을 시작했다. 소용돌이의 근원을 차단해 마치 그의 이야기가 현실에서 최선의 선택이 될 수밖에 없다고 단정 짓는 국민의 오류를 없애기 위해서라도 행동은 신속해야 했다. 그래도 끝까지 경제적 구조의 변화를 알지 못한 사람들은 미네르바가 만든 두려움의 신화에 갇혀 주식시장 500포인트를 기다렸고 아파트 반값 폭락이라는 문구에 놀라 서둘러 집을 헐값에 처분했다.

만약 당신이 금융에 대한 지식이 부족한 상태에서 금융으로 재테크를 하려면 충분한 노력을 기울여야 한다. 어려운 관문을 뚫고 우수한

KEY POINT ● ● ●

목숨보다 소중한 종자돈을
재투자하면서 거짓과 암투
로 얼룩진 시장환경을 고
려치 않고 은행 상담창구
원의 막연한 설명만 듣고
투자를 결정하는 것은 얼
마나 위험한 행동인가를
알아야 한다.

성적으로 대기업에 입사를 했어도 신입사원 명찰을 가슴에 달고 일정
기간 교육을 받아야 한다. 견습생이란 단어가 왜 존재하는지를 곰곰이
생각해야 한다. 특히 목숨보다 소중한 피와 땀의 결실인 종자돈을 재
투자하면서 거짓과 암투로 얼룩진 시장의 환경을 고려치 않고 은행 창
구원의 막연한 설명만 듣고 투자를 결정하는 것은 얼마나 위험한 행동
인가를 알아야 한다.

🌙 금융버블의 투기적 사이클을 기억하라

그렇다면 미래에는 지금처럼 금융버블이 만들어낸 후유증의 폭락은
결코 없을까? 그렇지 않다. 언젠가는 또 다시 금융버블이 만들어낸 지
구촌 시계의 멈춤이 찾아온다.

경기가 하강곡선을 그릴 때마다 각국 정부는 금융버블을 유도할 수
있는 다양한 정책을 활용하기 때문이다. 정부는 억제하고 묶어두었던
규제를 경기침체를 이유로 들어 완화, 해소, 풀어주는 정책을 내놓게
된다. 이것은 즉시 금융계의 거대한 돈을 움직이는 촉매가 되어 걷잡
을 수 없는 일순간의 풍요로움을 이끌어낸다.

그렇다면 정책적으로 규제를 유지하고, 해서는 안 되는 위험한 도
박의 금융상품을 제어하기 위해서는 경기 하강이 급하게 진행되지 말
아야 한다. 금융계 자본을 이용하지 않아도 기업이 척척 달러를 벌어
들인다면 국민경제는 멋지게 돌아갈 것이다. 이것은 결론이다.

위와 같은 결론이 진행 중이라면 당신은 부동산투자와 주식투자를
통해 부를 축적하기 위한 발 빠른 노력을 해야 한다. 그러나 만약 금융

완화 정책이 등장하고 기업 실적이 느슨해지기 시작하면서 중소기업의 위기가 소개되기 시작하면 자본시장의 동태를 살펴야 한다. 굴뚝기업과 기술로 무장한 IT기업에 의한 국가경제 발전이 멈추고 자본시장의 자산전쟁이 시작된다면 곧 도래할 버블의 끝에 대비해야 한다.

그렇다면 초생달은 왜 한국증시 대폭등을 준비하라는 슬로건을 준비했을까?

이미 증시와 부동산은 모두의 예상을 뒤엎고 강한 상승을 구현한 상태이다. 대부분의 전문가들은 지금까지의 증시 상승은 일시적인 것으로 부양정책에 의한 심리적 기대효과가 적용되었을 뿐이라고 이야기하면서 곧 하락 조정이 시작될 것을 염려하고 있다. 물론 지금의 한국경제 구조가 1998년 IMF의 구조적 고리를 유지하고 있다면 당연히 지당한 말이다.

그러나 지금의 한국은 어떤가? 그리고 인도와 중국은 이 시간 무엇을 원하고 있는가? 그들은 한국을 원하고 있으며 한국의 저렴하면서도 뛰어난 기술력을 흡수하기 위해 눈물 나는 노력을 기울이고 있다는 사실을 인식해야 한다.

4장

한국증시 대폭등 시대가 온다

한국증시 대폭등을 준비하라

준비는 모두 끝났다. 한국은 과거 한 번도 겪어보지 못한 새로운 세상을 맞이하게 된다. 달러 부족 국가의 지위가 달러 흡족 국가로의 발전을 통해 신용등급이 상승하는 선진국으로의 도약을 시작한다.

웃기는 헛소리라고 일축할 필요는 없다. 어차피 헛소리라고 주장하는 사람들이 내놓은 과거의 보고서는 모두가 엉터리였으며 서브프라임 사태가 오는 것도 모르면서 큰소리치던 사람들이었다. 또한 그들은 서브프라임 사태가 빠르게 수습되고 미국 거대자동차 기업인 GM그룹이 파산하지 않기를 기대하던 사람들이다. 초생달은 오히려 GM그룹이 하루라도 빨리 파산해 부양자금의 큰 부분을 밑 빠진 독에 물 붓기처럼 써버리지 않아야 한다고 주장했다.

길거리에 실업자가 흘러넘치고 지하철에 노숙자가 들끓어야만 증시는 폭발적 상승을 할 수 있다고 주장했다. 주식시장은 돈 한푼 없는 실업자가 이끌어주지 않으며, 지하철 노숙자가 주가를 완성시키지도 않는다.

주가는 기업의 현황, 기업의 업황, 기업의 기술력, 기업의 이익창출 능력에 의해서만 움직인다. 어려운 시기에 망해가는 기업이 근로자를 끌어안고 은행에 빚을 내 월급을 주고 있다면 그 기업의 주가는 폭락하는 게 당연하지 않겠는가?

미국 증시가 GM 파산선고에도 불구하고 상승한 이유도 여기에 있다. 앞에서도 설명했지만 주식시장은 항상 투명함과 실적의 가능성을 즐기는 유기체이며 그 과정이 어떻게 진행되었는가는 전혀 고려치 않는다. 실업자를 마구잡이로 만들었다면 오히려 주가는 상승한다.

원/달러 환율이 1,500원을 돌파할 때 다수의 전문가들은 곧 2,000원까지 상승할 것이라며 이구동성으로 미네르바와 비슷한 보고서를 쏟아냈다. 그 시간, 외롭게 홀로 무대에 올라선 초생달만이 향후 원/달러 환율은 폭락할 것이며 1,200원의 안정권을 유지할 것이라고 외쳤다. UBS증권사가 삼성전자의 적정주가를 40만원으로 떨어뜨리며 서브프라임 사태에 의해 소비 침체가 진행될 것이 뻔하기 때문에 삼성전자의 실적도 대단히 나쁠 것이라는 단서를 귀엽게 달아주었다. 다수의 투자자와 전문가는 이 말을 신뢰해 삼성전자를 팔아치우느라 진땀을 흘렸을 것이다.

다음은 2008년 7월 7일 아침에 작성된 보고서를 그대로 옮긴 것이다.

UBS증권은 오늘 아침 보고서에서 삼성전자에 대해 글로벌 경기둔화에 따른 소비감소 때문에 실적 압박이 우려된다며 투자의견 매도와 목표주가를 하향했습니다. UBS는 앞으로 D램반도체가 2009년까지 초과 공급 상태가 지속될 것을 우려했습니다. 반대로 초생달은 2008년 하반기부터 D램반도체의 수요가 빠르게 급증할 것으로 판단하고 있습니다. 왜 서로 다른 판단을 하는 것일까요?

그리고 왜 UBS는 D램에 대해서만 이야기를 하고, 낸드플래쉬에 대해서는 이야기를 꺼린 것일까요? 삼성전자의 양대축은 D램과 낸드플래쉬메모리입니다. DDR2램은 이미 과포화 상태로 오래 전부터 사용된 램이기 때문에 1기가 당 가격은 2만원 대에 불과합니다. UBS는 기술적인 분야에 대해서는 잘 모르는 것 같습니다. DDR램은 800mHz의 처리속도를 갖고 있습니다. 한마디로 잘라 말한다면 구시대의 유물인 것입니다. 솔직히 아직도 800메가 속도의 램이 판매되고 있는 것도 초생달이 볼 때는 이상하고 우스운 현상입니다.

윈도XP 운영체제는 2008년 7월을 기점으로 생산이 종료됩니다. 왜 마이크로소프트는 서둘러서 윈도XP 판매를 중단한다고 발표했을까요? 저렴한 기업용 OS를 제외한 판매를 모두 중단하고 앞으로는 윈도우비스타를 판매한다고 했으며, 또한 2009년에는 윈도우7이라는 새로운 운영체제를 판매한다고 했습니다.

윈도우XP는 구시대의 유물이 된 것입니다. 800메가의 속도로는 컴퓨터의 병목현상을 제거할 수 없으며, 그로 인해 비싼 그래픽카드를 구입해도 게임을 원활하게 진행할 수도 없습니다. PC방의 고객은 대부분 디아블로2, 그리고 앞으로 판매될 디아블로3, 또는 엄청난 램과 고사양을 필요로 하는 크리시스 등의 게임을 집에서 할 수 없는 사람들이 주요 고객입니다. 그런데 이미 그래픽카드는 GDDR5를 장착한 제품이 판매중입니다. CPU는 65나노 쿼드코어가 판매된 지 꽤 되었고, 언제부턴가는 45나노의 쿼드코어가 판매되고 있습니다. 이들은 모두 PCI익스프레스2.0을 지원하는 메인보드에 의해 구동되는데 CPU는 최신 제품을 사용하면서 램은 800메가의 제품을 쓴다면 이건 엉터리가 됩니다.

컴퓨터는 조합의 제품입니다. 어느 것 하나만 조합이 안 맞으면 값비싼 다른 부품이 제 성능을 발휘하지 못하게 되는 것입니다. 요즘은 싸구려 메인보드까지도 PCI2.0을 지원합니다. 그래픽 카드를 2~3개를 사용해 능률을 엄청나게 끌어올릴 수 있습니다. 하지만 DDR2 또는 GDDR3 제품으로는 엄청난 능률을 만들지 못합니다. 윈도XP는 새롭게 진화한 그래픽의 예술적 화면을 보여주지 못합니다. 윈도우XP를 사용해 포토샵을 해본 사람은 느려지진 화면 전환으로 고민했을 것입니다.

이렇게 느린 까닭은 메모리의 문제 때문입니다. 윈도우XP는 4기가까지만 메모리를 인식할 수 있습니다. 그 이상은 메모리를 아무리 꼽아도 사용할 수 없기 때문에 운영체제와 포토샵을 구동하는데 필요한 충분한 램 효과를 결코 볼 수 없습니다.

윈도우비스타로 바꾸기만 한다면 즉시 램을 16기가까지 장착해서 사용할 수 있기 때문에 빠른 속도의 처리 능력을 체험할 수 있습니다. 새롭게 만들어 판매 중인 쿼드코어 또한 윈도우XP는 4개의 코어를 작동시켜주지도 못합니다. 한마디로 웃기는 운영체제가 된 것입니다. 그래서 마이크로소프트에서는 서둘러 윈도XP를 단종하고 비스타를 전폭적으로 지원하는 것입니다.

한발 더 나아가 인텔은 2008년 9월경부터 새로운 CPU를 내놓습니다. 병목현상이 완전히 제거된 X58단위가 붙은 새로운 칩셋을 사용해 CPU의 속도를 그대로 전달하는 1:1의 속도가 가능해집니다. 영원한 꿈의 목표가 9월에 종지부를 찍고 현실로 등장하는 것입니다. 세상은 이렇게 변했습니다. 그리고 이것을 수용하려면 DDR3램이 필요합니다. DDR2는 결국 2008년 하반기부터는 서서히 시대의 유물이 되어 어둠속으로 사라질 물건입니다. DDR2는 그래도 가격이 싸지 않는가? 라고 반문할 것입니다. 가격이 싸다 하여 당신은 현재의 화상폰을 버리고 아주 옛날의 덩치만 커다란 모토로라의 아날로그 휴대폰을 쓰시겠습니까?

DDR3는 속도에 따라 다르지만 1기가 제품이 DDR2의 8배까지 합니다. 1기가에 16만원이나 하는 고가 중에 고가제품들입니다. 싼 제품도 10만원선은 합니다. 그런데 이번에 새롭게 출시된 DDR3 제품의 가격이 1600mHz의 속도이면서도 9만원에 판매됩니다. 20만원 짜리가 9만원으로 대폭 떨어진 것입니다. 최신 메인보드들이 FSB1600을 지원하면서 향후 DDR2의 두 배에 달하는 경이적인 속도의 1600mHz 메모리는 더욱 가격이 현실화될 것입니다.

삼성전자는 인텔 덕분에 매우 좋은 기회를 잡았습니다. DDR3메모리는 삼성전자의 텃밭이기 때문입니다. 대량으로 DDR3를 찍어낼 수 있는 기업 또한 삼성전자입니다. 현재 판매중인 DDR2는 기가당 2만원, DDR3는 기가당 9만원이면 4배에 달하는 가격이 됩니다. 삼성전자가 가격을 인하해서 파죽지세로 공략한다면 기가당 4만원이면 충분할 것입니다. 그래도 삼성전자는 DDR2를 파는 것보다 엄청난 이익을 남기게 되고 실적이 대폭 호전되게 됩니다.

어차피 2008년 하반기부터는 DDR2는 사용할 수 없게 됩니다. 싸구려 제품들에만 공급이 될 것이고, 홈쇼핑을 통해 판매되는 컴퓨터에도 DDR3가 탑재됩니다. 왜냐하면 CPU와 메인보드가 DDR2를 사용하지 않기 때문에 어쩔 수 없이 퇴물로 물러가야 하는 것입니다.

결국 하반기는 UBS와 초생달의 전쟁이 될 것입니다. UBS는 한물간 구시대의 유물인 DDR2 중심으로 말했고 초생달은 DDR2와 DDR3의 신제품이 더 큰 이익을 주는 고마진의 시대가 활짝 열린다고 했습니다. 이제 결과는 당신이 심판해야 할 것입니다.

결국 초생달의 승리로 끝을 맺었다. UBS는 패배했고 최근 삼성경제연구소에서도 삼성전자의 실적이 예상을 뒤엎는 호전을 발표하자 늦게나마 잘못된 분석을 시인하고 삼성전자의 적정주가를 수정하기에 이르렀다.

경제연구소도, UBS도 삼성전자의 미래를 분석하는 것은 사람이 하는 일이다. 그 사람이 과거의 구태의연한 사고방식에서 탈출하지 못하고 쓸모없는 잣대를 들이대고 기업을 분석하려 한다면 아무리 많은 돈을 기업분석을 위해 소모한다 할지라도 결과는 언제나 같은 형상으로 나타나게 된다.

이것은 고객에 대한 위험을 스스로 만드는 행동이기 때문에 금융사는 서둘러 분석툴과 방법을 개선해야 한다. 타 기업의 보고서를 인용해 비슷하게 뭉뚱그려 내놓는 짜깁기식 보고서에 철퇴를 가해야 한다. 사고방식의 전환과 거대한 흐름을 짚어내는 새로운 교육을 시작해야 한다. 만약 개선을 늦추게 된다면 경쟁기업에 패권을 내주고 도태될 것은 분명하다.

이제 다시 한국증시 대폭등을 준비하라는 타이틀로 돌아가보자. 분명하고 단호한 대폭등의 어떤 이유가 있을 것이다.

중국은 변했다. 그들은 공산주의 시절에도 그랬듯이 세계 최강을 꿈꾸는 집단이다. 이미 거대한 인구만으로도 중국은 세계 최강의 대열에 올라 서 있다.

흑백TV에 유선전화기로 세상을 호령하던 시절에는 거대한 인구가 특별한 무기로 사용될 수 없었다. 그러나 지금은 전세계 국가들이 신기술의 제품을 중국에 팔기 위해 아우성을 치는 시대이다. 인도는 인구만을 놓고 평가한다면 중국에 비견될 만하지만 인구의 생존권은 여전히 취약해 중국만큼의 소비를 이끌어내지 못하고 있다. 그래서 1차 소비전쟁의 중심부는 중국이 차지하고 있다.

중국 정부로부터의 신뢰를 얻기 위해 다국적기업들은 일찌감치 공장을 중국으로 이전시켰다. 풍부한 노동인력을 저렴하게 이용하려는 전략도 필요했지만 서둘러 중국 정부로부터 신뢰와 인정을 받아야 하는 긴박한 경쟁구도에서 우선권 선점의 노력도 포함된 것이다.

지금 이 시간 세계 초일류 기업은 모두 중국 땅에 굴뚝을 만들었다. 중국은 이러한 기업의 우월성을 이용해 자본을 축적했고 인도와는 비교할 수 없을 만큼의 비약적 성장을 실현하고 있다.

이렇게 벌어들인 돈으로 중국은 서브프라임 사태로 허덕이는 미국의 국채를 마구잡이로 사들이고 있다. 중국은 왜 종이에 불과한 국채를 열심히 사 모으는 걸까? 달러의 가치가 하락해도, 가치가 상승해도 변함없이 미국 국채를 사재기하고 있다. 여기에는 분명한 중국의 계략이 숨어 있다.

국채는 언젠가는 이자를 덧붙여 돈으로 되돌려 받는다. 만약 중국

그림 2 왜 한국증시는 폭등하는가

중국의 자본전쟁 무기를 주목	● 핵보다 무서운 자본의 무기로 지구촌 공격(미국채 사재기, 글로벌 기업 지분인수 확대[지속가능]) ● 글로벌 금리인하 정책유지, 투자 OK
중국, 인도효과 기술기업, 대규모 이익증가 지속	● 인프라 구축완료, 반도체, LCD, 2차전지 3대 헤게모니 ● 한국의 발달된 기술의 중국 및 인도 수출 확대 ● 인도의 중국 따라잡기 수단으로 한국기술 선택 ● 한국기술 수출기업의 실적 지속확대 예상
북핵 리스크 소멸효과 예측	● 중국 자본무기 확보에 따른 북한 동맹 위상 붕괴 ● 중국에게 외면당한 북한의 화해 제스처 등장 ● 한국 국가신용등급 상향 대비한 외국계 주식매수

이 국채를 매각하게 된다면 미국은 휘청거리는 직격탄을 맞는다. 중국은 국채뿐만 아니라 미국 주요 기업들의 자금악화를 이용해 문어발식 인수를 전개하고 있다. 미국 땅 깊숙한 곳에 중국의 병영과 군사를 심어놓은 것이다.

과거 같으면 꿈도 꿀 수 없는 엄청난 일들이 중국에서 일어나고 있다. 일련의 과정이 아무 저항 없이 진행되는 까닭은 돈의 위력 때문이다. 미국은 돈이 필요하고 중국은 그 돈을 쥐고 있다. 서브프라임 사태의 아마겟돈 앞에서 중국은 큰 타격 없이 안정된 모습을 보여주었는데 중국 땅을 선점하려는 굴지의 기업들에 의해 중국은 어느 때보다 풍부한 자금력을 확보하고 있다. 그 돈이 미국의 자본을 흡수하는 무기로 사용되고 있는 것이다.

미래에는 이러한 중국의 행동이 어떤 결과로 다가올지 정확히 예측하기란 쉽지 않다. 그러나 현재와 앞날의 현황은 미국의 입장으로 판단할 때 대단히 좋은 현상으로 인식할 수 있다. 미국은 중국의 도움을 얻어 급한 불을 쉽게 끌 수 있는 기회를 잡았기 때문이다. 중국 또한 소비의 강대국인 미국이 쓰러져 장기 침체로 이어지는 것을 필사적으로 막아야 하는 가치가 미국에 존재한다.

중국의 수많은 기업들이 생산하는 저렴한 생필품부터 먹을거리까지, 기술이 접목된 값비싼 가전제품과 자동차까지 모든 제품은 미국을 겨냥한 생산라인을 갖추고 있다. 미국이 위험해질 경우 중국 땅에 상륙한 굴지의 기업들도 위험에 빠지게 되어 결국은 중국에게 도움이 되지 않는다. 중국은 자국의 침체와 국민의 헐벗음을 차단하기 위해 중국에 뛰어든 해외기업을 위험에서 보호해야 하며 미국을 장기적인 침체로부터 벗어나게 해주어야 한다. 결국 중국과 미국은 윈윈이라는 무언의 계약을 성립시킨 것이다. 서로 말은 안하지만 암묵적인 약속을 통해 서로가 서로를 돕는 운명의 사슬이 채워진 것이다.

최소한 여기까지만 예측을 했더라도 서브프라임 사태의 주가 폭락과 부동산 폭락은 새로운 기회의 발판이 된다는 확신을 가질 수 있었다.

어떤 일을 할 때에는 확신이 필요하다. 본인 스스로 확신할 수 없는 상황에서는 결코 결정을 내릴 수 없다. 당신은 어떤 일을 계획하더라도 계획을 실현시키기 위해서는 확신이라는 준비를 해두어야 한다. 그 준비과정이 혹독할지라도 이것을 끝내지 못하면 결코 다음 행동으로 발걸음을 옮겨서는 안 된다. 믿음과 신뢰, 확신의 부족은 당신의 몸을 옭아매 꼼짝 못하게 하는 악마의 사슬과 같다.

또 하나의 호재는 글로벌 금리인하의 영향이 2009년을 훈훈하게 덥혀줄 수 있다는 점이다. 출구전략을 통한 부양자금의 회수가 시작되더라도 시장의 가수요를 단번에 억제시킬 수는 없다. 전세계 투자자들은 각국 정부가 고민하고 있을 만한 문제점을 발견하는 데 인색해서는 안 된다. 정부의 고민이 무엇인가를 알아냄으로써 어떤 투자를 계획해야 하는가의 해답을 얻을 수 있기 때문이다.

서브프라임 사태로 방출된 천문학적 자금을 회수하기 위한 출구전략이 나올 때까지는 모든 투자환경은 호황을 맞이한 것 같지만, 각국 정부가 자금을 조금씩 회수하기 시작하는 출구전략이 등장해도 호황은 계속 이어질 수 있다.

그 까닭은 출구전략이 갖는 의미가 경기의 호전과 회복, 기업의 안정이 담보되었다는 뜻이기 때문에 즉시 주식시장이 폭락하거나 부동산시장이 깊은 침체로 흘러 들어갈 이유는 전혀 없다. 또한 각국 정부는 결단코 부동산시장이 다시 침체기로 치닫는 것을 원치 않으며 주식시장이 붕괴되어 폭락하는 것 또한 전혀 바라지 않는다.

만약 부양책에도 불구하고 부동산시장이 다시 한 번 침체되거나 주식시장이 초토화될 경우 걷잡을 수 없는 소비침체와 경제 붕괴의 단초가 될 만큼 심리불안을 이끌기 때문에 정부는 일정량의 버블을 인정하고 주식시장의 강세도 인정하려는 움직임을 보일 것이다.

다수의 개인투자자는 이러한 정부의 고민을 발견하는데 인색했겠지만 소수의 거대 세력은 이미 이와 같은 시나리오를 작성했기 때문에 주식시장의 상승을 견인하고 있다. 따라서 환매에 치중하는 자세보다는 오히려 모든 문을 활짝 열어두고 자유롭고 희망찬 현실을 받아들여야 한다.

글로벌 금리인하 정책과 부양자금의 상승효과는 절대적이다. 금리를 유지하거나 일정 부분 끌어 올린다고 하더라도 경기가 조금만 정체

상태를 보이면 각국 정부는 즉시 금리를 활용한 안정을 꾀할 것이다. 이것은 대단한 기회다. 거대 세력과 일반투자자 모두는 정부를 담보로 삼은 게임을 하고 있는 것이니 얼마나 안전한가? 그야말로 땅 짚고 헤엄치기의 주식시장과 부동산시장의 황금기가 펼쳐진 것이다.

경기가 악화되고 기업이 실적을 끌어올리지 못하고 소비가 침체되는데 무슨 놈의 주식투자를 거론하느냐는 반박론이 나올 수도 있을 것이다. 경기의 악화를 막아내고, 기업이 실적을 크게 향상시킬 수 있도록 돕기 위해 부양책을 쏟아내는 것이고, 소비 침체를 일자리 창출과 기업실적 호전으로 보너스까지 챙겨가는 근로자를 많이 만들어 소비 확대를 이끌어내는 것이 정부정책 아닌가? 사실 이 모든 것들은 말장난에 불과하다. 아무리 어려운 도표와 숫자의 나열로 설명을 한다 해도 말장난에 불과하다.

당신에게는 '은행을 살리기 위한 오바마 정권의 부양책을 믿는가, 안 믿는가?'의 결론만 필요하다. 믿지 않는다면 당시 쏟아졌던 수많은 부양책과 각종 호재성 이야기들도 모두 쓸모없는 정보에 불과했을 것이다.

결국 아무리 좋은 무기를 손에 쥐어 주어도 작동 방법을 모른다면 무용지물이듯이 당신도 스스로 무기를 다루기 위해 스스로를 단련시켜야 한다.

🌙 중국을 뒤쫓는 인도의 질주

인도는 중국보다 더욱 자유를 갈망하는 신흥시장이다. 불특정 다양성의 종교문화를 갖고 있는 국가로서 인도는 종교에 의해 지배되고 종교에 의해 골머리를 썩는 국가이다. 중국 공산주의의 획일화되고 일사불란한 국민정서와는 극명한 대조를 이루는 국가가 인도이다.

이 사실을 강조하는 까닭은 결국 정부가 정책을 펼치기 위해서는 무언가 획일화되어 전략을 수립하기 좋을 때 시너지효과도 증강된다. 그러나 인도는 자유분방한 종교의 다양성을 방치하면서 종교를 빙자한 세력의 분열로 나라가 분리되었고 그 결과 정책을 펼치기가 매우 난감한 다양성을 갖고 있다.

이런 불편한 상황은 즉시 경제에 반영되어 중국과 비슷한 인구를 자랑하지만 자본경제시장의 흐름에서는 비켜 서 있는 양상을 보이고 있다. 그러나 결국 인도의 정책도 중국과 함께 자본주의 사회를 꿈꾸기 때문에 어떤 방식으로든 종교의 분열은 반감될 것으로 판단된다.

왜냐하면 종교 자체가 일자리를 주지 않으며, 먹을 것을 제공해주지도 않는다. 오히려 혹독한 충성과 맹세를 요구하고 전쟁과 목숨을 내놓을 것까지 요구한다. 그러한 잔인한 종교문화가 오래도록 생존해온 까닭은 빈민 때문이다.

이래 죽으나, 저래 죽으나, 죽기는 마찬가지라면 어떤 짓이라도 서슴지 않는 게 인간 본연의 특성이다. 결국 인도는 오랜 세월 동안 자국민들로 하여금 꿈과 희망, 배불리 먹을 수 있는 직업과 인간으로서의 대접을 받지 못하는 혹독한 삶 앞에서 그나마 종교에 귀의하면 모두가 공동체가 되어 아픔을 나누어 가질 수 있다는 심리적 안정을 통해 하나가 되었다. 이제 종교를 통해 얻으려는 심리적 안정을 기술과 교육, 인프라 구축을 통한 삶의 질 향상으로 바꾸어야 하는 게 인도 정책자들이 해야 할 일이다.

당신도 상상해보라. 인도의 종교적 갈등이 일정 부분 해소되는 과정이 일자리 창출과 새로운 문화의 흡수로 완성된다면 지금까지의 우물 안 개구리의 삶을 청산하려는 사람들은 기하급수적으로 증가한다. 이들이 증가하는 숫자만큼 소비를 자극하는 기술의 발전과 함께 인도의 1인당 국민소득도 매우 빠른 속도로 증가할 것이다.

인도는 공용어가 영어이다. 미국의 언어를 쓴다는 것만으로도 그들은 미국 문화를 흡수하기 좋은 형태를 지닌 국가이다. 실제로 미국의 우주센터인 NASA의 수석 인재들은 모두 인도인들이다. 인도 국민의 우수성은 전세계 모든 분야에 분포되어 있으며 인도의 IT산업은 실리콘밸리와도 깊은 관계를 맺고 있는데 실리콘밸리 내부에 인도의 석학들이 자리를 잡고 있기 때문이다. 첸나이와 하이데라바드 도시는 이미 IT산업의 중심지로 떠오를 만큼 미래를 향한 준비가 한창이다.

우리는 오랜 기간 인도라는 나라에 대해 깊은 관심을 가지지 않았다. 당장의 자본전쟁에 치우쳐 인도보다 월등히 뛰어난 소비국가로 자리한 중국에 관심을 갖게 되면서 인도는 사실상 뒤로 밀려난 것이다.

인도의 맹점은 문맹률이 높다는 것이다. 문맹률이 높은 까닭은 힌두교의 계급제도가 자리잡고 있기 때문이다. 계급제도는 빈부의 격차를 벌려놓아 따라갈 수 없는 골을 만들어낸다. 빈익빈부익부의 논리가 뒤섞여 있으나 IT산업의 열광적 흐름은 우수한 기술을 보유하게 되었다.

문맹률이 해소되어야만 일자리를 얻을 수 있고 소비의 권리를 부여받을 수 있는 시스템이 자본주의 국가임을 상기해보면 결국 인도 정부는 IT기술을 통한 문맹자 퇴치작전을 활발히 전개할 것으로 판단된다. 이런 미래의 구조는 한국의 기술을 특별히 요구할 것이다. 인도가 가장 짧은 시간에 가장 큰 효과를 얻을 수 있는 방법을 찾으려 할 것은 당연할 테니 두 가지 효과를 모두 거머쥐고 있는 한국에 기대려 할 것은 분명하다.

한국의 IT기술은 이미 IPTV를 통한 쌍방향 교신이 가능해짐으로써 원격교육, 화상교육, 질문과 답변을 동시에 해결할 수 있는 시스템을 갖고 있기 때문에 인도의 문맹자를 구제하는 데는 훌륭한 효과를 발휘할 것이다. 미국은 이미 인도의 질 좋은 천재들을 통해 파트너십을 구축해왔다. 바이오, 의약, IT, 연구개발 R&D 분야의 모든 핵심에 인도인이 자리잡고 있는 것이다.

향후 인도는 한국의 기술을 더욱 폭넓게 사용하려 할 것이고 이것은 곧 한국 IT기업에 절대적인 호재로 작용한다. 인도가 한국의 기업에게 도움의 손길을 청할 때까지 지켜만 보지 말고 미국처럼 앞장서 시장을 개척하려는 노력이 필요하다.

인도의 뛰어난 IT기술력이 미국과의 커뮤니케이션에 의해 성장하고 있지만 한국의 기술력이 인도시장에 진출할 기회가 존재하는 까닭은 카스트제도 때문이다. 카스트(caste)는 포르투갈의 카스타(casta)에서 나온 말인데 종(種) 또는 혈통을 뜻한다. 이것은 마치 한국의 조선시대 역사에서 왕과 신하, 농민과 천한 노예가 존재하던 것과 똑같은 구조를 갖고 있다.

종교와 관련된 경전을 가르치는 사제 역할의 신분을 가진 브라만은 최고로 높은 신분이다. 그 다음은 왕과 왕비, 신하와 귀족, 전사가 차지하는데 크샤트리아라고 불린다. 즉, 인도라는 국가에서는 아무리 열심히 공부하고 일을 해도 농부는 귀족이 될 수 없다. 노예는 결국 평생을 그 신분으로 살아야 한다는 논리가 21세기에 당연하게 받아들이고 있는 점도 놀랍다.

만약 인도가 4개의 계급으로 이루어진 카스트제도를 점차적으로 개선해나갈 경우 인도는 순식간에 비약적인 성장을 이룰 것이다. 그렇게 되면 한국의 IT기술을 인도에 수출해 흡수시킬 수 있기 때문에 한국의 IT기업들은 충분한 시간을 두고 이익을 증가시켜갈 것으로 판단된다. 결국 중국과 인도의 양대 시너지가 대한민국의 IT기업에 몰려드는 전무후무한 일이 벌어질 것이다.

당신은 이런 엄청난 일을 예측해 보았는가? 삼성전자는 왜 서브프라임 사태에도 불구하고 모든 초일류 전문가들의 안 된다, 나쁘다는 보고서를 무색하게 만들며 대규모 실적을 발표할 수 있었을까? 삼성SDI와 LG디스플레이는 왜 강렬한 상승을 구현하고 있는가?

당신은 하루라도 빨리 지구촌의 시계가 평소와 다르게 움직이고 있다는 사실을 깨달아야 한다. 지금은 과거의 구태의연한 잣대를 들이대고 이러쿵저러쿵해서는 결코 경기의 순환을 적중시킬 수 없으며, 온갖 기회를 스스로 포기해야 하는 자멸을 경험케 될 것이다.

북핵 리스크 소멸 효과 예측

2009년은 투자자들의 간담을 서늘하게 만드는 사건이 자주 일어난 해였다. 그중에서도 북한 김정일의 오락가락 눈치게임에 따른 핵폭탄 실험은 가장 큰 이슈에 해당된다.

모든 투자자들은 북한의 핵 발사 소식에 주식시장의 폭락과 원/달러 환율의 가치폭락을 떠올리며 공포에 사로잡혔다. 만약 당신이 이들과 비슷한 공포를 예상했다면 투자자로서의 자질은 기대할 수 없다.

투자시장에는 두 부류의 사람이 존재한다. 한 부류는 역발상을 통한 이익의 극대화를 노리는 부류이며 또 다른 쪽은 현재의 현상에 충성하는 사람들이다. 물론 역발상의 귀재라고 해서 항상 큰돈을 버는 것은 아니다. 역발상을 하든, 현재의 사건에 충실하든 그것은 투자에 아무런 도움이 되지 않는다.

역발상을 해야 하는 이유와 원인부터 찾아야 한다. 역발상을 버리고 현재의 현상에 충성해야 하는 까닭부터 찾아야 한다. 이렇게 찾아낸 성분을 이용해서 향후 어떤 물질이 태어날 것인가를 유추해내는 것이 투자의 첫걸음이다.

어떤 현상, 어떤 성분은 이미 모든 사람이 알고 있는 내용물에 불과하다. 그것만으로 현상의 미래와 성분의 결론을 얻어냈다고 할 수는 없다. 그래서 당신은 현재의 현상에 충성하든, 역발상을 하든 실패를 거듭하게 된다.

현실 속에서는 모든 사람들이 알 수 있는 내용물은 허구와 위선으로 가득하거나 진실된 정보라 할지라도 계란의 껍질에 불과한 수준의 정보를 제공할 뿐이다. 이것만으로 북핵 리스크의 미래를 예측하는 것은 사실상 불가능하다.

그래서 핵폭탄 실험 소식이 들려오자 대한민국의 유명한 대학교수와 학자, 전략가 모두는 TV에 출연해 원/달러 환율의 위험성을 경고했고 여차하면 외국인까지 한국의 북한 리스크를 우려해 돈을 찾아 해외로 탈출하면서 주식시장은 패닉에 빠질 것이라는 극단적 가능성까지 내놓았다. 그러나 주식시장은 하락하지 않았다. 외국인은 주식을 팔아치우지도 않았다. 부동산 가격은 상승을 시작했다.

그러자 이것은 일시적인 것이며 북핵사태는 해결 방법에 따라 한국

KEY POINT •••

투자시장에는 두 부류의 사람이 존재한다. 한 부류는 역발상을 통한 이익의 극대화를 노리는 부류이며 또 다른 사람은 현재의 현상에만 충성하는 사람들이다.

에 어떻게든 영향을 끼칠 것이라는 우격다짐식 브리핑까지 등장했다. 이는 매스컴의 지나친 횡포이다. 이제 초생달이 예측하는 북한 핵실험과 한국의 미래에 대해 살펴보자.

북한은 사면초가의 위험에 알몸으로 노출되어 있다. 그들이 옷을 입었는지, 알몸으로 서 있는지부터 파악해야 한다. 그들은 분명히 알몸으로 서 있다. 그들이 알몸인 까닭은 북한의 피부를 자외선으로부터 보호해주던 중국의 옷이 벗겨졌기 때문이다. 중국은 한국전쟁을 기회로 북한을 자신의 공간 속에 합류시켰다. 그속에는 일본과 남한을 전진기지로 삼아 중국의 동태를 관측하려는 미국의 속셈에 맞대응하기 위한 전술도 포함되었다.

실제로 미국은 일본의 영토에 미군을 주둔시켰고 중국과 북한의 동향을 읽어낼 수 있는 장치들을 마련했다. 바다에는 항공모함이 떠다니며 여차하면 모든 정보력을 동원해서 전쟁의 도화선을 처음부터 제압하기 위해 일본과 한국을 이용하고 있다.

중국은 조금이라도 미국의 전진기지를 밀어내기 위해 북한이 필요했으며 오랜 기간 북한의 삶에 깊숙이 개입해 그들의 미래를 간섭해왔다. 북한은 든든한 최고의 후원자를 얻었으며 중국을 믿고 저지른 온갖 행위들은 이미 당신도 잘 알 것이다.

어찌 되었든 지금의 북한은 알몸이다. 중국이 북한을 과거처럼 철저히 옹호하지 않고 느슨한 고삐로 바꾸어 쥔 까닭은 자본주의 체제의 일환 중 하나에 불과하다. 이제 중국은 미국의 국채를 뭉텅이로 손에 쥐고 있으며 앞으로도 끝없이 미국 국채를 사들일 것이다. 국채의 가치가 떨어지든 오르든 관계없이, 그리고 미국 경제가 좋든 나쁘든 관계없이 중국은 미국의 자본을 틀어쥐기 위한 전쟁을 멈추지 않을 것이다.

이미 중국은 자본이라는 무기가 얼마나 강력한가를 체험한 국가이다. 따라서 앞으로 다가올 미래는 총과 미사일, 핵폭탄을 발사해 싸우는 세상은 결코 오지 않으며 자본전쟁의 시대가 새롭게 펼쳐질 것을 정확하게 짚어낸 국가가 중국이다. 중국은 자신이 짚어낸 미래의 전쟁 무기를 확보하기 위해 자본을 흡수하고 있다. 그리고 지금 중국은 다양한 기업에 인수, 합병, 지분보유, 자본투자의 이유를 들어 수십 년의 역사를 가진 해외 기업을 사들이고 있다.

이것은 곧 옛날 냉전시대로 따진다면 미국 본토에 수많은 중국 스파이를 심어둔 것과 비슷한 효과를 낳는다. 과거에는 군수물자를 생산하는 기업의 보안망을 뚫고 잠입하기 위해 스파이를 육성하고 미국의 기술자를 포섭하는 등 다양한 전술적 방법을 택해야 했지만 지금은 자연스럽게 미국 굴지의 기업을 인수할 수 있다.

이것은 대단한 일이다. 결국 북한의 위상은 중국 정부의 활발한 자본주의 행보에 의해 그 가치가 급격히 저하된 것이다. 더 이상 중국은 세계 자유국가의 눈총과 비난을 감수하면서 북한을 감싸야 할 이유가 없는 것이다. 중국 스스로 북한을 감싸안을 필요가 없음을 인식했기 때문에 북한에 대한 애정도 그만큼 축소될 수밖에 없다. 오히려 자유국가들로부터 박수와 갈채를 받을 수 있는 만큼의 북한 제재를 구축하는 것도 가능하다.

북핵 발사를 이유로 북한을 규제하려는 UN의 정책을 환영하면서 실제로 북한에 대한 소폭의 압박을 시작한다면 전세계는 중국의 자상한 모습에 안도하며 박수를 칠 것이다. 이러한 일련의 과정이 진행될수록 북한은 초조할 수밖에 없다. 북한의 김정일 그룹도 중국의 우산이 낡아버려 비가 오면 물이 줄줄 새고 있음을 직감했다. 그들도 세계의 파워구도가 더 이상 공산주의를 원치 않음을 깊이 깨달았기 때문에 중국의 우산을 계속 고집할 수 없음을 뼈저리게 인식하고 있다. 그래서 북한은 핵폭탄을 현실화시킨 것이고, 북한으로서는 이것이 그야말로 마지막 카드인 셈이다.

자, 마지막 카드를 썼다면 분명히 무언가를 원하기 때문이다. 그들이 원하는 것은 공산주의가 북한에서 자취를 감추더라도 보장받을 수 있는 '최고 지위의 유지'이다. 느릿느릿 자본주의를 정착시키면서 자신들의 노력 때문에 북한 주민이 자유를 얻고 잘먹고 잘살게 되었다는 세뇌적인 분위기를 조성할 시간을 필요로 하는 게 북한 김정일 그룹이다. 따라서 북핵 발사 소식은 세계를 향해, 또는 한국을 향해 전쟁을 선포한 것과 같을 만큼 큰 위력과 충격을 줄 수 없었던 것이다.

고작 북한은 미국과 서방국가로 하여금 북한을 불쌍하게 생각해달라는 구걸과 우리의 오랜 지위를 보호해달라는 앙탈을 부린 것에 불과하다. 당신은 포커판에서 마지막 카드를 꺼내 들었다면 다음 행동은 무엇을 선택하는가? 돈을 긁어오던가 자리를 털고 일어나 빈털터리가 되어 집으로 돌아가든가 둘 중 하나를 해야 한다.

지금 북한은 둘 중 하나를 하기 위해 마지막 카드를 꺼냈다. 결국 이 카드가 어느 것으로 결정이 나든 관계없이 김정일 정권은 필연적으로 세계 국가의 호의를 받아들일 것이다. 핵이 없던 시절에 받았던 푼돈보다는 핵을 알리고 위협함으로써 핵폭탄의 가격을 더욱 끌어올린 것이다. 즉 김정일 정권도 돈놓고 돈먹기의 투기판을 속속들이 알고 있는 것이다. 100만원짜리 물건을 1,000만원 받고 팔아넘기는 방법을 시도했으니 말이다.

이제 정리해보자. 결국 북핵은 해결된다는 논리가 성립되었다. 앙

탈이 끝나고 세계가 그것을 축하해줄 때쯤이면 한국은 어떻게 변해 있을까? 호재도 이런 대규모 호재는 초생달 생애에 있어 처음이다. 과거부터 지금까지 한국은 분단국가의 그늘 아래에서 군사적 방어비용을 막대하게 지출해왔다.

만약 북한이 좌초되어 통일이 될지라도 한국은 그들을 수용할 만반의 준비가 되어 있지 않다. 금전적으로 황폐한 사태가 일어날 것이고 동서독의 악몽이 한국 땅에서 재현될 것이다. 그런데 이 모든 것들을 자유국가들이 분담해서 해결해주겠다고 하니 얼마나 반가운가?

40조원에 달하는 막대한 돈을 북한을 위해 제공하겠다는 제안은 북한의 희열뿐 아니라 한국에도 엄청난 반사이익이 된다. 북한이 생각을 돌리기만 한다면 지금까지 한 번도 만져보지 못한 엄청난 돈이 들어온다. 그리고 북한 주민은 생활의 윤택을 통해 김정일 정권을 칭송할지도 모른다. 칭송은 곧 공산정권의 뿌리를 녹이고 그들도 자본의 가치를 깨닫게 되면서 새로운 국가로서의 북한이 성립된다. 이러한 시나리오 속에 핵폭탄은 존재하지 않는다. 북한이 핵을 내버리는 대가로 떼돈을 받아내기 위해 펼친 작전이기 때문이다.

이제 한국증시로 넘어가보자. 이런 일이 벌어진다면 한국증시는 어떻게 될까? 신용평가기관인 무디스는 한국의 안정성을 대폭 수정해 신용등급을 상향해 줄 수 있다. 외국인은 주식을 사고, 또 사고, 자꾸만 사들이는 현상을 당신의 눈으로 목격할 것이다. 아니, 이 글을 쓰고 있는 이 시간에도 외국인 투자자들은 끊임없이 한국 주식을 사들이고 있다. 외국인이 한국 주식을 사들이기 훨씬 전부터 초생달은 위와 같은 내용을 토대로 외국인의 주식 매수 열풍이 시작될 것을 예언했다. 단지 그것이 현실로 나타났을 뿐 시장은 변하지 않았다. 오직 평소에 가던 그 길을 묵묵히 걷고 있을 뿐이다.

한국은 중국을 통해 반사이익을 얻어낸다. 굴지의 달러를 벌어들이는 대규모 기술은 한국이 더욱 앞서가게 된다. 왜 이런 논리가 성립될까? 한국 기업은 중국의 거대한 땅에 기술을 수출하고 제품을 판매한다. 이때 판매되는 양의 크기는 미국과 견주어 덩치가 매우 커서 벌어들이는 돈의 크기도 확대된다. 이렇게 벌어들인 돈은 즉시 R&D로 투입되어 지금의 기술을 능가하는 새로운 기술을 만드는 원천으로 사용된다. 현재의 물건을 판매해 미래의 물건을 만드는 재원으로 사용되기 때문에 한국의 거대 기술력은 중국과 끝까지 견줄 수 있는 공식이 성립된다.

그래서 삼성전자는 폭락과 하락을 논해서는 안 되었던 것이며 앞으로 어디까지 올라갈지에 대한 적정가치를 섣부르게 예측해서는 안 된다. 당신은 이미 그러한 예측을 할 수 있는 자격을 상실했다. 작은 일에 흔들리고, 작은 두려움에 안절부절못한다. 작은 이익에 흡족해 하며 주식을 팔아버리고 작은 손실에 괴로워하는 마인드로는 결코 거대한 기류를 정확히 꿰뚫어 읽을 수 없다.

지금은 결코 하락을 두려워해서는 안 된다. 모든 투자조건은 그 어느 때보다 풍성하고 확고하다. 작은 이익을 버리고 큰 이익을 위해 과거에 묶여 움츠린 몸을 일으켜 세워야 한다.

🌙 폭등 시대 주도주는 무엇인가?

중국의 안전판은 미국뿐만 아니라 한국에도 대단히 즐거운 선물을 선

사할 것이다. 아니, 이미 선사하고 있다. 글로벌 부양효과의 피나는 노력은 하반기로 갈수록 그 실효성이 커지면서 버블현상을 만들 것으로 판단된다. 일시적인 버블은 경제와 증시의 동력이 된다. 이것은 결코 나쁜 것이 아니다. 정부는 버블을 잠시 눈감아줌으로써 정부 혼자 싸워야 하는 수많은 정책들로부터 잠시 휴식을 취할 수 있다. 해외에서 자본을 끌어들여 경기를 부양해야 했던 어려운 처지를 잠시 잊고 시장의 순기능에 의해 숨어 있던 돈과, 투자처를 못 찾아 방황하던 돈들이 경제를 스스로 굴러가게 만드는 것을 구태여 망가뜨릴 이유가 없다.

미국이 정상적 궤도를 찾아 서서히 진입 위치를 찾고 있고 중국은 말할 필요도 없이 부동산시장과 주식시장, 위안화시장 모든 범위에서 안정적이다. 중국을 추격하기 위한 인도의 움직임도 예사롭지 않다.

한국의 우수 수출기업이 벌어들이는 달러는 예상을 뒤엎고 대단한 위상을 과시할 만큼 달러를 벌어들이고 있다. 여기에 정부 부양책이 가세해 갈수록 호전 현상은 가속화되어 버블을 형성하게 된다. 이런 좋은 기회를 선도세력이 놓칠 리 없다. 그들은 상승의 불꽃을 쫓는 자들의 자금을 빼앗기 위해 일시적인 버블 가능성에 배팅하고 있는 것이다. 개인투자자, 펀드 가입자의 돈은 이때쯤 미친 듯이 주식시장을 향해 달려들 것이다.

하지만 버블이 일시적인 것이라 할지라도 상관없다. 삼성전자의 빛나는 실적과 LG전자, LG디스플레이의 기술력과 수출력의 확고한 승리, 그리고 삼성SDI와 LG화학의 2차전지와 OLED의 새로운 승부는 모두 전세계 IT기업이 쓰러지고 깨지고 죽어갈 때 얻어낸 승리이다.

경기가 호전되고 미국과 일본, 대만의 IT기업이 회생을 시도할 때쯤이면 한국의 IT기술은 그들을 멀찌감치 따돌리고 새로운 기술을 선

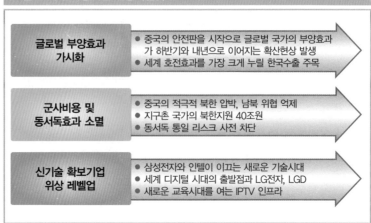

그림 3 왜 한국증시는 폭등하는가

글로벌 부양효과 가시화
- 중국의 안전판을 시작으로 글로벌 국가의 부양효과가 하반기와 내년으로 이어지는 확산현상 발생
- 세계 호전효과를 가장 크게 누릴 한국수출 주목

군사비용 및 동서독효과 소멸
- 중국의 적극적 북한 압박, 남북 위협 억제
- 지구촌 국가의 북한지원 40조원
- 동서독 통일 리스크 사전 차단

신기술 확보기업 위상 레벨업
- 삼성전자와 인텔이 이끄는 새로운 기술시대
- 세계 디지털 시대의 출발점과 LG전자, LGD
- 새로운 교육시대를 여는 IPTV 인프라

보일 것으로 판단된다. 바야흐로 2007년을 이끌었던 조선주와 조선기자재 관련주의 달러몰이를 2009년으로 접어들면서 한국의 대표 IT 기술기업이 두 손에 거머쥔 것이다.

당신은 이런 가능성을 언제부터 알고 있었는가? 남들이 말하지 않을 때, 남들이 행동에 나서지 않을 때 한 발 먼저 미래를 포착해야 한다. 남들과 동일한 시간대에 급급히 정보와 재료를 찾으려 하는 것은 결국 실패자의 모델을 똑같이 재현하는 것이므로 결코 승자가 되지 못한다.

펀드 가입자는 열심히 환매를 하고 있고 기관은 프로그램 매도로 주식을 털고 있을 때 외국인은 끝없이 주식을 사들이고 있다. 외국인은 무엇을 보고 행동을 개시한 것일까?

지금까지 이야기한 모든 시나리오를 굳이 기억할 필요는 없다. 모든 시나리오는 시간을 두고 순차적으로 일어날 것이다. 증시도 그것을 쫓아 순차적으로 상승을 시도한다. 단지 당신은 잠에서 깨 상승의 물

길에 배를 띄울 준비만 하면 된다.

꼭 기억해야 할 것은 2009년부터 시작되는 중국발 수혜기업은 IT 기술주라는 점이다. 이제 중국은 굴뚝을 세워 공장을 짓던 시대를 마감했다. 다가오는 중국의 미래는 IT기술을 선점한 해외 기업을 끌어들이기 위해 유리한 정책을 대규모로 내놓을 차례다.

초생달이 중국을 통치하는 사람이라면 분명 국가의 빠른 발전과 국민 전체의 일자리 창출 및 중산층으로의 진화를 서두르기 위해 가장 진보된 최첨단 기술기업을 유치, 육성하는 데 구슬땀을 흘릴 것이다.

모든 규제는 기업을 위해 완화되고 해외 기업을 유치하기 위한 달콤한 사탕을 제공할 것이며, 육성책이라는 단어를 앞세워 기술지원자금을 무차별로 쏟아부을 것이다(중국 정부의 자본조달 능력이라면 충분한 지원금을 제공할 수 있다).

초생달이 생각하는 것이라면 중국의 통치자도 이쯤은 이미 파악하고 있다. 그러므로 향후 한국 주식시장에서 가장 각광받는 우수한 종목과 돈을 많이 버는 기업은 모두 IT, 기술주가 독차지할 것으로 판단된다.

삼성의 LED TV에 대한 특허 확보와 발빠른 신기술 개발, LG디스플레이의 10억 인구를 향한 6세대, 7세대 대형패널 생산기지 구축과 중국 교두보 만들기는 정부의 법적규제 완화를 통해 신속하게 진행될 것으로 판단되기 때문에 LG디스플레이의 주가를 현재의 PER, 현재의 ROE에 맞추어 계산해서는 안 된다.

미래를 위해 무엇을 준비해온 기업인가? 이제 필요한 것은 이것뿐이다. 빠르게 반전되는 기술의 속도전을 따라잡기 위해서는 필연적으로 과거부터 무언가를 열심히 준비했어야 한다. 이제 겨우 걸음을 떼어놓으며 준비하는 자들의 몫은 결코 존재치 않는다. 당신이 틀어쥔 주식은 미래를 준비해둔 기업인가?

침체국면이 등장하지 않는 이유?

● 침제국면이 등장하지 않는 이유는 경기침체와 주가 대폭락으로 기업의 새로운 투자활동을 저해하는 걸림돌이 제거되어(감원, 경쟁기업 소멸) 새로운 기회로 작용하기 때문에 기업실적의 빠른 성장이 침체국면을 방어한다. 이를테면 주가 폭락으로 인수합병을 통한 기업 사냥이 시작된다.
  – 일본 미쯔비시가 모건스텐리 지분 인수
  – 중국 기업이 샤또와인, 보르도 포도원 인수
  – 중국 석유화공집단이 캐나다 석유가스회사 지분 100% 인수
  – 중국 강철집단이 호주 철강석회사 지분 97% 인수
  – 중국이 독일 화장품 기업 로스만, 공작기계 제조기업 코부르크사 지분 인수

● 이렇듯 도산 기업의 증가로 우량기업의 경쟁력 및 브랜드가 확대된다.
● 자본의 팽창법칙이 새롭게 등장한다.
  IMF 때와는 비교할 수 없는 기업의 대규모 자금력과 유보율이 침체를 억제하고 증권시장의 바닥을 끌어올리며 빠르게 규모의 성장을 이끌게 된다.

매스컴을 멀리 하라

당신이 진정 성공과 부를 원한다면 매스컴을 멀리 하는 기술부터 터득해야 한다. 그러나 정보의 바다, 정보의 홍수를 헤엄쳐다니는 현실의 삶에서 이를 실천하기란 무척 힘든 일이다.

눈만 뜨면 들어야 하는 이야기와 공중파 채널을 통해 쏟아지는 각종 사건과 사고들, 전철 안에서 읽는 신문 속 정보들과 인터넷의 바다를 떠다니며 주워듣는 루머까지 정보는 그야말로 다양하다. 오죽하면 24시간 뉴스만 들려주는 뉴스전문 채널이 등장한 지 오래되었다. 24시간 사건과 사고를 이야기해도 시간이 모자랄 지경으로 수많은 정보와 사건들이 지구촌을 떠돌고 있다. 당신은 이렇게 많은 다양한 정보 속에서 얼마나 정확한 분석력을 발휘할 수 있는가?

옳고 그름의 분별력을 갖고 뉴스를 걸러내는 기술을 갖고 있는 사람은 드물다. 그러나 성공과 부를 위해서는 꼭 분별력을 가져야 한다. 만약 매스컴을 재가공하거나, 뉴스 속의 이야기를 듣고 '버려야 할 것'과 '기억해야 할 것'을 전혀 분간할 수 없다면 가장 좋은 방법은 뉴스에 대해 아예 눈과 귀를 막아버리는 것이다. 대단히 어렵고 그 누구도 할 수 없는 일을 뉴스를 꺼버리는 것만으로 해결한 것이다.

물론 이것만으로 성공과 부를 이루기 위한 과정에 가까이 다가간 것은 아니다. 또 다른 결단을 내려야 하는데, 두 번째로 해야 할 결단은 당신이 보유하고 있는 책을 모두

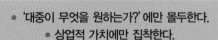

내동댕이치는 것이다. 물론 쉽지 않을 것이다.

당신은 분명 어떤 기준이 되는, 어떤 정보를 제공하는 책을 통해 주식투자를 배웠을 것이다. 그러나 그 책에는 대부분 책을 출판한 저자의 자랑으로 가득할 것이다.

만약 당신이 읽은 책의 내용이 시 또는 소설, 만화와 같은 무협지 정도라면 구태여 책을 내동댕이칠 필요는 없다. 그것은 처음부터 휴식과 안정, 재미와 읽을거리를 주기 위해 만들어진 가상의 이야기들이기 때문이다. 그러므로 버리든 안 버리든 당신이 부와 성공으로 다가가는 데에는 아무런 도움도, 위험도 주지 않는다. 하지만 주식투자에 대한 지침서와 어떻게 해야 돈을 버는가에 대한 책과 펀드투자 정보를 제공하는 책이라면 사정은 달라진다.

잘못된 지식을 모두 버려라

투자는 곧 돈을 걸고 싸우는 게임이다. 그 돈은 심심풀이 정도의 돈이 아니며, 때로는 목숨처럼 아끼는 재산 전체를 걸고 투자를 할 때도 분명 있다. 피를 말리는 투자게임에서 이길 수 있는 방법을 제시하는 책을 선택해야 한다. 만약 당신이 소유한 책에서 제시한 내용이 성공과는 전혀 관계없는 것들로 가득하다면 그 책은 더 이상 책이 아니다. 물론 다른 사람들에게 책이 많음을 자랑하기 위해서라면 그냥 그대로 두어도 된다.

이제 당신이 갖고 있는 소위 '돈을 벌게 해주는 책'들을 전부 꺼내놓고 하나씩 읽어보라. 대부분의 책은 결정과 결단, 왜 이렇게 해야 하는지에 대한 지침은 없고 저자의 자랑이나 저자의 지식이 많음을 알리는 수준에 그치는 책들이 대다수일 것이다. 또는 해외 서적을 읽고 그 내용 중 일부를 발췌해 〈주식투자 핵심기법〉 등의 제목을 붙였을 수도 있다. 또는 은행원의 이야기나 경제학자가 말하는 기본적 지식, 또는 펀드의 상품은 어떤 종류가 있는지를 알려주는 매우 기본적인 책도 있을 것이다.

과연 이런 것들이 얼마나 실제적이고도 올바른 지식을 전해 주었는지 생각해 보았는가? 수십 권의 책을 읽고, 외우고, 베개 삼아 잠을 청할 만큼 곁에 두고 익혔지만 투자에 실패했다면 그 책들을 전부 내동댕이쳐야 한다. 당신은 분명 잘못된 지식을 머릿속에 가득 담아두고 있는 것이다.

초생달은 주식쟁이로 25년을 살아왔으니 주식에 대해 잠시 이야기를 해보겠다. 주식책에는 판박이처럼 등장하는 내용이 있으니 바로 '보조지표를 어떻게 사용하는가?' 이다. 어떤 주식 책이든 획일적으로 보조지표를 설명하는 내용이 줄줄이 기록되어 있다.

보조지표는 '무언가를 벤치마킹했기 때문에' 보조라는 단어가 붙었을 것이다. 분명 원조가 존재한다는 것이다. 그러나 원조에 대한 자세한 설명, 원조를 분석해서 투자에 사용하는 방법, 원조의 기술이 보조지표보다 무엇 무엇이 뛰어난지 등의 설명은 단 한 줄도 없다. 오직 책속의 내용은 보조지표를 어떻게 활용할까?에 대한 설명으로 가득하다. 조금 더 자세히 살펴보면 보조지표의 모든 내용은 그 책의 저자가 독자적으로 만든 기술도 아니다. 해외에서 발행된 증권서적의 내용을 발췌해 그대로 옮겨놓은 것이 대부분이다.

이 말의 의미를 잘 파악해야 한다. 책을 발간한 저자도 본인이 실제로 보조지표를 뜯어보고 관찰하고 투자에 접목해서 어느 것이 유익하고 어느 것이 해로운지를 분석해보지 않았다는 뜻이다. 또한 보조지표가 등장하게 된 배경에는 분명 원조지표가 있을 텐데, 원조에 대한 이야기는 단 한 줄도 없다는 것은 모순이 아니겠는가?

대한민국 주식시장은 이렇게 허황된 누각 위에서 성장해왔다. 개인투자자는 최단기간에, 매우 짧은 찰나에 엄청난 떼돈을 벌기만을 고집했고, 이런 욕심꾼의 마음을 간파한 사기꾼은 증권 전문가라는 칭호를 빌려 대박주, 폭등주, 한 달에 600%라는 이름으로 호객행위에 나선 것이다. 결국 사기꾼을 양산한 것은 개인투자자의 욕심이다. 따라서 개인투자자 스스로 그 욕심에 대한 대가를 당연히 받아들여야 한다.

워렌 버핏이 1년에 벌어들이는 수익률은 많아야 15% 내외이다. 그러나 당신은 한 달에 600%, 아무리 작아도 100%의 따블을 벌어준다는 광고만 찾아다닌 적은 없는가?

뉴스 채널을 꺼버리는 것만으로 오류투성이의 잘못된 정보로부터 해방되듯이 진정한 자기개발 기법이 아닌, 해외 서적의 일부를 발췌해 펴낸 증권책은 과감히 없애버려라. 그렇게 해야만이 가장 현명한 방법으로 가장 안전하게 가장 큰돈을 벌 수 있다. 실천할 수 있겠는가? 당신은 분명 하지 못할 것이다.

나는 그 마음을 잘 안다. 솔직히 말하면 도대체 어떤 뉴스가 진실을 말하고 있는지 알 수 없으며, 어떤 책이 진정한 투자기법을 기록한 것인지 도무지 알 수 없기 때문이다. 그러나 지금 이 시간 뉴스를 버리고 영화를 시청하는 사람들이 있다. 지금 이 시간 모든 책을 불사르고 새롭게 기술적 분석을 배우는 사람들이 있다. 당신의 습관을 없애고 세상을 다시 한 번 둘러보면 그동안 보지 못했던 새로운 것들을 품에 안을 수 있다.

뉴스는 대중이 무엇을 원하는가에 집착한다. 대중의 숫자는 곧 돈으로 환산되기 때문이다. 시청률이 높아질수록 그 시간대의 광고비는 올라간다. 더 많은 광고비용을 방송사는 받아낼 수 있다. 결국 뉴스의 내용이 가치가 대단하지 않아도 잠깐 흥미를 끌 수 있는 내용이라면 필연적으로 뉴스에 포함된다.

그중 주식시장과 관련된 이야기는 당연히 뉴스에 포함된다. 특히 중국증시가 대폭락했거나 미국증시가 폭락했다면 그날 밤 뉴스와 인터넷은 온통 폭락을 어떻게 보아야 할까에 대한 질문과 답변, 의문과 예측, 자포자기한 사람들의 육두문자로 가득하다. 당연히 뉴스를 송출한 방송사는 많은 대중으로부터 신뢰를 받고 비싼 광고비를 챙긴다.

인터넷 포털기업도 배너광고를 삽입한다는 점에서는 방송사와 다를 바 없다. 물론 이러한 일련의 작업은 모두 합법적이다. 대중은 물론 초생달도 방송사와 인터넷 포털사에게 어떤 항의도 할 수 없다. 그것은 상업적 구조의 현실성에 해당되며 정보를 전달해주고 이익을 창출하는 사업이기 때문에 결코 잘못이 아니다.

그러나 이렇게 전달된 정보는 보는 사람에 따라 다양한 결과로 발전하게 된다. 같은 이야기를 듣고도 상상력의 차이에 의해서, 또는 듣는 사람의 성격에 따라서, 또는 지식의 차이에 따라 해석 방식이 달라진다. 그러니 분명 정보를 제공한 방송사와 포털기업의 잘못은 아니다. 당신 스스로 선택한 것이기 때문에 책임은 당신에게 있다. 그러나 불행하게도 선택한 당신은 옳은 것과 그른 것을 분간할 기술이 없다.

그렇다면, 쉬운 방법이 있다. 매스컴은 대중적 이야기만 전달해준다는 사실을 기억하는 것이다.

첫째, 매스컴은 복잡한 이야기보다 대중적 이야기를 전달해준다.

둘째, 매스컴은 결코 미래에 해당되는 내일의 예측은 전달하지 않는다.

뉴스에서 진실과 거짓을 구분하라

이제 결론을 내려보자. 매스컴은 이리 보나 저리 보나 결론은 없다. 앞으로 어떻게 대처해야 하고, 어떤 일이 또다시 터질 것인지에 대한 정보도 없다. 결국 과거에 일어난 일을 현재에 방송한 것으로 매스컴의 역할은 종료된다.

이제 당신은 이 시간 이후로 방송사가 들려준 뉴스에서 진실과 거짓을 찾아내야 한다.

왜냐하면 매스컴은 결코 미래를 뉴스로 내보낼 수는 없기 때문이다. 그 까닭은 일어나지 않은 일을 불특정다수의 국민에게 알려 잘못된(왜곡된) 사실을 보도했다가는 문을 닫을 수도 있기 때문이다. 만약 일어나지 않은 미래의 사건을 방송사가 임의로 만들어 내보낸다면 세상은 아주 큰 혼란에 빠질 것이다.

그래서 당신 스스로가 방송사가 해주지 않는 미래의 소리, 미래의 사건을 현재 알려진 내용을 토대로 재구성해야 한다. 매스컴을 재가공할 수 없거나 미래의 사건을 예측할 수 없다면 결코 주식투자와 부동산투자를 해서는 안 된다.

반대로 재가공 능력과 미래의 사건을 예측해 시나리오를 작성할 수 있다면 방송을 보아도 되고 뉴스를 들어도 된다. 재가공 능력이 있다는 것은 뉴스 자체를 그대로 받아들이지 않고 걸러내는 능력이 있다는 말이기 때문에 뉴스를 보아도 문제될 게 없다.

대표적인 최근의 사건은 한국땅 전체를 시끄럽게 했던 미네르바 사건이다. 미네르바라는 명칭은 닉네임으로 누가 진짜 미네르바인지 알 수 없을 정도로 다양한 사람들이 미네르바를 사칭했기 때문에 그들 모두의 글을 묶어서 분석해야 한다. 모두라고 했지만 그 모두의 글이 모두 한국의 멸망에 대해 다루었기 때문에 따로 분리해서 분석할 필요는 없다.

미네르바가 등장한 시점은 이미 서브프라임 사태가 세상에 알려졌고 그 후 한참의 시간이 흐른 뒤였다. 결국 매스컴은 인터넷포털을 통해 대중이 그를 추종하고 있음을 간파했고 뒤늦게 미네르바를 홍보, 가공, 과대포장을 통해 흥미를 유발시키는 데 성공했다.

매스컴과 잡지사의 노력은 급기야 미네르바를 모르던 매우 대중적인 사람들까지 하나의 공동체로 끌어들이는 데 성공하면서 잡지사와 매스컴, 9시뉴스를 진행하는 방송국은 돈을 벌었다. 평소 근근이 살아갈 정도의 발행부수를 유지하던 잡지사가 갑자기 대단한 양의 잡지도 판매할 수 있었다.

그 후 미네르바는 소멸되었는데 증시가 500포인트를 향해 폭락하지 않고, 부동산이 서서히 살아나면서 그의 닉네임도 멀어져갔다. 9시뉴스는 그 어디에서도 미네르바의 이름을 말하지 않았고 잡지사의 글에서도 미네르바는 찾아볼 수 없었다.

하지만 초생달을 포함한 매우 은밀한 소수의 선도세력은 미네르바 덕분에 엄청난 돈을 벌 수 있었다. 대중에게 알려진 잡지사는 알려진 만큼의 돈만 벌었겠지만, 아무도 모르는 은밀한 선도세력은 잡지사의 과장광고에 현혹된 대중들과 미네르바가 뿌려놓은 대한민국의 멸망 시나리오 덕분에 아파트를 헐값에 구입할 수 있었고, 한치의 의심도 없이 주식을 헐값에 팔아치우는 대중의 피눈물이 묻어 있는 주식을 휴지값에 손쉽게 구매할 수 있었다.

그들은 지금 이 시간, 당신이 목격한 것처럼 증시 급등으로 많은 돈을 챙겼다. 아파트를 팔아치운 사람은 미네르바를 원망하겠지만 헐값에 사들인 선도세력은 환하게 웃으며 이 시간 값비싼 호텔에서 값비싼 서비스를 받으며 해외여행을 즐기고 있다. 이것은 모두 미네르바가 선물한 것이다. 결국 미네르바는 '대중이 원하는 것만 방송하고 알려야 하는 매스컴의 동조자'였다. 인터넷포털도 일종의 매스컴에 해당된다. 포털은 간혹 9시뉴스보다 더욱 강력한 영향력을 행사하기 때문에 대규모 대중의 심리를 알아볼 수 있는 기회의 장소가 되기도 한다.

모든 투자의 세상에는 "다수는 망하고 매우 작은 소수만이 떼돈을 번다"는 속담이 있다. 이 속담은 한 치의 거짓도 없는 진실이며, 다수를 망하게 만드는 원인을 제공하는 자는 대중에게 현재의 사건을 전달해주는 매개체들이다.

미네르바만 몰랐더라도, 그를 과장되게 홍보하는 매스컴만 없었다면 오히려 서브프라임의 폭락을 인생 최대의 마지막 기회로 인식해 주식을 사들이고, 펀드를 환매하지 않고, 아파트를 새로 장만하려는 사람도 많았을 것이다. 결국 다수의 사람들은 기회를 놓친 것이다. 기회를 놓친 까닭은 보잘것없는 매스컴의 매우 대중적인 보도 내용을 여과 없이 믿은 결과이다.

이제 당신은 매스컴이 얼마나 보잘것없으며, 앵무새처럼 사람이 가르친 말 이외엔

할 수 없는 멍청이인지 알게 되었다. 그러나 당신은 무언가 두려운 사건이 벌어질 경우 또다시 움츠려들며 대중적 뉴스와 인터넷 포털의 글귀를 찾아 그 두려움을 나누려 할 것이다. 나 혼자 죽는 것보다는 다수와 함께 죽는다면 죽을 수도 있다는 게 인간의 심리이기 때문에 죽음의 그늘 앞에서도 인간은 동반자를 찾는다.

겁에 질려 벌벌 떨며 참호 바닥에 웅크려 있던 신참 병사도 고참이 죽어가고 동료가 총을 맞고 쓰러지며 죽는 모습을 보면서부터는 죽음을 각오한 싸움에 참여한다. 그냥 있어도 죽을 것이라면 싸우다 죽겠다는 심리가 펼쳐지기 때문이다. 당신은 죽을 것인가? 하지만 아쉽게도 돈의 세상에는 전우가 없다. 고참도 없으며 동료도 없다.

그런데 왜 당신이 죽어야 하는가? 당신은 단지 돈을 위해 싸우고 가족을 위해 죽을 뿐이다. 돈을 멀리할 수 없는 게 인간의 삶이며 자본주의 사상의 꽃이라면 죽지 않고 돈을 버는 방법을 배워야 한다. 오직 사랑하는 여인과 가족 앞에서만 죽으리라 약속하고, 돈 앞에서는 결코 죽지 않겠다는 각오를 해야 한다.

그러기 위해서는 첫째 관문에 해당되는 매스컴과 뉴스에서 멀어지는 훈련부터 쌓아야 한다. 모든 대중이 당하고 망했다고 생각하겠지만 돈을 번 사람들이 있다는 사실을 절대 잊지 마라.

메인에는 관심 없고 주변에만 관심을 갖는다

미네르바 사태와 국회의원의 유치장 방문이 주식투자, 펀드투자와 무슨 관계가 있느냐고 반박하는 독자들이 있을 것이다. 그러나 이것은 분명한 관계가 존재한다.

우리는 보편적인 국민의 일상생활에 영향력을 행사하는 사람을 공인이라고 칭한다. 첫 번째로 국민의 일상에 큰 영향력을 행사하는 사람들은 연예인이다. 그들의 삶은 종종 TV에 소개되고 그들이 소유한 물건과 쓰고 있는 것들은 고가의 상품이 되어 소비된다. 그들이 만든 그럴 듯한 연극과 드라마, 시트콤은 정말 나에게도 딱 들어맞는다.

그래서 돌아가신 할아버지 이름은 가물거려도 탤런트의 이름과 가수의 이름은 척척 말하는 사람이 많다. 그만큼 그들의 삶은 대중적 국민에게 큰 영향을 끼친다. 또 다른 공인은 나라를 이끄는 사람들이다. 국회의원은 높은 지위를 갖고 있으며, 조선시대의 노론과 소론 싸움처럼 국민을 담보로 한 당파 싸움이 치열하게 전개된다.

숙종의 장남이자 절세미인 장희빈의 아들인 경종을 지지하는 소론과 그의 이복동생인 영조를 지지하는 노론의 싸움은 당파싸움의 근원처럼 자주 등장하는데 각 국가의 국회전쟁은 그야말로 노론소론의 싸움과 다를 게 없다. 누가 옳고 그른 것을 따지기 전에 노론과 소론 모두는 자신들이 모시는 사람을 왕으로 앉히기 위해 싸웠다는 점에서는 국민을 배신한 행동이다. 백성은 '누가 왕이 되었을 때 무엇을 얻을 수 있는가'를 전혀 모르는 상황에서 오로지 자신들의 부와 지위를 위해, 영원한 권력을 위해 죽고 죽이는 싸움이 어찌 백성을 위한 싸움이었다고 말할 수 있겠는가. 중국처럼 드넓은 땅을 갖고 있는 나라도 아니면서 대한민국의 역사는 처참한 전쟁과 살육의 역사로 기록되어 있다.

지금은 과거처럼 한 나라의 왕이 백성을 좌지우지하는 시대는 아니다. 그런데도 소수에 해당되는 권력자들이 자신만의 권력과 영위를 위해 국회를 싸움터로 만드는 행동을 멈추지 않는 것을 당신은 어떻게 생각하는가?

서브프라임 사태가 발발하자 대한민국 국회의원들은 어떤 정책을 수립해서 국민을 보호했는가? 고작 대통령만이 세계를 떠돌며 통화스왑과 온갖 잡다한 교섭을 통해 나라를 안정시키려는 노력을 했고, 경기부양책의 일환으로 쏟아낸 돈줄기의 정책도 대통령에 의해서 만들어졌다. 그렇다면 그 밑에 있는 여당과 야당의 신하들은 무엇을 한 것인지 묻고 싶다.

서브프라임 사태로 쓰러져가는 나라 앞에서 근로자를 해고시키지 말라며 국회의원이 노동자와 함께 팔을 휘두르며 데모에 참여한다. 언뜻 보기에는 정말 멋진 국회의원 같으나 이것은 노조의 대장이 할 일이다. 그의 행동이 진정 가치가 있다면 그는 다음번 선거에서 또 당선되어야 하지만 그렇지 않다.

국민의 대다수가 근로자이며, 근로자의 가족까지 포함하면 그 숫자가 엄청 많은데도 왜 국회의원 선거를 하면 결과는 반대로 나오는 것일까? 국민은 바보가 아닌 것이다. 옳고 그름을 알고 있으며 더 이상 옛날처럼 정보도, 기회도, 발언권도 없이 그저 머리를 조아리고 굽신대던 그 시대의 백성이 아니다.

국민으로부터 선택받은 사람이면 그에 상응하는 일을 하기 위해 준비해야 한다. 비록 당선 전에는 준비하지 못했더라도 당선된 이후부터는 신속히 준비해야 한다. 매우 합리적인 안건을 쏟아낸다면 당파싸움의 노론소론의 대빵이라 할지라도 노력의 땀방울을 인정할 것이다.

같은 편이 소리칠 때 함께 고함치면 되고, 같은 편이 팔짱을 낄 때 함께 팔짱을 끼고 묵묵부답으로 대처하면 되는 게 국회라면 초생달도 얼마든지 할 수 있다. 조금 더 멋있고, 뛰어난, 정말 존경받는, 자신의 소신을 굽히지 않는 충신의 행동을 보여야 할 때는 많이 늦은 것 같다.

노동자와 함께 팔을 휘두르며 근로자를 해고시키지 말라며 데모에 참여하는 것은 틀린 행동이다. 노동자를 해고하지 않아도 되도록 나라 살림을 잘 챙겼어야 한다. 기업은 이미 쓰러졌고 주인마저 회사를 내 버렸는데 국회의원이 그곳에 앞장서 근로자를 해고시키지 말라고 한다면 이건 위선이다.

이미 기업이 망했음을 잘 알면서, 그 회사가 협력업체에 갚아야 할 빚이 어마어마하다는 것을 알면서, 이것을 모두 모르는 척하면서 근로자의 표를 얻기 위해 팔을 휘두르며 이 사람들을 해고시키지 말라며 데모에 앞장선 것을 부끄러워해야 한다. 진정 근로자를 아낀다면, 협력업체를 찾아가 법원에 제출될 파산신청서를 다시 한 번 생각해줄 것을 당부해야 한다. 예리한 칼자루를 틀어쥐고 있는 채권단과 협력업체를 찾아가 머리를 맞대고 해결책을 의논해야 한다.

생각해보자. 근로자를 해고시키지 않는다는 가정을 생각해보자. 이미 기업은 월급을 지불할 가치를 상실했는데 월급은 누구에게서 받아야 하나? 기업이 파산해서 하루 종일 할일이 없다면 급여는 국회의원이 줄 것인가?

무조건 근로자를 해고해서는 안 된다. 그러나 최소한 대중적 국민보다 뛰어난 사람이어서, 국가를 이끌 수 있는 인재여서 국민이 선택해준 국회의원이라면 근로자와 똑같이 행동하고 똑같이 살아가려 해서는 안 된다. 더 나은 방법을 찾아 동분서주했어야만 했다. 협력업체가 갖고 있는 부실채권이 얼마나 되는지, 기업을 파산시키지 않고 근로자를 해고시키지 않으려면 얼마나 많은 돈을 갚아야 하는 것인지, 그럴 수 있는 가능성은 몇 %나 되는지, 몇 개월의 시간을 확보할 수 있으며 채권단의 이해를 구하기 위해서는 무엇이 필요한지… 결국 근로자들이 알지 못하는 분야를 파고들어 해결책을 찾아내야 하는 게 진정 국회의원의 임무이다.

이제 미네르바는 무죄로 풀려났고 대한민국은 또 다시 평화를 찾았다. 그러나 평화를 찾는 과정에서 미네르바가 주장한 멸망과 분열은 나타나지 않았다. 한국의 기업이 쓰러진다는 것은 한국 전체가 쓰러지는 것과 똑같다. 따라서 기업이 돈을 펑펑 벌고 있다는 것은 곧 한국이 튼튼한 성장 속에 놓여 있음을 암시한다.

아직도 당신은 미네르바의 대한민국 멸망 시나리오가 언젠가는 등장할 것이라고 생각하는가? 언젠가 한 번은 한국에 위태로운 국면이 찾아올지도 모른다. 그러나 그것이 5년 뒤, 10년 뒤가 된다면 결국 현재를 살아가는 투자자들은 모두 빗나간 예측 속에 사로잡혀 살아가는 무기수와 다를 바가 없다.

매스컴의 희생자, 매스컴을 통해 유명해진 사람을 신뢰하는 집단최면의 군중심리는 수많은 다수를 가난과 굶주림, 발전의 억제로 이끈다. 지금 이 순간에도 군중들은 대리만족을 즐기며 살아가고 있다. 이것은 곧 자기만족을 얻기 위한 노력을 포기한 것과 같다. 나는 안 된다는 포기의 습성과 지금의 이 생활이 지켜지기만 기도하는 소극적 삶을 즐긴다.

당신은 무엇을 원하는가? 매스컴을 멀리하기 위한, 매스컴의 보도 내용을 재가공할 수 있는 방법을 찾아야 하지 않겠는가? 이미 흘러가 버린 구닥다리 이론으로 가득한 해외 유명저자의 책을 집어들기 전에 마인드부터 바꾸어야 한다.

2부
한국증시 투자편

5장

폭등과 폭락을 예측하는 기술

2차 상승각도로 하락을 예측한다

당신이 지금까지 배운 바로는 N자형 상승은 눌림목 매수라는 공식을 머릿속에 갖고 있을 것이다. 그러나 매수를 하기 전 의심하고 확인해야 할 사항이 있다. "1차에 급격한 상승을 이끌어낸 은밀한 매집자들이 차익을 실현하기 위해 2차 상승으로 나를 유인한 것은 아닐까?"라는 의문이다. 물론 이러한 의문은 시간이 흐르면서 나타나는 세력선의 상승각도를 통해 판단할 수 있다.

상승각도는 각도기를 들이대고 측정해서 얻는 수치가 아니다. 그냥 쉽게 1차 상승은 가파르게 진행되었는데 반해 2차 상승은 쭈욱 뻗어나가지 못하면서 잦은 고점과 저점을 만든다면 제대로 된 각도가 완성될 수 없다. 따라서 세력선(20일선)을 기준으로 1차 상승각도와 2차 상승각도를 판독하면 될 뿐이다. 2차 상승각도에 숨어 있는 심리를 이해

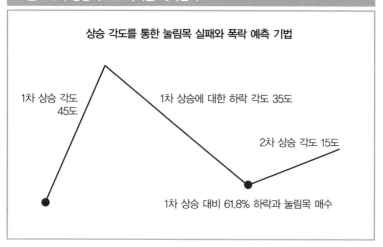

그림 4 2차 상승각도로 하락을 예측한다

상승 각도를 통한 눌림목 실패와 폭락 예측 기법

1차 상승 각도
45도

1차 상승에 대한 하락 각도 35도

2차 상승 각도 15도

1차 상승 대비 61.8% 하락과 눌림목 매수

한다면 유치원생도 앞으로 닥칠 폭락을 예언자처럼 척척 이야기할 수
있다.

외국 유명작가의 경제지식을 달달 외워도 투자에는 별 도움이 안
된다. 부를 이룩한 조지 소로스나 워렌 버핏의 이야기로 가득한 책을
읽고 또 읽어도 실전투자에는 결코 도움이 안 된다.

숫자로 가득한 공식과 RSI, 스토캐스틱, 볼린저밴드나 MACD 등의
보조지표에 몰두해 투자를 해온 수많은 사람들이 모두 깡통을 찼다는
사실만으로도 보조지표가 얼마나 엉터리 잡기술인가를 증명해준다.

세상 사람은 대부분 '내가 모르는 것을 척척 말하는 사람'과 '숫자
로 조합된 어려운 공식을 발표하는 사람'을 존경하는 경향이 있다. 그
것이 맞든 틀리든 관계없이 인간은 호기심의 본능을 따르려 한다. 그
들의 말을 믿고 신뢰하면서 정작 보조지표라는 것이 왜 필요한지는 알
지 못한다. 본질을 외면하고 주변에 집착하는 어리석음이 아니고 무엇
이겠는가?

2차 상승각도로 하락을 예측한다.

[차트 5]를 살펴보자. 1번과 2번 중 어느 쪽이 더욱 강렬했는가? 유치원 아이들도 분명 1번이 더 강렬하다고 답할 것이다. 그렇다면 2번은 왜 1번보다 강렬하지 못할까? 기업이, 실적이, 미래가 매우 뛰어나거나 채무가 없는 양호한 기업이라면 분명 2번의 상승도 가파르게 진행되어야 하지 않을까?

자전거 테마로 우수한 실적을 보유한 기업이라면, 태양전지 사업으로 떼돈을 버는 기업이라면, 풍력기업으로서 미래가치가 매우 우수하다면 2차 상승도 1차 상승처럼 강렬한 상승각도를 분출해야 하지 않을까?

그러나 차트에서 보다시피 1번과 비교해서 2번의 주가흐름은 힘없이 비틀거리며 에너지가 매우 부족해보인다. 이것은 곧 어떤 일시적인 테마, 순간적인 시장의 흐름을 이용해서 주가를 끌어올린 작은 세력이 보유 주식을 분산해서 처분할 때 나타나는 현상으로, 분산국면에 해당된다.

'분산국면이다!' 라는 결론을 얻기 위해서는 이처럼 결론까지 가지 않더라도 주가의 진행과정을 지켜보는 것만으로도 충분하다(이것은 대단히 가치 있는 기법이다. 가장 먼저 시장의 미래를 적중시켜 위험으로부터 벗어날 수 있기 때문이다).

그것이 단기간에 걸쳐 나타나는 것이라 할지라도 2차 상승각도를 완성해가는 세력선의 각도를 확인하는 것만으로 갑자기 예상치 못한 순간에 찾아드는 증시 폭락의 행렬을 벗어날 수 있다는 것은 즐거운 일이 아닐까?

세력선은 20일선이다

2000년 초생달은 20일선을 "세력이 관리하는 선, 세력이 매집과 분산을 시작하는 선"이라는 뜻으로 '세력선' 이라는 이름을 붙여주었다.

만약 주가가 [차트 5, 6]처럼 비틀거리며 에너지가 매우 부족해보이는 현상이 뚜렷하게 나타나다가 세력선을 깨뜨리고 강하게 하락하는 첫 번째 음봉을 만났다면 그날(하락의 첫날) 모든 보유 주식을 처분해야 한다.

이는 강력하게 주가를 상승시킨 세력이 결국 모든 주식을 처분했으며 앞으로 오랜 기간 주가는 바닥을 모르는 곳까지 추락하게 된다는 마지막 단서이다. 즉 세력선을 깨뜨리는 당일의 주가이기 때문에 재빠

차트 6 2차 상승각도의 미흡으로 인한 폭락 징조

2차 상승각도 미흡으로 하락하는 경우는 대단히 위험하다.
하락의 속도가 매우 빠르고 가파르게 진행되기 때문이다.

른 결단력이 요구되는 순간이다(세력이 떠난 주가는 오래도록 폭락하는데 그 원인은 기업에 문제가 있을 때 세력이 주식을 팔고 떠나기 때문이다).

그렇다면 정말 초생달의 이야기처럼 2차 상승각도 미흡으로 주가는 폭락했고 많은 투자자들은 위험으로부터 벗어날 수 있었을까?

[차트 6]은 그에 대한 결과를 보여주고 있다. 분명한 것은 세력선의 각도가 비실거리며 진행된다면 그것은 곧 누군가의 매도 의지가 강하게 분출되고 있다는 뜻이다. 주가를 이끌어온 주도세력이 도망친 주식시장은 매우 빠르고 단호하게 폭락하기 때문에 펀드가입자는 환매를 고려해야 하고, 중기 투자자는 주식을 팔아야 하며, 작은 수익률에 유혹을 받아 단기매매나 데이트레이딩을 해서는 안 된다.

세력선의 2차 각도가 어떻게 진행되는가를 지켜보는 것으로 앞으

KEY POINT •••
주가를 이끌어온 주도세력이 도망친 주식시장은 매우 빠르고 단호하게 폭락하기 때문에 펀드가입자는 환매를 고려해야 하고, 중기 투자자는 주식을 팔아야 하며, 작은 수익률에 유혹을 받아 단기매매나 데이트레이딩을 해서는 안 된다.

로 다가올 미래의 주가폭락(또는 주가폭등)을 사전에 알아낼 수 있는 시장은 기관화 장세, 외국인 장세에 해당되며 적극적으로 시장에 반응해야 한다. 굵직한 기관투자자들이 펀드로 몰려드는 자금을 이용해서 주식을 끝없이 사기만 할 뿐 팔지는 않는 국면이기 때문에 결코 하락에 대한 의심과 많이 올랐다는 두려움을 가져서는 안 된다.

2차 각도가 1차 각도와 비슷하게 진행될 때는 짧은 시간에 큰 투자수익을 얻을 수 있는 굉장히 강렬한 시장이 전개된다는 뜻이고 외국인 투자자들까지 가세해 주식을 처분하지 않았다는 증거이기 때문에 안심하고 주식을 보유하거나 펀드를 환매하지 않고 기다리는 전략이 필요하다.

소규모 세력의 생각을 읽어내는 생명선의 상승 각도

세력선의 2차 각도를 통한 증시폭락 예측 기술은 기관과 펀드, 외국인 투자 및 연기금 등의 거대한 자금흐름을 읽어내는 방법이다. 그렇다면 코스닥의 조그만 중소형 기업의 주식은 어떻게 움직일까?

대부분의 사람들은 무거운 주식은 오르지 못하며 투기주 같은 소형주가 많이 오른다는 착각 속에 사로잡혀 있다. 바로 그 때문에 실패를 거듭한 것이다. 상장주식의 양이 적기 때문에 주가폭락은 더욱 빠르게 진행되고 세력선을 통한 주가폭락 가능성을 예측할 수도 없다. 따라서 당신이 즐기고 있는 투기세력주인 중소형주는 생명선인 5일선의 각도를 사용해서 빠르게 움직이는 현란한 주가흐름에 적극적인 대응을 해야 한다.

중소형주는 기업이 상장한 주식의 양이 매우 적기 때문에 구태여 세력선의 2차 각도를 만들면서 주식을 처분할 필요는 없다. 저렴한 가격과 상장주식의 미미함 때문에 코스닥 종목은 매우 작은 세력의 먹이 감이 되곤 하는데 이때 그들의 동태를 살필 수 있는 무기는 생명선(5일 선)이다. 생명선의 2차 상승각도의 흐름이 어떻게 만들어지고 있는가를 판단하는 것만으로도 순식간에 폭락하는 어처구니없는 상황으로부터 탈출할 수 있다.

투자를 하다 보면 온갖 기업의 주식을 매매하게 된다. 다양한 종목을 일일이 재무제표를 뜯어보고 온갖 분석도구를 꺼내놓고 투자를 하는 사람들보다는 재료에 의존해 매매를 하는 단순하고 재빠른 투자자들이 많다.

특히 순식간에 매수하고 초를 다투며 팔아치울 수 있다는 어리석은 생각 때문에 부실주, 저가 잡주, 쓰레기 주식에까지 매매 영역을 넓히는 데이트레이더의 습성 때문에 어렵게 거둔 몇 번의 성공을 단 한번의 실수로 날려버리곤 한다. 이들은 다양한 기업을 매매함으로써 발생하는 위험에서 빠져나올 수 있는 특별한 도구가 필요하다. 그것도 매우 빠르고 신속하게 현재 상황이 어떤 위험을 갖고 있는가를 찾아내야 한다.

생명선 2차 각도는 트레이더들에게 소중한 종자돈을 매우 간단한 방법으로 강력하게 지켜낼 수 있는 행복한 무기가 될 것이다.

코스닥 기업은 상장주식이 적기 때문에 주가의 흐름이 우량주와 비교해서 매우 빠르게 진행된다. 상승이 빠른 만큼 주가의 하락도 빠르기 때문에 상투와 폭락의 신호를 재빨리 읽어내야 한다. 특히 단기매매와 데이트레이딩으로 일관하는 투자자는 더더욱 상투신호를 전력

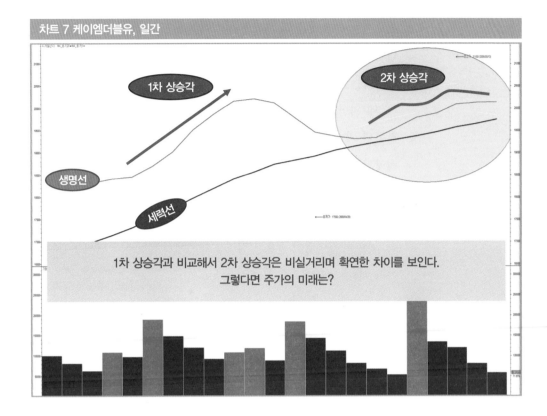

1차 상승각

2차 상승각

생명선

세력선

1차 상승각과 비교해서 2차 상승각은 비실거리며 확연한 차이를 보인다.
그렇다면 주가의 미래는?

을 다해 분석해야 한다. 당신은 어떤 툴을 이용해서 위험과 안전지대
를 판독하고 있는지 자못 궁금하다.

당신이 어떤 기법과 공식을 사용해서 주식시장의 위험과 안전을 발
견하는지는 알 수 없으나 그것들은 대부분 정확한 데이터를 제공하지
못한다. 그 까닭은 지금까지 배우고 익혀온 유명한 공식과 투자 방법
은 모두 구시대의 유물이고, 현시대의 흐름에 적용시킬 수 없는 내용
이 대부분이기 때문이다.

일봉의 모양을 분석해서 투자를 결정하는 캔들분석이나 그랜빌이
말한 매수 4원칙과 매도 4원칙도 그중 하나에 속한다. 그랜빌은 이동

평균선을 세상에 알린 사람이지만 이것은 구름, 바람, 물, 별과 같은 단어에 불과할 뿐이다. 그가 주장한 매수 4원칙은 오히려 폭락 직전에 나타나는 위험한 순간일 수도 있다는 뜻이다.

'왜 위험한 순간일 수도 있는가?'를 아직 알지 못했다면 지금까지 잘못된 기법을 달달 외웠을 뿐이다. 그것을 실전에 사용했으니 돈을 빼앗기거나 손실이 눈덩이처럼 불어나는 시행착오를 끝없이 저지르고 있을 것이다.

[차트 7]에는 생명선이 전달하려는 강력한 투자언어가 기록되어 있다. 차트는 끊임없이 중요한 정보를 당신에게 말해주기 위해 안간힘을 쓴다. 이제 그 이야기를 들려주겠다.

🌙 5일선은 생명선이다

[차트 7]을 보면 생명선에서 출발한 1차 상승각은 대단히 강렬했고 차익 실현에 의한 주가 하락이 시작되었지만 20일선(세력선) 위에서 하락이 멈추고 상승 중이다. 누가 보아도 매수를 해야 하는 N자형 상승이다. 그러나 상승하는 2차 각도를 살펴보면 1차 상승각보다 확연히 힘이 떨어진다. 흐느적거리며 오를까 말까 고민하는 모습도 눈에 띈다.

그랜빌은 말하기를, 주가가 세력선을 돌파했다면 매수에 해당된다. 또는 세력선 근처로 하락하던 주가가 세력선을 깨뜨리지 않고 다시 상승한다면 매수신호라고 말했다. 그랜빌의 말대로라면 지금까지의 2차 상승은 모두 매수와 보유에 해당된다. 그러나 초생달은 이미 큰 문제가 불거졌으며 케이엠더블유(KMW)는 향후 폭락할 가능성이 매우 높다는 판단 하에 신속한 매도를 준비하고 있다.

남들보다 조금이라도 빠른 준비를 해야 하는 이유가 있다. 폭락은 아무도 모르게 찾아와 갑자기 순식간에 상상을 초월하는 속도로 진행되기 때문에 약삭빠른 데이트레이더들도 보유 주식을 원하는 값에 처분할 수 없는 상황에 빠지게 된다.

만약 케이엠더블유가 좋지 않은 일에 연루되었다면 주가는 가파른 열광을 보여주지 못할 것이다. 따라서 2차 상승각도가 미흡하거나 비실거린다면 그 기업에 어떤 문제가 발생했다는 증거가 된다. 그 문제가 무엇인가는 알려고 할 필요가 없다. 그것이 무엇이든 세력이 개입한 주가 상승이 멈출 지경이라면 그 사건은 대단히 큰 사건임이 분명하다. 기업이 돈을 벌지 못하는 것보다 더 큰 사건은 없다.

이제 케이엠더블유는 2차 상승각도를 완성시키지 못하면 폭락의 소용돌이에 휘말리고 말 것이다. 이를 예언하는 것은 너무나 쉽다. 또한 세력선을 깨뜨리는 작은 음봉(시초가에 비해 종가가 가격이 낮았을 때 발생하는 파란색 일봉) 하나만 등장해도 주가는 곧 파죽지세의 엄청난 폭락을 시작한다(왜냐하면 이미 세력은 1차 상승을 통해 많은 수량의 주식을 대부분 처분한 상태이다. 세력이 떠난 주식은 당신이 모르는 커다란 악재가 숨어 있기 때문에 큰 폭의 하락을 계속하게 된다).

이것이 2차 상승각이 갖고 있는 심리적 충격이다.

그렇다면 케이엠더블유는 초생달의 이야기처럼 가파른 폭락이 등장했을까? 해답은 [차트 8]이 쥐고 있다. 차트는 폭락을 예언했다. 아무리 아니라고 우겨도 정확한 증거가 고스란히 남아 있다. 분명 폭락이다. 21,150원짜리 주식이 2,550원까지 거의 1/10 토막까지 확실하고 단호하게 폭락했다. 잘나가는 기업인 케이엠더블유가 폭락한 까닭

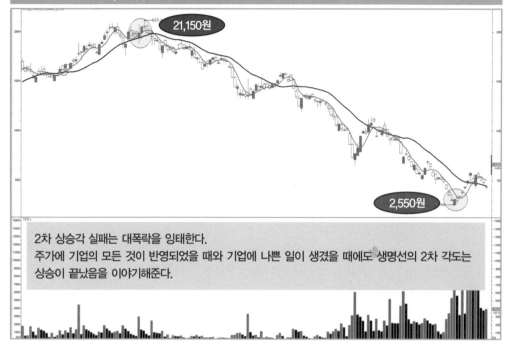

차트 8 케이엠더블유, 일간

21,150원

2,550원

2차 상승각 실패는 대폭락을 잉태한다.
주가에 기업의 모든 것이 반영되었을 때와 기업에 나쁜 일이 생겼을 때에도 생명선의 2차 각도는
상승이 끝났음을 이야기해준다.

은 무분별한 키코 투자에 의한 환차손 때문이다.

2차 생명선 각도는 사전에 이 사실을 감지해낸 내부자와 추종자의 주식 매도를 위한 속임형 상승에 해당된다. 당연한 이야기지만 케이엠더블유도 기관과 외국계가 차익실현에 나서는 세력선의 2차 상승각도는 출현하지 않았다. 그대로 한방에 수직으로 내리꽂힌 것이다(중소형주의 특징에 해당된다). 빠르게 대처하여 주식을 처분했을지라도 결국 당신은 큰 손실을 입었을 것이다. '다시 오르겠지'라는 막연한 기대감에 사로잡혀 있었다면 90%의 폭락 앞에서 휴지에 불과한 주식을 붙들고 깊고 긴 절망의 밤을 보내야 했을 것이다.

당신이 이런 좌절의 고통에 빠진 이유는 남들보다 한 발 먼저 '이

7,060원

3,670원

노란색 원을 보면 생명선의 각도가 비틀거리는 것을 볼 수 있다.
코스닥 종목의 세력주는 N자형 눌림목으로 위장한 속임형 상승이 자주 나타난다.
이때의 특징은 주가의 매우 빠른 폭락이다.

종목이 조만간 대폭락할 것이다' 라는 예언의 도구를 갖추지 못했기
때문이다.

또 다른 [차트 9]를 통해 코스닥의 2차 상승각 불발이 얼마나 빠르
고 위험한 폭락을 가져오는지 검증해보자. 결과는 똑같다. 종목이 다
르고 기업이 다르며 폭락의 날짜가 달라도 2차 각도의 비틀거림은 폭
락으로 이어진다.

"초생달님, N자형 패턴은 주가가 오른다고 하는데 제가 매수하면
왜 폭락하나요?"

이런 질문에 대한 정확한 답변이 되었을 것이다. N자형 상승은 주
가의 중기 상승을 이끌어내기도 한다. 그래서 다수의 전문가들은 주가

가 하락한 뒤에 다시 상승하는 국면을 노려 주식을 매수하라고 조언한다. 그러나 왜 N자형에서 매수를 해도 오히려 대폭락이 출현하는가에 대해서는 그 의미를 알지 못했을 것이다.

차트에 나타난 현상을 보조지표나 캔들을 통한 분석으로 읽어내려하는 것은 웃기는 일이다. 그랜빌이 만든 이동평균선 기법만으로 주식투자를 했다면 깡통을 몇 번은 경험했을 것이다.

경마는 한순간에 승패가 결정되고 손에 쥔 마권은 즉시 휴지가 된다. 그러나 주식은 대규모 물량이기 때문에 보유 주식을 모두 비싼 값에 청산하려면 단 며칠의 시간이라도 필요하다. 그 며칠간의 흐름에서 세력의 동태가 발견되는 것이며 이것을 토대로 내가 어떤 결정을 내려야 하는가를 즉시 실천할 수 있다. 이때 보조지표를 놓고 분석한다면 오히려 매수신호를 보내줄 것이다.

당신은 지금까지 오류로 가득한 실패 기법을 사용해 주식시장과 싸워온 것이다. 주가가 폭락을 거듭해서 이젠 정말 더 이상 폭락할 곳이 없을 것처럼 느껴지는 저렴한 위치에서도 주가는 또 한 번 깊은 폭락을 한다. 결국 이때에도 세력선과 생명선의 2차 각도가 당신을 위험으로부터 보호하는 지킴이 역할을 한다.

얼마나 쉬운가? 거래량 분석도 하지 않았으며 각종 보조지표는 처음부터 없었다. 그랜빌도 말하지 못한 세력과 생명선의 관계만으로 당신을 폭락의 절망 속에서 구해냈다. 당신이 지금까지 사용해왔고 사용하고 있는 힘의 측정술로 위장한 지표들이 어느 정도의 적중도를 안겨주었는지 생각해보라. 보조라는 이름으로 불리는 것들은 당신을 결코 성공으로 이끌어주지 못했을 것이다.

이외에도 다양한 방법으로 2차 상승각도를 분석해 폭락이 찾아오는 과정을 준비할 수 있다. 분산국면을 사전에 알아낼 수 있는 방법이 존재한다는 것만으로도 수많은 투자자들과 펀드회사들은 매우 다행스러운 일이 아닐까?

🌙 사라진 분산국면

그러나 한 가지 불행한 일이 벌어졌다. 언제부턴가 주식시장에 분산국면이 존재하지 않게 되었다. 분산국면은 사라졌으며 앞으로도 더 이상의 분산국면은 나타나지 않을 가능성이 매우 높다(간헐적으로 등장하는 분산국면은 세력선의 2차 각도를 이용해서 충분히 대응할 수 있다).

분산국면의 위험한 절정의 순간에서 그 누구도 그것을 경고하지 않았듯이 분산국면이 사라져버린 지금 누구 하나 나서서 그것을 이야기하지 않는다. 분산국면이 진행될 때 어떤 형식으로 주가가 전개되는지를 그 누구도 몰랐다. 그러니 분산국면이 사라져버린 차트의 흐름도 전혀 모르고 있다는 증거이다.

분산국면이 존재하던 과거의 차트는 그것이 상승의 마지막이며 다수의 개미들에게 보유 주식을 비싼 값에 넘겨버린 뒤 증시가 매우 빠르게 폭락하고 오랜 기간 회복되지 않는다는 것을 이야기해주었다.

그러나 이제 분산국면이 사라진 현재의 주식시장은 과연 안전한 것일까? 결론은 '아니올시다' 이다. 오히려 더욱더 큰 위험에 직면해 있으며 모든 투자자는 물론이고 막대한 비용을 들여 미래의 주식시장을 예측하려는 금융가마저 엄청난 위험에서 결코 벗어날 수 없다. 실제로 중국 주식시장이 6,124포인트의 꼭짓점을 찍고 폭락하기 직전까지도

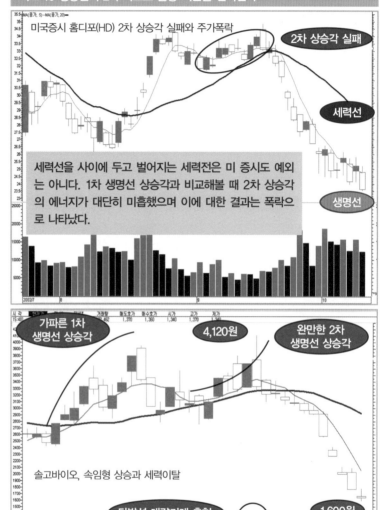

미국증시 홈디포(HD) 2차 상승각 실패와 주가폭락

2차 상승각 실패

세력선

세력선을 사이에 두고 벌어지는 세력전은 미 증시도 예외
는 아니다. 1차 생명선 상승각과 비교해볼 때 2차 상승각
의 에너지가 대단히 미흡했으며 이에 대한 결과는 폭락으
로 나타났다.

생명선

**가파른 1차
생명선 상승각**

4,120원

**완만한 2차
생명선 상승각**

솔고바이오, 속임형 상승과 세력이탈

단발성 대량거래 출현

1,600원

**반분법 이하의
거래확인**

분산국면은 포착되지 않았다.

그래서 모든 전문가들은 폭락을 매수의 기회로 판단하는 크나큰 실수를 하게 되었고 그 결과는 펀드에 가입한 사람들을 손실의 수렁으로 빠트리게 만들었다. 세상은 분산국면이 존재하던 그때보다 더욱 빠르고 깊은 위험을 맞이하게 되었으며 그것을 알지 못한다면 투자이익은 결코 얻을 수 없다.

분산국면이 사라진 지금 은밀하고 거대한 자본의 매집세력은 어떻게 주식을 처분할까? 국민 모두를 대상으로 삼는 펀드열풍의 뭉칫돈은 주식으로 바뀐다. 그 많은 주식을 펀드상품 판매자들은 어떻게 이익으로 실현할 수 있을까? 뾰족한 수단과 방법은 쉽게 나타나지 않을 것이 분명하다. 분산국면이 영원히 사라질 상황에 처한 까닭은 다수의 투자집단 탄생과 자본금 규모의 팽창 때문이다.

지금은 과거처럼 서로가 입을 맞추거나 생각을 타협할 수 있을 정도의 시장 규모가 아니다. 방대해진 구조 때문에 시장을 한 가지 흐름으로 끌고 갈 수 없다. 결국 규모의 전쟁이 더욱 빠른 상승만큼 더더욱 빠른 폭락을 이끌고 있다. 그속에서 내가 매입한 엄청난 물량을 적절한 가격에 모두 처분할 방법은 사실상 없다.

실제로 중국증시는 모두가 생각조차 하지 않던 한순간에 갑자기 하락을 시작해 대폭락을 만들어냈다. 그 당시 다수의 펀드매니저들은 최소한 지그재그의 새로운 파동이 형성되는 분산국면이 존재할 수 있다고 생각했거나, N자형의 눌림목 매수신호를 만들고 다시 힘차게 상승할 것으로 판단했을 것이다.

그에 대한 증거로 한국 최대의 펀드상품을 운영하는 증권사와 투자신탁이 중국증시가 폭락하던 그때 대규모로 중국 상품을 편입하여 엄

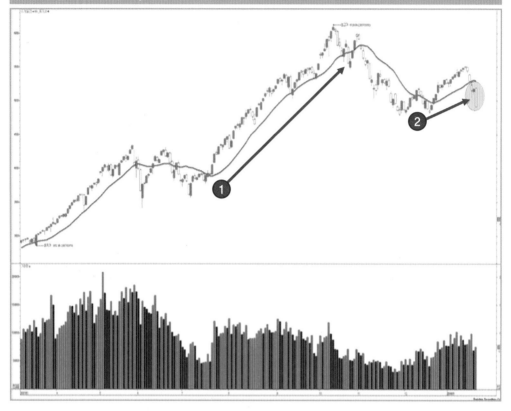

청난 손실을 입었다.

그러나 결론은 어떤가?

[차트 11]은 중국증시의 위험이 찾아들었음을 정확하게 보여주고 있다. ①번의 상승은 매우 빠르고 길게 이어졌지만 ②번의 상승은 오르는 척 흉내를 낸 것에 불과하다. 즉 ②번의 상승은 세력선이 제대로 된 각도를 완성하기도 전에 곤두박질치고 있기 때문에 뚜렷한 분산국면을 형성하지 않았다.

다양한 국가에서 다양한 자금이 중국으로 몰려들어 통화는 팽창했고 넘치는 자금은 중국시장의 주식을 거머쥐는 데 사용되었다. 일부는 바닥권에서 매입했으나 또 다른 일부는 고공행진의 소용돌이 속에서 주식을 사들여야 했다.

실례로 한국의 중국 투자 열풍은 모두가 은행과 투자신탁의 상품을 통해 이루어졌고 중국이 무너지는 막바지까지도 근로자의 종자돈은 중국의 주식으로 바뀌는데 한치의 의문도 품지 않았다.

펀드를 책임지고 있는 그들은 분명 거대한 자금을 운영하고 있었지만 '내가 이렇게 많은 돈을 운영할 수 있는가?'에 대한 준비는 되어 있지 않았기 때문에 다양한 층의 고객들에게 막대한 손실을 입히고 말았다. 그러나 그들은 항상 고객에게 해줄 이야기가 있다.

"우리만 틀린 게 아니며 아무도 알 수 없는 불가항력의 서브프라임 사태 때문이었다."

당신도 그 말을 믿어 의심치 않는다면 정보의 홍수 속에서 사실상 정보의 쓰레기에 파묻혀 진실을 파악하지 못하는 사람이다. 몸이 아프면 사람들은 어디를 찾아갈까? 두말없이 '병원'이라고 외칠 것이다. 그렇다면 죄를 지은 죄수가 재판을 앞두고 있다면 누구를 찾아가야 하나? 이런 질문 자체가 우스꽝스럽기조차 하다. 죄를 지었다면 당연히 변호사를 찾아가야 하기 때문이다.

그러나 투자를 하는 상황에서는 이러한 당연한 공식이 통하지 않는다. 중죄를 저지른 죄인이 의사를 찾아가 자신을 변호해줄 것을 정중히 부탁하거나 맹장염에 걸린 환자가 변호사를 찾아가 자신의 배를 갈라 아픈 곳을 치료해달라고 아우성친다.

증권 전문가로 뼈를 녹이는 아픔과 피나는 실전 훈련을 거듭한 사람은 외면 받기 일쑤이다. 모든 투자자의 심리는 실질적인 전문가보다는 광고에 의한, 광고를 통한, 광고로 포장된 상품에 깊은 관심을 갖곤 한다. 그 상품은 곧 사람이며, 어찌 보면 본업에서 멀어져 새로운 업을 갖게 된 사람을 전문가로 깊이 존경하는 것과 같다.

그렇다면 오랜 세월 뼈저린 고통의 외길 인생을 걸어온 사람들은 어떤 대접을 받아야 할까.

투자자 스스로, 또는 소비자 스스로 상품의 질을 꼼꼼히 따져보고 저울질한 뒤 선택해야 하는 것은 매우 바람직하지만 현재를 살아가는 투자자와 소비자들은 광고의 홍수 속에서 본인의 의지를 스스로 무너 뜨리며 살아가는 나약한 인간들이다.

무더위를 뚫고 은행 문을 열고 들어가면 고객을 기다리는 은행원들이 앉아 있다. 그들은 찾아온 고객에게 신용카드나 현금카드를 권하기도 하고, 이자가 조금 더 많은 상품을 홍보하는데 최선을 다한다.

MMF나 양도성예금증서가 무엇인가를 알기 위해서는 은행원을 찾아가면 된다. 펀드 가입을 원하는 고객이 찾아오면 그들은 즉시 다양한 펀드 상품을 꺼내놓고 많은 이야기를 늘어놓는다. 그러나 대부분의 이야기에는 위험과 변동성은 없으며 오직 돈을 버는 것만에 설명이 치중되어 있다.

그럼에도 불구하고 펀드 상품의 종류를 알아보기 원한다면 당연히 은행창구를 찾는 것이 경제서적을 사보는 것보다 현명한 생각이다. 성공과 실패는 모르지만 그 상품이 어떤 종류의 것인지만큼은 은행원이 가장 많이 알고 있기 때문이다. 그렇다면 그 상품이 어떤 종류의 것인지 가장 많이 알고 있는 은행원은 그것만으로 존경받아야 할까? 해답은 당신께 맡긴다.

다양한 경제전문지와 증권서적이 있지만 결국 그 내용은 대부분 은행창구에 앉아 열심히 상품을 판매하는 은행원의 이야기이다. 월급 200여만 원을 받고 은행에 취직해 열심히 일하는 은행원의 이야기만 듣고 수천만 원의 돈을 쉽게 맡긴다면 잘못은 누가 저지른 것일까?

주식투자는 물론이고 경마와 경륜, 부동산투자까지 모든 투자에는 결론부터 얻어내야 한다. 이것은 이렇게, 저것은 저렇게라는 명쾌한 결론이 존재하지 않는 상품은 결코 진실된 상품이 아니며 꿈과 희망을 도둑질해서 만들어낸 상품이다. 모든 투자에는 항상 번다는 쪽만 존재하지 않으며 잃을 수도 있다는 것을 인정해야 한다. 잃을 수도 있는 순간을 정확하게 포착해내는 기술자를 찾아야 한다. 그를 찾을 수만 있다면 본전을 찾기 위한 게임만큼은 충분히 피할 수 있다.

주식을 비롯한 모든 투자는 본전을 찾기 위한 게임이 아니지만 현실은 그렇지 못하다. 수많은 투자자들이 본전을 찾기 위해 주식시장을 떠나지 못한다. 때문에 처음부터 손실을 차단할 수 있는 방법을 얻는 것은 대단한 행운에 해당된다.

주식시장은 매일 열리지만 주식을 팔 수 있는 기회는 한순간에 불과하다

주식시장에서 벌어지는 가격 전쟁에서 기회를 거머쥐기 위해 많은 사람들은 차트를 분석한다. 차트를 통해 살 때와 팔 때를 찾아내기 위해서다. 그들은 추세선을 그어놓고 지지와 저항의 위치를 찾으려 애를 쓰거나 엘리어트 파동론을 이용해 지금이 도대체 몇 번째 파동에 해당되는지를 알아내려 한다.

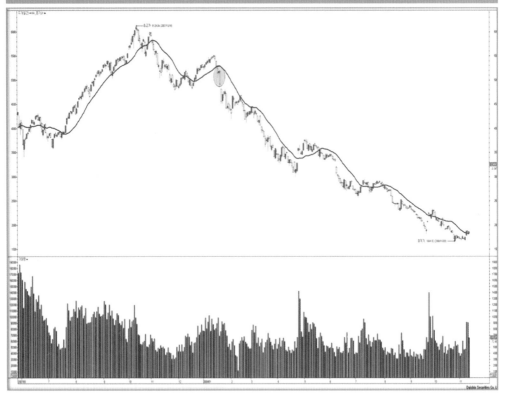

　　실제로 다수의 증권 전문가들은 엘리어트 파동론에서 주장하는 61.8%의 깊은 주가하락이 찾아오면 '한번쯤 매수를 해야 할 때' 라는 전략을 내놓는다. 과거의 사례에서 주가가 61.8%씩이나 크게 폭락했을 때는 한번쯤 상승이 시도되었음을 알기 때문이다. 그러나 이것은 '도 아니면 모' 라는 식으로 궤변을 꿰어 맞추는 것에 불과하다.

　　왜냐하면 엘리어트는 주장하기를

❶ 주가는 0.382(38.2%) 정도 하락하면 상승이 올 수도 있는데

❷ 이 가격에서 상승이 좌절되면 반 토막에 해당되는 50%쯤 하락했을 때 상승할 수도 있고,

❸ 이것마저 안 되면 61.8% 폭락한 가격에서 상승할 가능성이 높다

는 식으로 주장하고 있기 때문이다.

아무리 뜯어보아도 아전인수격의 궤변이 아닐 수 없다. 이런 어리석은 이야기에 귀를 기울여 당신의 소중한 재산을 투자할 수 있겠는가? 주가가 약간의 하락을 마감하고 상승할 수도 있고, 반 토막이나 폭락한 뒤에 상승할 수도 있으며, 더 추락해서 80% 이상 하락할 수도 있다면 왜 이러한 하락이 계속되고 있는가?라는 의문을 통해 문제를 해결해야 한다. 주가가 하락하고 있는 의문이 풀리지 않는 이상 주가는 계속 하락할 수밖에 없기 때문이다.

만약 서브프라임 사태에 의해 은행이 망하게 생겼는데 38%쯤 하락했다 해서 주식을 사도 될까? 은행이 망하기 일보 직전인데도 불구하고 엘리어트 파동론에서 61.8% 정도 폭락하면 반등이 올 확률이 높다는 궤변에 사로잡혀 주식을 사려고 한다면 이는 너무 어리석은 투자이다. 즉 지지와 저항에서 몇 %의 하락이 찾아오면 지지선이 만들어진다는 논리는 억지이며 궤변에 불과하기 때문에 보조지표를 쭈욱 늘어놓거나 추세선을 그어놓고 매매를 해온 사람들은 십중팔구 투자에 큰 실패와 상처를 받았을 것이다.

그렇다면 투자에 진짜 중요한 지표는 무엇일까? 그것은 현재 주가를 상승시키고 있는 핵심적인 열쇠를 찾아내는 것이다. 또는 현재 주가를 폭락시키고 있는 심각한 문제의 원인을 찾아내는 것이다.

한국의 A 기업이 미국에 의존하는 미약한 수출을 통해 근근이 입

KEY POINT •••

투자에 진짜 중요한 지표는 무엇일까? 그것은 현재 주가를 상승시키고 있는 핵심적인 열쇠를 찾아내는 것이다. 또는 현재 주가를 폭락시키고 있는 심각한 문제의 원인을 찾아내는 것이다.

에 풀칠을 하다가 어느 날 중국이라는 거대한 인구에게도 수출을 할 수 있게 되었다면 그 기업의 가치는 당연히 재평가 받아야 한다. 왜냐 하면 늘어난 수출 물량을 채우기 위해 공장을 더 크게, 더 많이 지어야 하고 그에 따른 설비의 증설과 부동산을 추가로 확보하게 된다. 이것은 모두 기업의 자산으로 표시되며 자산이 늘어난 만큼 부자가 되었으니 기업가치를 여기에 맞추어 다시 평가하는 것은 너무나 당연한 일이다.

그런데 이렇게 당연한 일들이 주가를 상승시키고 있음에도 불구하고 너무 많이 올랐다는 자기 판단에 얽매여 스스로 만든 가격의 기준 속에서 허우적대며 주식을 거래한다면 투자 성공은 기대하기 어렵다.

주가가 상상을 초월하는 큰 폭의 상승을 오래도록 지속하는 까닭은 그 기업이 과거에는 결코 얻어낼 수 없는 자산가치의 확대와 기업가치의 확대가 시작되었기 때문이다. 이것을 어떻게 추세선을 그어놓고 그 것을 기술적 분석이랍시고 자랑스럽게 생각하며 지지와 저항을 논하면서 투자할 수 있겠는가? 또는 엘리어트 파동론이 말하는 "몇 % 폭락하면 상승하더라"라는 궤변을 기술적 분석으로 분류하여 이야기할 수 있겠는가?

추세선을 긋기 전에, 파동론을 들먹이기 전에, 캔들 모양이 상승 포아형이라고 단정 짓기 전에, 그물망차트나 RS, 스토캐스틱 등의 보조지표를 보기 전에 원조에 해당되는 현재 시장의 문제점부터 찾아내야 한다.

그 문제점이 좋은 것이라면 좋은 만큼의 주가 상승이 나타나며 그 때 차트에는 필연적으로 세력선인 20일 이평선이나 수급선인 60일 이평선을 상승각도로 전환시키는 모습이 나타난다. 즉 주가 상승이 이어질 것이 분명하다.

우리는 어떤 기업의 주가가 기준선인 240일선을 돌파했다면 그 기업의 미래가 대단히 밝아졌으며, 그것을 미리 간파한 세력이 주식을 강하게 매집하고 있다는 판단을 할 수 있어야 한다.

기술적 분석은 결국 '시장을 어떤 정해진 방향으로 이끌어갈 수 있는 리더가 존재하는가? 리더가 활동을 시작했는가?' 를 판독하기 위해서 행하는 것이다. 얼마쯤 하락하면 한번쯤 오른다던가, 이쯤 상승하면 한번은 하락한다는 말들은 모두 시장의 리더, 주가를 이끄는 세력의 개입과 이탈 자체를 배제하고 투자를 실행하는 방식이기 때문에 손실이 늘어날 수밖에 없다.

당신이 본전 찾기 게임을 하지 않기 위해서는 보조지표를 버려야 하며 얼마쯤 하락하면 한번쯤 오르더라라는 식의 무책임한 분석을 기법이라고 말해서는 안 된다.

차트는 과거를 통해 현재를 만들며 현재는 미래를 연결하는 통로이다

과거에 어떤 일이 벌어졌다면 그 사건은 분명히 주가에 반영되기 때문에 차트가 완성된다. 또한 완성된 차트는 곧 미래로 이어지기 때문에 당신은 차트를 분석해 미래를 매우 쉽게 발견할 수 있다. 이것은 곧 "랜덤워크이론이나 증권전문가들이 선택하는 기술적 분석으로는 결코 주가의 미래를 알 수 없다"고 못 박아 버린 사람들에게는 경종을 울리는 것이다. 당신이 이해하기 쉽게 서브프라임 사태를 놓고 위의 논리를 풀어가보자.

서브프라임 사태는 이미 과거가 되었다. 그렇다면 그 사태는 과거의 주가차트를 어떻게 그려놓았을까? 두말하면 잔소리가 될 정도로 과거의 주가차트는 엉망이 되었고 폭락을 유인해냈다. 이것이 과거의 차트를 통해 깨달은 지식이다.

이제는 깨달은 지식을 써먹을 차례다.

서브프라임 사태는 미국 은행들의 방만한 운영과 무분별한 담보대출의 결과물이다. 그래서 은행이 망하기 전에 서민형 아파트 보유자들이 심각한 타격을 입었다. 그러자 미국 정부는 은행의 지분을 사들였다. 정부가 은행의 주인이 된 셈이다. 그렇다면 미국 정부는 서민의 아파트를 헐값에 빼앗기 위해서 은행을 살려놓았을까?

그것은 결코 아니다! 라는 판단을 했다면 당신은 주식시장에서, 펀드투자에서 어떤 행동을 취해야 했는가? 필경 '주식을 사거나 펀드에 투자를 해야 한다' 라고 생각했을 것이다.

서브프라임 사태로 은행이 망하고 아파트를 보유한 대출자는 경매로 집을 빼앗겼다면 여기까지는 과거가 된다. 곧 미국 정부가 나서서 은행을 지원하고 대출금 회수를 늦추고 이자를 감면해주고 일자리를 늘리는 부양책을 쓴 것은 은행과 서민 모두를 파멸에서 회복시키기 위한 현재의 행동에 해당된다. 그렇다면 현재의 이런 행동은 미래를 악몽으로 만들까?

만약 당신이 악몽이 아닌 '희망을 만든다' 라고 대답했다면 2008년 10월~2009년 가을까지의 대한민국 주식시장의 미래를 예언한 것과 같다. 당신은 예언자가 될 수 있었던 것이다. 예언자가 된 까닭은 단지 과거의 문제점 자체를 분석했기 때문이다.

만약 당신이 과거의 문제점을 분석하지 않고 캔들을 분석하거나, 파동론을 꺼내들거나 추세선을 그었다면 결코 예언자가 될 수 없으며, "기술적 분석은 후행성"이라고 말하면서 "주가의 미래는 역시 아무도 모른다"라는 말에 한 표를 던지는 패배자가 되었을 것이다. 결국 주식투자는 과거의 문제가 현재 이 시간에 어떤 방식으로 분포되어 있으며 어떤 방향으로 해결되고 있는가를 알아내는 게임이다.

만약 추세선을 사용해 투자를 하고 있다면 추세는 두 개의 꼭짓점을 필요로 한다. 첫 번째는 출발점이며 두 번째는 상승이 멈추어버린 시계바늘처럼 정지된 이후 하락을 했을 때 완성된다. 첫 번째와 두 번째 꼭짓점을 잇기 위해서는 주가가 일정 기간 하락할 때까지 기다려야 한다. 무언가 모순이 있지 않은가?

시시각각 전투가 벌어지는 주식시장에서 새로운 꼭짓점을 확인하기 위한 과정은 매우 위험하다. 따라서 완전히 모형이 완성된 이후에 결정을 내리는 투자보다는 현재의 진행 과정을 통해 미래를 먼저 예측하는 자세가 필요하다.

이것이 왜 필요할까? 당신이 맡긴 소중한 투자금을 운영, 관리하는 펀드는 불특정다수의 천문학적인 자금을 주식으로 바꾸었기 때문에 하루라도 빨리 매도를 해야 하며 매도가 불가피할 경우 주가 하락에도 이익을 얻을 수 있는 공매도 또는 선물매도를 통해 하락의 손실을 만회해야 한다.

이 정도면 왜 추세이탈이 현실로 등장할 때까지 기다려서는 안 되며 하루라도 먼저 주가하락에 대비해야 하는지 충분한 설명이 되었을 것이다. 이렇게 따져보면 너무나 어렵게 느껴지지만 그것은 결국 20일 세력선이라는 선 하나가 어떤 각도로 움직이고 있는가를 확인하는

KEY POINT • • •

주식투자는 과거의 문제가 현재 이 시간에 어떤 방식으로 분포되어 있으며 어떤 방향으로 해결되고 있는가를 알아내는 게임이다.

것만으로 모든 결론을 얻을 수 있다.

지금까지 소개한 차트를 보라. 그곳에는 단 한 개의 보조지표도 없으며, 복잡한 공식을 나열해놓고 계산한 흔적도 없다. 거래량을 분석한 흔적도 없으며 캔들을 분석한다며 요란법석을 떨지도 않았다.

오직 세력이 관리하는 선, 세력선의 2차 각도가 어떻게 형성되고 있는지, 주가가 세력선 위에 있는지만으로 일본과 한국, 중국의 폭락을 예언할 수 있었고, 그것은 적중했다. 달을 보라는 예언자의 말에 모든 투자자들은 달을 가리키는 손가락만 보면서 투자를 해온 셈이다. [차트 12]의 노란색 원을 보라고 가리켰으나 그들은 폭락의 기나긴 행렬만 지켜보고 있을 뿐이다.

기관과 외국인, 펀드는 어떻게 주식을 팔까?

- 보유주식이 많기 때문에 여러 번에 걸쳐 분산해서 자신들이 원하는 가격대를 형성해놓고 처분하는 분산국면을 활용한다.
- 분산국면을 이해하는 것은 펀드투자의 시기가 적절한가를 파악할 수 있기 때문에 은행창구를 찾아가는 것보다 중요하다.
- 분산국면은 상투권에서만 등장하지 않으며, 어느 가격권이든 관계없이 나타나는 특징이 있기 때문에 세력선의 상승 각도를 관심있게 지켜보아야 한다.

희망과 공포 사이

분산국면은 분명 사라졌다. 거대자본의 유입과 조지 소로스 같은 헤지펀드의 공매도, 기업사냥, 파생시장의 교란이 투자방법으로 소개되는 이유는 거대자본이 벌어들이는 투자 소득이 미미하기 때문이다.

한때는 조지 소로스가 유명하지만 또 다른 때에는 가치투자의 워렌 버핏이 유명인사로 등극한다. 그 까닭을 당신은 아는가? 조지 소로스가 유명해지는 해는 주가가 폭락하는 해이다. 조지 소로스는 헤지펀드의 대명사로 일컬어지는 인물로 그가 유명해졌다는 것은 곧 주식시장이 크게 폭락했다는 것을 증명한다. 헤지펀드는 공매도를 통해 주가의 하락을 즐기다가 배가 부르도록 이익을 얻어낸 뒤에는 다시 주식을 사들여 공매도 물량을 채워넣는다.

비쌀 때 주식도 없이 주식을 매도하고, 휴지값에 팔려가는 주식들을 사들여 비쌀 때 (외상으로 매도한 주식을) 채워 놓는다면 그만큼의 차액을 벌어들이게 된다. 쓰러지는 기업을 헐값에 인수해 썩은 곳을 도려내고 수리를 하여 경기가 좋아질 때 비싼 값에 팔아 돈을 챙긴다.

이러한 투자를 하기 위해서는 꼭 필요한 것이 있다. 시장이 폭락할 것을 어느 정도 예상해야 한다는 것과, 폭락할 경우 쓰러지는 기업이 등장한다는 예측이 필요하다. 그런데 이 정도 쯤은 식은 죽 먹기다. 세계증시는 물론이고 한국증시의 폭락 예언은 모두 초생달에 의해 최초로 예언되었다. 조지 소로스의 등장은 결국 초생달의 예언을 통해 비롯된 것과 같다.

워렌 버핏이 자주 등장하면서 분위기가 고조되고 있다면 이번에는 증시가 상승하고 있다는 증거이다. 증시 상승은 곧 공매도를 구사한 조지 소로스가 부랴부랴 매도한 주식을 사들여야 함을 의미한다. 조지 소로스와 워렌 버핏을 유명인사로 극찬할 필요는 없다. 조지 소로스도 큰 폭의 손실을 입을 때가 있으며 워렌 버핏도 연간 평균수익률은 고작 13%에 불과하다. 그만큼 다양한 시장 환경에서 손실을 입는 경우도 매우 많다는 것을 뜻한다.

진정한 유명인사는 곧 시장 상승이 멈추고 하락이 찾아들 원인을 찾아내 공매도의 시점을 판독하는 기술을 가진 자이며, 증시가 하락을 멈추고 상승할 것을 예언하는 사람이다. 워렌 버핏과 조지 소로스는 대중들의 생각과는 어느 정도 다른 판단을 한 사람에 불과하다.

세상에 영원한 것은 없기 때문에, 지금의 시계바늘이 곧 저녁 6시를 향하는 강한 하락이 올 것을 먼저 알아내는 자만이 공매도로 돈을 벌 수 있다. 혹은 주식시장의 트레이더들은 잠시 투자를 멈추고 경계 모드로 진입할 수 있다. 그것을 알지 못한다면 지금과 같은 상승장에서 소외당하여 떨떠름한 얼굴로 시장을 바라보거나 손실을 소폭 만회하는 것에 만족해야 한다.

거대 자본의 춘추전국시대를 맞아 조지 소로스 같은 헤지펀드까지 가세한 지금, 은행원이 소개하는 펀드상품으로 돈을 번다고 생각하거나 신문에 소개된 기사 몇 줄을 스크랩하는 것으로 손실에 대한 책임을 다했다고 변명하는 것은 옳지 않다.

그것이 무엇이든 투자는 인간이 하는 것이며, 인간만이 돈을 굴리기 때문에 항상 투자 국면에는 흔적을 남길 수밖에 없다. 그것이 분산국면이든, 사라진 분산국면이든 관계없이 주식시장에는 진실된 언어를 알려주는 유일한 존재가 있다. 바로 차트이다.

추세선을 긋거나 캔들을 분석하거나 그물망차트를 펼쳐놓은 것도 모자라 RSI, 스토캐스틱 같은 보조지표까지 덤으로 펼쳐놓는 것은 바보짓에 불과하다. 그것들은 매우 오래 전부터 존재하던 것이지만 아직도 여전히 보조라는 단어에서 탈피하지 못했으며 원조가 아닌 보조를 분석함으로써 발생하는 왜곡 현상은 영원한 숙제로 남아 있다. 이것을 아직도 기법이라 생각하며 투자 지표로 삼으려 한다면 장담

하건대 투자를 통해 돈을 버는 것은 무척이나 어렵고 고된 노동이 될 것이다.

🌙 술 취한 사람도 잠은 집에서 잔다

어둠이 거리로 내려앉을 때쯤이면 번화가는 넘쳐나는 불빛으로 불야성을 이룬다. 그 불빛의 대부분은 하루 동안의 스트레스와 힘들었던 일을 삭제해 버리고 머릿속을 하드디스크 포맷하듯이 깨끗하게 지우기 위한 새로운 세상이 펼쳐진다. 그 자리엔 언제나 그렇듯이 빈 술병이 쌓여만 간다.

술병을 비우는 숫자만큼 머릿속은 혼미함으로 가득 차고 술 취한 취객은 비틀거리며 집을 향해 걸어간다. 그렇다면, 술 취한 사람은 집을 잘 찾아갈 수 있을까? 비록 고난을 겪기는 하지만 신기하게도 그는 집을 잘 찾아간다.

술 취한 사람의 걸음걸이처럼 다음 걸음은 어디로 향할지 모르듯이 주식시장의 주가 또한 이와 같아서 절대 맞출 수 없다는 이론이 있는데 그것이 곧 랜덤워크이론이다. 랜덤워크이론은 다우이론과 마찬가지로 1900년 초에 등장한 구닥다리 이론이다. 과거의 주가는 현재의 주가와 전혀 아무런 관계가 없다, 과거나 현재의 자료를 바탕으로 결코 미래의 주가는 예측할 수 없다고 못 박아 버린 이론이다.

주가는 매일 무질서하게 움직이며, 오늘의 재료는 즉시 주가에 반영되기 때문에 내일은 오늘의 재료가 결코 반영되지 않는다는 독선적 이론이다. 이런 이론을 바실리에가 만들었든, 순돌이 아빠가 만들었든 그 이름을 외우는데 시간을 낭비할 필요는 없다. 중요한 것은 그의 이론이 맞느냐, 틀리느냐를 결판내야 한다.

만약 랜덤워크이론이 맞다고 가정한다면 진세계의 주식시장은 내일 아침 즉시 문을 닫아야 한다. 맞지도 않는, 맞출 수도 없는, 그 어떤 노력을 해도 알 수 없는 것을 왜 사고 팔아야 하는가? 이것은 큰 모순이며 범죄를 저지르는 것과 같다.

이제 당신의 생각을 초생달이 경청해야 할 시간이다. 당신은 술 취한 상태에서 얼마나 자주 집을 찾지 못해 고통 받았는지 생각해보라. 만취가 되어 홀로 집을 찾아가야 한다면 당신은 가장 먼저 무엇을 떠올리는가?

택시!!

그렇다. 택시만 부르면 된다. 술 취한 사람이 너무 많아 나에게까지 차례가 오지 않을 것 같다면 "따블!!"을 큰소리로 외치면 된다. 아무리 만취가 된 상태라 할지라도 결국 술 취한 사람도 잠은 집에서 잔다. 이것은 분명 택시의 힘이 작용했기 때문이다.

그렇다면 주식시장에서 분산국면이 사라져버린 지금 택시의 역할을 하는 새로운 분석기법은 무엇일까? 만약 당신이 그것을 알 수만 있다면 투자수익을 극대화해서 어깨에서 주식을 팔지 않아도 되며, 무릎에서 주식을 사야 할 이유도 없다.

바닥을 짚어내고, 머리 꼭대기까지 올라선 상투국면이 찾아들기 전에 "곧 상투가 등장하고 주가는 폭락할 것이다"라는 예언을 척척 쏟아낸다면 얼마나 신나는 일인가? 과연 세상에 이렇게 신기하고 신나는 투자기법이 있을까? 간단히 말해 그토록 신나는 기법은 존재한다. 기법은 매우 간단하지만 설명은 조금 지루하다.

그러나 이것을 익히는 것은 보조지표를 외우거나 부동산 시세를 점치는 방법, 경마장에서 어떤 말이 1등으로 들어올 확률이 높은가를 알기 위해 경마분석지를 구입하는 것보다 훨씬 합리적이다.

6장

당신의 계좌를 불려줄
최고의 투자기법

거대 세력의 매도 흔적을 찾아라

주식을 샀다면 언젠가는 팔아야 한다. 주식을 사는 원초적 이유는 이익을 추구하기 위한 행동이다. 그렇다면 바닥권에서 대량의 주식을 거머쥔 세력은 어딘가에서 분명히 주식을 팔아치울 것이다. 거대 세력이 주식을 팔아치우는 상황에서 당신이 투자를 했다면 백전백패의 손실을 본다.

다양한 투자자들은 은밀하고 거대한 세력이 주식을 언제 어떤 방식으로 팔아치울지 촉각을 곤두세우고 각종 보조지표와 매물분석까지 곁들이면서 현황 파악에 애를 쓰지만 항상 패배자의 위치에 있다.

거대 세력은 은밀하게 행동한다. 당신이 쉽게 알 수 있도록 주식을 팔아치운다면 그들은 보유 주식을 처분할 수 없다. 또는 처분할 수 있을지라도 헐값에 팔아야 한다. 그들은 이것을 원치 않기 때문에 어떻

KEY POINT •••

거대 세력은 은밀하게 행동한다. 그들은 어떻게든 당신이 눈치 채지 못하도록 최선의 방법을 선택해서 주식을 처분한다. 그러나 주식매도의 현장은 차트에 나타난다.

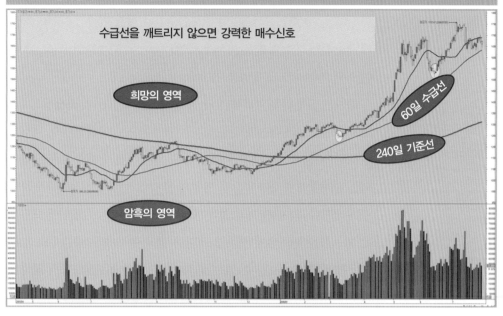

게든 당신이 눈치 채지 못하도록 최선의 방법을 선택해서 주식을 처분한다. 그렇다면 이렇게 은밀한 주식매도의 현장은 차트에 어떤 모습으로 나타날까? 다시 한 번 언급하지만 차트는 투자자들의 모든 행동과 생각을 낱낱이 이야기해준다.

지금부터의 이야기는 개미들에 대한 이야기가 아니며 시장을 이끌고 초토화시키는 은밀한 세력의 매도 흔적을 찾아내는 방법이다. 이것을 앎으로써 주식을 보유한 사람은 이익을 극대화시키고 매도할 수 있으며, 주식을 신규로 매수하려는 사람은 잠시 매수를 보류하여 주가 하락에 따른 손실에서 해방될 수 있다. 결국 매수자나 매도자 모두에게 꼭 필요한 지침이다.

[차트 13]을 잠시 살펴보자. 주식 이야기를 하면서 차트가 빠진다면

결코 그 어떤 이야기도 할 수 없다. 특히 차트는 과거부터 현재까지 벌어진 모든 사실들을 적나라하게 보여주거나 현재 벌어진 사건이 어떻게 수습되어 가는지를 자세하게 이야기해준다. 그렇다면 [차트 13]에는 어떤 이야기가 담겨 있을까?

주가는 암흑의 영역과 희망의 영역 사이를 오고간다. 초생달은 240일 이동평균선의 핵심과 활용법을 2000년 최초로 알리면서 이 녀석의 이름을 '기준선'이라 지어주었다. 기준선은 어떤 방식의 투자를 선호하든 관계없이 주가가 앞으로 어떻게 될 것인가를 가장 정확하게 보여주는 선이다. 단지 한 개의 선에 불과하지만 주가가 240일선에 해당되는 기준선을 뛰어넘지 못하고 있다면 결코 투자수익을 얻지 못한다. 오락가락 정신을 차릴 수 없는 혼조현상을 보이거나 상승보다 하락으로 기우는 때가 더더욱 많다. 그 까닭은 무엇일까?

어느 종목의 주가가 기준선(240일선)을 돌파하지 못하고 있다는 것은 암흑의 영역을 벗어나지 못하고 있다는 의미이며, 그 기업에 매력이 없다는 뜻과 같다. 주가가 상승할 만큼의 투자매력도가 없기 때문에 암흑의 영역에 머무르는 것이다. 이때의 투자매력도는 ①실적, ②미래를 준비하는 기업의 준비성을 꼽을 수도 있으며, ③빚이 매우 많아 언제 도산할지 모르는 기업일 수도 있다.

결국 기준선 아래에서 투자를 고려하는 사람은 작은 이익에 만족해야 하며 여차하면 손실을 현실화시키고 도망쳐야 한다. 기준선 아래에 해당되는 암흑의 영역에 머물고 있는 주가는 상상할 수 없을 만큼의 기나긴 폭락을 할 때가 매우 많기 때문이다.

어찌 되었든, 기준선 아래에서 투자를 하는 것은 매우 피곤한 일이다. 다른 때보다 더욱 많은 신경을 써야 하며 주가흐름을 일거수일투

족 관찰해야 한다. 또는 그 기업이 정말 기준선을 돌파할 만큼의 대단한 매력, 대단한 기술을 확보했는가를 정확하게 분석해야 한다.

이제 상승에 대해 이야기해보자. 어느 종목의 주가가 오래도록 돌파하지 못했던 기준선을 돌파해 드디어 희망의 영역으로 진입했다면 이때는 분명 어떤 힘이 작용했을 것이다. 이때의 어떤 힘은 ①기업의 실적, ②미래의 새로운 사업을 준비해둔 기업, ③빚이 없어 무차입경영을 하는 기업, ④현재 사업이 시장 테마에 맞물려 갑자기 업황이 호전될 때를 말한다.

골치 아프게 깊이 생각할 필요는 없다. 기준선을 돌파하지 못하는 종목은 무언가 위험요소가 존재하며 매력도가 낮은 기업일 뿐이다. 세력이 침투한들 팔아치울 때 써먹을 재료가 없으니 결국 상승보다는 하락할 가능성이 매우 높다. 이와는 반대로 어떤 종목이 기준선을 돌파했다면 그 속에는 대단한 에너지가 작용했을 것이다. 그 에너지는 필연적으로 주식을 거머쥔 은밀한 세력의 개입이 있다고 진단해야 한다.

필사적으로 주식을 거머쥔 은밀한 세력이 20% 수익에 만족하거나 40% 수익에 매료되어 주식을 팔아치울 리는 만무하다. 주식을 매집한다는 것은 대단히 많은 노력과 시간, 인력이 필요하다. 특히 매집 물량이 대량으로 확대되기 때문에 한 번에 그 많은 보유 주식을 처분할 수도 없다.

어찌되었든 주가가 240일 이동평균선인 기준선을 돌파했다면 분명 어떤 힘이 작용했으며 그 힘은 세력일 가능성이 높다고 판단했다면 주식을 사야 한다. 미네르바가 등장해서 대한민국 멸망을 힘차게 외칠 때에도 자신 있게 주식을 매수할 수 있다. 곧 밝은 미래가 올 것에 배팅하는 은밀한 세력이 개입했음을 알았기 때문이다. 이제부터 주가는

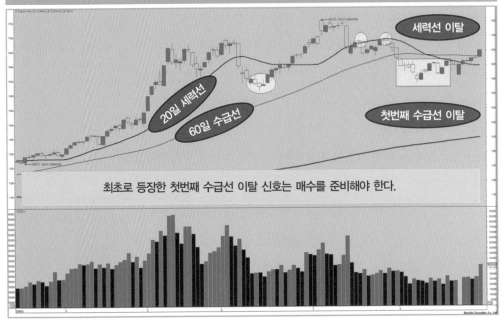

차트 14 수급선 이탈 신호

세력선 이탈

20일 세력선

60일 수급선

첫번째 수급선 이탈

최초로 등장한 첫번째 수급선 이탈 신호는 매수를 준비해야 한다.

분명히 20일선으로 불리는 세력선을 타고 유유히 상승할 것이다.

하지만 상승 과정에서 종종 세력선을 깨뜨리며 주가가 하락하곤 한다. 이때 당신은 모든 게임은 끝났다고 판단하겠지만 사실은 전혀 위험하지 않은 국면이다. 세력선은 세력이 관리하는 선이 분명하지만 60일 이동평균선은 수급선으로서 대단히 중요한 역할을 하고 있다.

세력선을 깨뜨린 주가가 수급선을 결코 깨뜨리지 않고 다시 반등했다면 서둘러 주식을 매수해야 한다. 여전히 시장 투자자의 수급 현황이 좋아지고 있다는 단서는 수급선이 제공해준다. 사실 수급선은 시장에너지를 이끄는 매입세력의 이탈 여부를 감지하는 데 사용된다. 세력선은 단기간에 만들어지는 선이기 때문에 잦은 변동성이 찾아들지만 수급선은 제법 긴 시간을 통해 만들어진다. 바로 그 때문에 현재의 수급 동향과 주가를 하락하지 못하도록 방어해주는 돈의 힘을 가장 간단하게 읽을 수 있는 도구이기도 하다.

차트에는 주가가 세력선(20일선)을 이탈해서 추락했지만 튼튼하게 지켜지는 수급선(60일선)은 새로운 매수를 시도해야 한다는 단서이다. 즉, 20일선을 깨뜨리고 주가가 하락했다 해서 걱정할 일은 아니다. 그 아래 포진하고 있는 수급선을 깨뜨리지 않는다면 그 시장은 엄청난 에너지의 초강세 시장에 해당된다.

이런 초강세 시장에서 쥐꼬리만큼 벌고 주식을 팔아치우는 초단타를 해서는 안 된다. 단타에 열중하는 개인투자자들이 증시 상승기에 소외되는 이유가 바로 여기에 있다. 따라서 그냥 주식을 주머니에 넣어두기만 해도 대폭의 이익을 안겨준다는 기술부터 배워야 한다.

[차트 14]에서는 일시적인 주가 하락에도 수급선이 든든하게 지켜지고 있는데 세력이 여전히 시장을 떠나지 않고 있다는 증거이다. 그렇다면 지금은 대단히 안정된 국면이며 주가는 향후 더욱더 오를 것이라는 예측을 해놓고 [차트 15]를 살펴보자.

연일 상승하던 주가가 세력선을 깨뜨리더니 최초로 수급선을 깨뜨리며 계속 추락하고 있다. 이것은 몇 번째로 등장한 수급선(60일선) 이탈인가?

첫 번째이다. 첫 번째라면 주식을 매수할 준비를 서둘러야 한다. 매수신호는 수급선을 깨뜨린 주가가 다시 수급선을 회복하고 세력선까지 돌파하는 양봉이 타깃이 된다. 그렇다면 왜 최초로 등장한 수급선 이탈 신호는 매수를 준비해야 할까?

만약 어떤 세력이 바닥에서 주식을 매집했다면 그 수량은 막대할 것이다. 이렇게 많은 물량을 단 한 번의 매매로 몽땅 팔아치울 수는 없

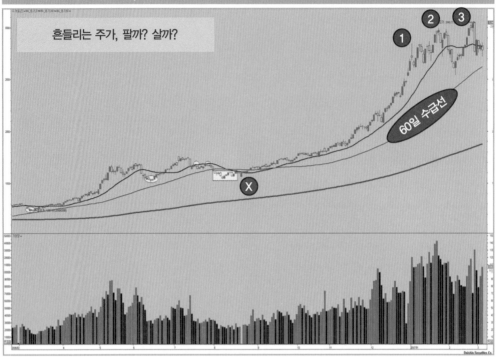

흔들리는 주가, 팔까? 살까?

60일 수급선

다. 결국 주식을 팔기 위해서는 분산국면의 패턴을 사용하거나 주가가
오를 때마다 분할해서 팔아야 한다.

주식을 분할해서 팔게 된다면 당연히 한번에 모든 보유 주식을 처
분하기는 어렵기 때문에 주가를 계속 끌어올려야 한다. 매입한 주식의
가격을 비싸게 만들어 좋은 조건에 매각하는 것은 모든 사람의 공통된
희망이다. 장황한 이야기가 되었지만 결론은 세력이 단 한번의 매매로
모든 보유 주식을 처분할 수 없기 때문에 최초로 등장하는 첫 번째 수
급선 이탈 신호는 주식을 매수할 준비를 서둘러야 한다는 것이다.

[차트 15]는 정확하게 파란색 선인 수급선을 깨뜨리고 주가가 하강

했다. 이제 당신과 내기를 할 시간이 되었다. 최초로 수급선을 깨뜨렸지만 세력선과 수급선을 모두 회복하는 양봉이 완성됨으로써 초생달이 주식을 매수했다고 가정한다면, 반면에 당신은 "이제 틀렸다… 오르기는커녕 수급선까지 망가져 버렸다"는 푸념을 늘어놓으면서 매수를 포기했다면 승자는 과연 누굴까?

해답은 [차트 15]의 X 위치를 보자. 이 차트에서 첫 번째 지지선 이탈은 매수로 대응한다.

결론은 초생달의 판정승이다. X 위치에서 주식을 매수한 초생달은 대폭 이익을 얻었다. 주식투자는 목숨보다 소중한 종자돈을 걸고 싸우는 게임이다. 이렇게 소중한 게임을 캔들을 분석해 매매하거나 많이 올랐으니 이쯤에서 팔아야 한다는 주먹구구식 예측으로 대처해서도 안 된다. 설사 그것이 맞더라도 너무나 단편적이고 단기적인 판단에 불과하기 때문에 더 이상의 미래를 예측할 수 없다.

순간순간을 계속 단편적인 편린으로 쪼개 수많은 예측을 해야 한다는 것은 얼마나 피곤한 일인가? 인간으로서는 도저히 할 수 없는 투자방법을 이유도 모르면서 선택한 것과 같다. 뉴스에 약간의 나쁜 소식이 전해지면 투자자들은 주식을 팔기 위해 너도나도 혼돈 속에 갇히지만 주식시장은 아랑곳없이 유유히 흘러간다.

당신은 패배했고 초생달은 승리했다면 그 원인은 무엇 때문인가? [차트 15]에 나타난 대폭등을 때려잡고 이익을 낸 것으로 만들기 위해서는 주가가 하락할 때 무엇을 분석해야 하는가?

그동안 당신이 쉽게 접근했던 복잡한 숫자, 보조에 불과한 지표, 너무 애매모호해서 분석 가치조차 부여할 수 없는 파동론 등의 투자기법은 모두 엉터리였다. 그에 대한 증거로 당신이 보조지표를 사용해 주식을 거래했다면 결코 돈을 벌지 못했을 것이다. 결론은 최초로 등장한 X 위치의 수급선 이탈의 주가하락은 오히려 매수 기회가 되었으며 엄청난 속도로 대폭의 상승을 실현했다. 그런데 폭등이 마무리되자 1, 2, 3번의 엄청나게 흔들리는 분산국면이 출현했다. 그렇다면 흔들리는 주가와 쏟아지는 장대 음봉에는 어떻게 대처할 것인가?

당신이 데이트레이딩과 단타매매를 하면서 끝없는 손실을 만드는 첫 번째 원인은 음봉에 매도하기 때문이다. 양봉에 매수하고 음봉에 매도를 한다면 그 손실은 눈덩이처럼 불어난다. 특히 데이트레이더의 대다수는 2.5배의 미수매매를 하고 있기 때문에 원금이 반토막 이하로 굴러떨어지는 악몽은 한 달도 안 되어 찾아오기도 한다. 주가는 음봉이 터져야 비로소 새로운 상승을 만든다는 것을 지금 당장 이해하지 못하더라도 무언가 지금까지와는 다른 무기를 준비해야 한다.

두려움 없이 사야 할 때와 미련 없이 팔아야 할 때

주식시장은 전쟁터이며 당신이 얼마나 멋지고 강력한 무기를 손에 거머쥐고 있는가에 따라 승패가 뒤바뀐다. 새로운 무기가 없는 당신은 [차트 16]에 등장한 1, 2, 3번의 흔들리는 주가 앞에서 망연자실할 것이다. 또는 팔기를 잘했다면서 쾌재를 부르는 발빠른 매도자들도 있을 것이다. 그러나 그들은 모두 돈을 벌 수 없다. 결국은 깡통을 차고 길거리로, 한강다리로 향해야 하는 사람들이다. 그들은 기준도 규칙도, 왜 오르는가에 대한 의문도 없이 기분대로 행동하는 사람들에 불과하다. 당장의 두려움에 굴복해 무릎을 꿇고 포기하는 사람들이다.

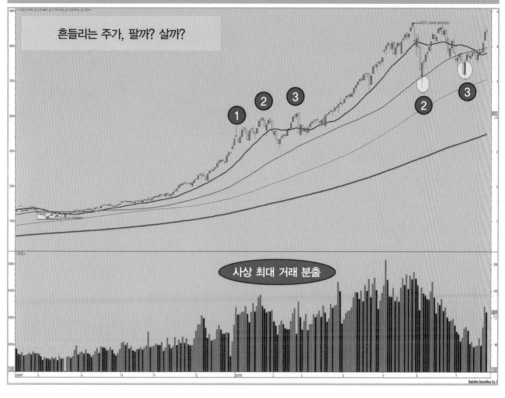

차트 16 중국 상해종합지수의 계속된 상승, 일간

흔들리는 주가, 팔까? 살까?

사상 최대 거래 분출

주식투자는 어떤 상황에서도 꿈과 환상 그리고 악몽과 두려움 모두
를 떨쳐내야 한다. 여기에 당신의 생각을 조미료 섞듯 가미하려 한다
면 그것은 필경 실패를 끌어들인다. 초생달은 이번에도 내 생각을 결
코 가미하지 않고 차트가 하는 이야기대로 주식을 매수했다. 주가는
혼란스럽게 움직이고 있지만 여전히 수급선을 깨뜨리지 않았기 때문
이다. 혹시 또 다시 수급선을 깨뜨린다 할지라도 그것은 두 번째 붕괴
에 불과하다.

이익집단은 결코 두 번의 매매만으로 모든 보유 주식을 처분할 수

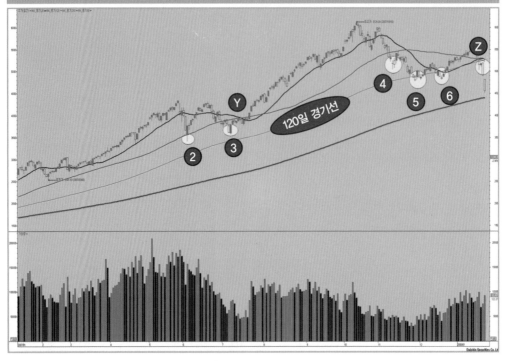

없다는 사실을 알고 있다면 그들이 또 다시 끌어올릴 주가의 미래를
먹어치우기 위해 매수를 서둘러야 한다. 왜냐하면 수급선을 깨뜨린 것
도 아니고 수급선 위에서 하락이 마무리되고 있기 때문에 여전히 강세
포지션을 유지해야 한다. 어쨌든 초생달은 주식을 샀고 당신은 방황과
두려움으로 매수를 포기했을 것이다.

　[차트 17]은 또 한번 초생달의 증시 예측이 적중했음을 보여주고 있
다. 초생달은 또 한번 멋지게 큰 폭의 이익을 얻어낸 것이다. 너무 복잡
하고 수많은 변수가 존재하기 때문에 그 누구도 결코 미래의 주가를
적중시킬 수 없다는 구구절절 틀린 소리를 늘어놓는 사람들 앞에서 초

생달이 당당하게 적중시킨 무기는 단지 수급선을 지킨 것뿐이다.

얼마나 쉬운가? 물론 이것은 이동평균선을 이용한 주가 예측 기술을 발표한 그랜빌이론에도 등장하지 않는다. 그랜빌의 이동평균선 법칙은 매우 간단해서 깊이 있는 학술적 의미가 없기 때문에 그것만으로 주식시장과 대항했던 사람들은 백전백패를 당한다. 그랜빌이론은 단기적인, 단편적인, 단기매매에 대해서만 이야기를 하고 있다. 이것이 크나큰 오류를 가져오는 잘못을 끌어들인 것이다.

아무튼 중국증시는 또 한번 폭발적인 상승을 이끌어냈지만 두 번째로 수급선을 깨뜨리는 모습과 세 번째 수급선 붕괴의 모습이 [차트 17]에 나타나 있다. 주가는 춤을 추며 날뛰고 있다. 혼란이 찾아온 것이다. 요동치며 불안을 키우던 주가가 재차 수급선을 회복했다. 이제 당신은 어떻게 할 것인가? 이번엔 용기를 내서 주식을 사보기로 하자. 그러나 세 번씩이나 중요한 지지선이 깨졌다는 것은 그만큼 매집 세력의 매도가 극심했다는 증거가 되기 때문에 조만간 세력은 증시를 떠날 것이다.

따라서 직접 투자자는 Y 위치에서 충분히 매매를 즐길 수 있지만 펀드가입자는 생각을 바꾸어 잠시 보류해야 한다. 조만간 큰 폭의 하락이 시작된다는 차트의 고함소리가 중국 대지를 뒤흔들 것이니 뒤늦은 펀드 가입은 멸망을 초래하게 된다.

이제 당신과 초생달은 Y 위치에서 주가가 수급선과 세력선을 올라타는 모습을 지켜보면서 주식을 매수했다고 가정해보자. 사상 최대 거래의 분출을 우려하는 분석가도 있겠지만 거래량보다 중요한 것은 주가와 수급선의 관계이다(어떤 경우에도 거래량은 의미가 없다. 의미를 부여하더라도 순위 분석대상은 세력선과 수급선의 관계이다).

[차트 17]을 살펴보면 당신이 주식을 매수한 위치는 Y 지점이다. 또

한번 3개월간 이어진 강렬한 상승파동을 통해 큰 이익을 확보하게 되었다. 중국증시의 엄청난 폭등 역사에 모두 참여할 수 있었다면 지금쯤 엄청난 부자가 되었을 것이다. 그러나 여전히 가난의 굴레를 벗어나지 못하고 몸부림치는 까닭은 너무나 분명하다. 올바르지 않은, 별로 도움이 안 되는 괴상한 논리의 투자기법에 빠져 있기 때문이다.

주식투자를 하려면 무조건 몇 대의 모니터와 좋은 컴퓨터가 필요하다고 생각하는 사람들도 모두 여기에 해당된다.

세력이 보유 주식을 모두 떠넘기고 사라졌다면 이제 남는 것은 폭락뿐이다. 주가를 방어할 어떤 수단도 어떤 재료도 더 이상 의미가 없다. 아무리 좋은 재료가 있을지라도 세력이 개입해 재료를 이용한 저가매수를 하지 않는다면 주가는 움직이지 않는다.

결국 주식은 인간이 발행했고 인간의 돈에 의해 움직인다. 거대한 돈줄을 거머쥐고 있는 선도세력과 명동의 사채업자들이 주식을 팔았다면 증시는 그 다음 발걸음을 예측할 필요도 없이 폭락이 남아 있을 뿐이다.

폭락할 것이다!! 라는 단서는 [차트 17]에 기록된 4, 5, 6번에 있다. 수급선을 최초로 깨뜨릴 때는 별 문제가 안 된다. 오히려 그것은 아직 주식을 매수하지 못한 사람들에게 마지막 매수기회를 제공해주는 고마운 하락에 해당된다.

두 번째와 세 번째도 만약 주가가 즉시 수급선(60일선)을 회복하고 세력선(20일선)까지 회복한다면 여전히 에너지는 고갈되지 않았다는 신호이다. 그러나 네 번째 수급선을 이탈한다는 것은 세력이 대부분의 주식을 개미들에게 떠넘겼다는 것과 같다.

개미들만 외로이 남아 득실거리는 개미의 전쟁터가 되었다면 결과는 무조건 경기선인 120일선까지 거침없이 빠르게 하락할 것도 쉽게 예측할 수 있다. 경기선인 120일 이동평균선까지 주가가 하락하는 것을 기다리거나 지켜볼 필요는 없다. 무너지는 모습을 모두 지켜본 이후에 현실로 돌아와 주식을 팔기 위한 고민을 시작한다면 그것은 너무나 늦은 결단이다.

시장에서 승리하기 위해서는 선도세력과 어깨를 나란히 해야 하지만 어느 때는 이처럼 선도세력을 능가하는, 그들보다 내가 먼저 보유주식을 털어내는 순간을 알고 있어야 한다. 수급선을 무너뜨리는 횟수가 증가할수록 상투가 가까워졌음을 인식해야 하며 결코 단 1주의 주식도 보유해서는 안 된다. 빈손을 탈탈 털며 포만감과 여유를 만끽해야 한다.

차트에 기록된 Z 위치는 무슨 일이 있어도 주식을 던져야 하는 최후의 신호이다. 곧 상상을 초월하는 대폭락의 전조가 울린 것이므로 앞뒤옆 잴 것 없이 불행이 시작되기 전에 필사적으로 처분해야 한다. 막차가 떠나고 나면 을씨년스러운 바람만 불 뿐 기다리는 버스는 오지 않는다.

그러나 세상은 초생달의 의견과는 전혀 달랐다. 엄청난 자금들이 대상투의 징후가 보이는 곳에서 펀드에 가입하기 위해 몰려들었고 그들은 모두 죽었다. 은밀한 세력의 막대한 시세차익을 개미들과 펀드 가입자 그리고 증권회사들이 제공해준 셈이다.

만약 대한민국 펀드와 증권회사, 투자자문사들이 위와 같은 주가의 속성을 깨닫기만 했어도 악몽의 시간은 충분히 피해갈 수 있었겠지만 그들 모두는 엉터리 분석도구를 손에 쥐고 초생달의 말과 차트의 이야기에는 귀를 기울이지 않았다.

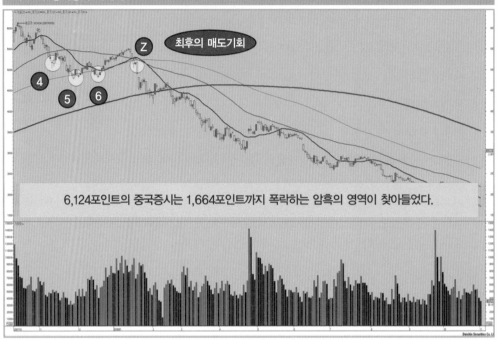

최후의 매도기회

6,124포인트의 중국증시는 1,664포인트까지 폭락하는 암흑의 영역이 찾아들었다.

신호탄 이후에는 대폭락이 시작된다

그런데 최후의 매도기회를 찾아내는 또 다른 방법이 있다. 그것은 바로 '각도술'을 이용하는 것이다. 각도술의 장점은 분산국면이 있든 없든 세력이 어떤 짓을 하고 있는가를 적나라하게 알려준다는 점이다. 실제로 중국증시가 대폭락을 하기 직전에 최후의 매도 기회를 알려준 것은 세력선인 20일선의 각도였다.

[차트 19]와 같이 1차 상승각도는 힘차게 오래도록 추진력을 갖고 강하게 상승했지만 2차 상승각도는 전혀 다른 모습을 보이고 있다. 각도가 만들어지기도 전에 이미 주가는 세력선을 깨뜨렸고 장대음봉까

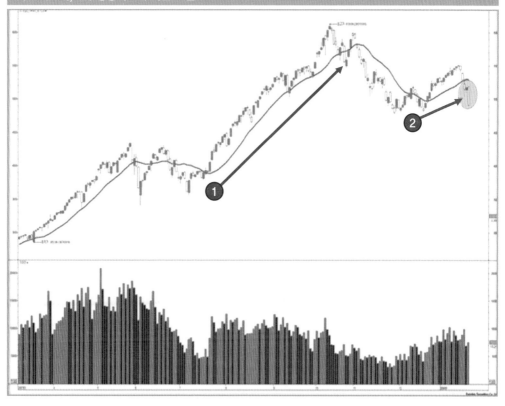

지 곁들인 것이다. 이쯤 되면 2차 각도가 형편없이 전개된다는 예측 정도는 눈감고도 할 수 있다.

결론을 이미 얻었다면 행동은 실천뿐이다. 실천은 곧 주식을 모두 팔아치우고 멀리 도망치는 것이다.

혹시 초생달이 어쩌다보니 중국의 폭락을 적중시킨 것이라고 생각 하는가? 어떻게 초생달의 각도술과 무거운 이동평균선의 조합만으로 세계 각국의 증시가 끝없이 오를 것을 적중시켰고, 증시 폭락을 정확 하게 예언할 수 있었는가를 심판 받아보기로 하자.

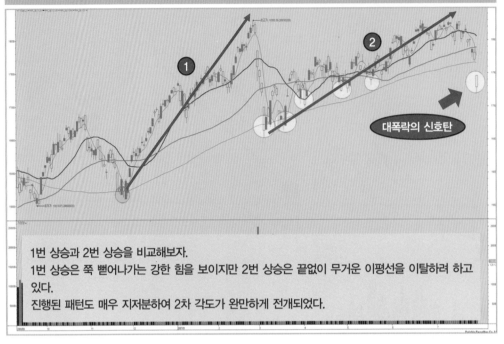

차트 20 일본 니케이증시의 2006년 11월~2007년 7월 27일까지의 흐름도

대폭락의 신호탄

1번 상승과 2번 상승을 비교해보자.
1번 상승은 쭉 뻗어나가는 강한 힘을 보이지만 2번 상승은 끝없이 무거운 이평선을 이탈하려 하고 있다.
진행된 패턴도 매우 지저분하여 2차 각도가 완만하게 전개되었다.

[차트 20]은 일본 니케이증시의 차트이다. 과연 이번에도 쉽게 심판대를 통과할 수 있을까? 차트에는 분명한 2차 각도의 완만함이 표현되어 있다. 1번의 상승은 매우 가파르게 진행되었지만 2번 상승은 지리멸렬 흐느적거리며 지그재그를 열심히 그려가고 있다.

이때 주가가 세력선을 깨뜨리며 하락한다면 당연히 매도를 해야 한다. 그러나 그 이전에 당신은 주가가 곧 크게 폭락할 것이라는 단서를 얻어야 한다. 지금까지 배운 실력이라면 이쯤은 누워서 잠자기에 불과하다.

2차 각도의 완만함과 패턴의 흐느적거리는 지그재그 흐름, 마지막으로 판독할 것은 끝없이 지지선을 깨뜨리는 흔적이다. 노란색 원은 수급선을 깨뜨리거나 경기선을 깨뜨린 흔적들에 대해 이야기해주고 있다. 이쯤이면 잡주도 보통 잡주가 아니다. 잡주란 어떤 의미를 갖고 있을까? 삼성전자는 잡주이다. 만약 삼성전자가 물건을 팔아 돈을 벌지 못하고 있다면 그 국면은 잡주가 된다. 그래서 삼성전자도 큰 폭으로 하락하는 것이다.

그러나 이름도 모르는 중소형 기업이 멋진 제품을 만들었는데 날개 돋힌 듯 팔리다가 결국 미국, 일본, 중국에까지 수출하게 되었다면 이 기업은 우량주이다. 따라서 [차트 20]에 기록된 일본 니케이증시의 차트를 "잡주도 보통 잡주가 아니다"라고 표현했다면 일본에 상장된 기업 대다수가 수출이나 소비를 이끌어내지 못해 실적이 악화되고 있다는 뜻과 같다. 그러니 증시는 폭락하는 게 당연하다. 주식시장은 결국 실적을 먹고살기 때문이다.

여기서 실적은 은밀한 세력의 미끼로 사용된다. 은밀한 세력이 미끼로 사용할 만한 소품이 주식시장에 없다면 그들은 결코 주식을 사재기하지 않으며 투자하지 않는다. 결국 일본 니케이증시의 미래는 볼 필요도 없이 폭락할 것이다.

다수의 전문가들은 고객들에게 증시의 위험을 경고하고 알려야 한다. 펀드를 운영하는 상품 관리자들은 현물을 팔아치워야 하지만 대규모 물량이라 그것이 여의치 않다면 선물시장을 통해 헤지성 매도를 고려해야 한다. 이것만이 고객을 지켜낼 수 있는 유일한 원천이기 때문에 행동 또한 신속해야 한다.

마지막으로, 개미에 해당되는 투자자들은 작은 이익에 목말라하며 시도 때도 없이 눌러대던 엔터키에서 손을 떼야 한다. 투자의 시대는 끝났으며 이제 암흑과 멸망의 공포가 세상을 뒤덮을 차례이다. 그렇다

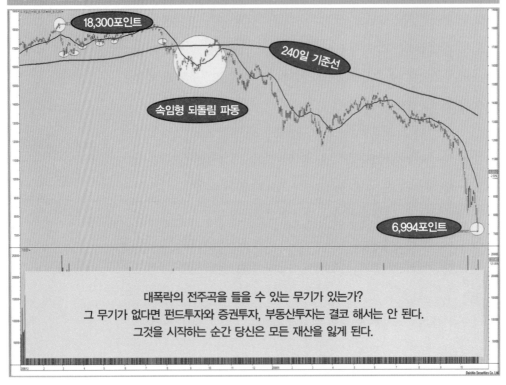

차트 21 일본증시 대폭락

18,300포인트

240일 기준선

속임형 되돌림 파동

6,994포인트

대폭락의 전주곡을 들을 수 있는 무기가 있는가?
그 무기가 없다면 펀드투자와 증권투자, 부동산투자는 결코 해서는 안 된다.
그것을 시작하는 순간 당신은 모든 재산을 잃게 된다.

면 일본 니케이증시는 폭락했을까?

그렇다. [차트 21]에 나타난 것처럼 일본 니케이시장도 폭락만큼은 피해갈 수 없었다. 남들보다 일찍 폭락의 가능성을 염려한 소수의 고수들은 자연스럽게 주가 폭락을 즐길 수 있게 되었다.

랜덤워크이론으로 술 취한 사람은 집에 갈 수 없다고 외쳤던 바실리에나 책을 통해 그 누구도 증시의 폭락이나 폭등 가능성을 적중시킬 수는 없다고 말한 전문가들은 지금 이 차트를 보면서 무엇을 생각할지 자못 궁금하다.

주식시장을, 그중에서도 현물인 주식시장의 미래를 예언조차 하지 못하면서 파생시장인 선물투자에 열을 올린다면 쪽박을 깨는 것은 당연하다. 바꾸어 말하면 선물투자로 깡통을 찼다면 그 투자자는 당연히 현물인 주식시장의 시세원리를 모르는 왕초보라는 뜻이 된다. 당연히 선물투자를 해서는 안 된다. 그러나 다수의 투자자들은 죽음으로 향하는 마지막 파생열차를 선택해 재기와 회생을 노린다.

높은 레버리지를 이용한 도박을 시도하지만 남들보다 먼저 폭락의 가능성을 알지 못하는 그들은 고작 등가격을 매수하거나 선물을 매도해야 할 위치에서 매수를 선택해 단 한번에 파산을 면치 못한다. 그러니 초생달이 소개하는 이 글은 대단히 중요한 가치가 있다. 은행원의 이야기나 투자를 하기 위한 종자돈 만드는 방법을 장황하게 읽는 것보다 유익했을 것이다.

이제 일본 니케이 주식시장에 대해 당신에게 질문한다면 대답은 분명 지금까지 배운 것들을 토대로 '시장의 폭락'을 대답할 것이다. 하지만 폭락이 찾아들기 훨씬 이전부터 차트는 많은 이야기를 건네고 있다.

만약 주식시장에서 지지점이 자꾸만 무너지거나 낮아지는 증상이 나타나면서 2차 각도까지 완만한 흐름을 보이고 있다면 향후 당신이나 초생달이 모르는 무서운 일이 등장할 수 있다는 예측을 해야 한다. 차트는 모든 것을 말해주지만 그 사건이 무엇인지에 대해서는 말해주지 않는다. 단지 그 사건이 좋은 것은 아니며 치명적인 결함을 갖고 있어 돈놓고 돈먹기의 판이 붕괴될 가능성이 매우 높다는 것까지만 이야기해준다.

하지만 차트가 말해주지 못하는 사건의 종류는 투자자들에게 아무런 필요도 없는 것들이다. 오직 좋은 사건이냐, 나쁜 사건이냐의 차이만이 중요하다. 또한 그 사건이 큰 사건인지, 작은 사건인지를 꿰뚫는 것은 어느 정도 중요하다. 이것은 2차 각도의 진행 기간을 통해 확인할 수 있다. 분산국면의 2차 각도가 완만한 흐름을 보이면서 오래도록 지속되었다면 누군가 은밀한 세력이 오래도록 주식을 충분히 팔아치웠다는 증거가 된다. 그 다음은 볼 것도 없이 끝장이 날 것이며 주가는 폭락한다.

당신은 지금까지 고작 두 개의 차트를 보았을 뿐이다. 이것만으로는 여전히 믿지 못하는 의심의 눈초리를 거둘 수 없을 것이다. 얼마나 많은 시간을 거짓과 속임의 울타리 속에서 헤매었는가? 주가는 경마와 달라서 한순간에 모든 게 끝나지 않는다. 경마는 짧은 시간에 승패가 결정돼 패배자의 손에는 휴지조각만 남게 된다. 너무나 짧은 시간에 끝나는 게임이기 때문에 진행 도중에 다른 행동은 할 수 없다. 자신이 선택한 말이 1등으로 들어오지 못할 가능성을 뻔히 지켜보면서도 마권을 교환받거나 환불받을 재주가 있는가? 이것은 분명 불공정한 처사이며 그래서 경마는 도박인 것이다.

그러나 주식투자는 언제든 자신이 선택한 길을 되돌아갈 수 있다. 매수한 주식이 위험에 빠져들고 있다는 확신이 섰다면 그 위험이 찾아들기 직전에 보유 주식을 처분하고 도망칠 수 있다. 다른 기업의 주식으로 교환을 하는 포트폴리오 변경도 얼마든지 가능하다. 그런데도 불구하고 다수의 투자자들이 항상 패배자로 전락하는 까닭은 시장에 알려진 위험 회피의 투자방법이 너무나 초라했기 때문이다.

초라함의 근본 이유는 '빨리빨리' 때문이다. 하루라도 빨리 투자금을 두 배, 세 배로 불려야 한다. 그러다보니 분산국면에서 나타나는 세력의 매도물량을 작은 상승에 도취해 매매를 시도한다. 아무리 돈이 궁하다고 해도 분산국면에서의 투자는 대단히 위험하다. 당신이 원하는 가격에 원하는 만큼의 주식을 팔 수 없다. 갑자기 주가는 급격하게 폭락하기 때문이다. 쉽게 말해 팔 기회를 주지 않는다는 것이다.

당신은 지금까지 차트가 하는 이야기를 들어본 적이 있는가? 차트는 그림에 불과하여 어떤 이야기도 해줄 수 없다고 생각하는가? 차트는 온갖 수단과 방법을 동원해 당신의 재산을 지켜주기 위해 안간힘을 썼으며 그 증거가 오늘 기록되고 있다. 만약 누군가가 "차트 없이 주식투자를 하라"고 말한다면 초생달은 결코 그 말에 동의할 수 없다. 어떤 이야기도 듣지 못하는 상태에서 투자를 고려하는 것 자체가 몸에 무거운 쇳덩이를 달고 강물로 뛰어드는 것과 다름 아니다.

목숨을 내놓고 투자를 해야 한다면 당신은 어떻게 하겠는가? 세계 각국의 전문가 집단이 서브프라임 사태의 악몽에 제대로 대처하지 못한 까닭은 곧 대단한 위험이 찾아온다는 차트의 이야기를 듣지 않았기 때문이다. 그것이 분산국면을 통한 이야기이든, 순차적으로 흘러내리며 무거운 이동평균선을 한 꺼풀씩 무너뜨리는 것이든 종류에 관계없이 시장의 에너지가 멈추었음을 발견하지 못한 자신을 질책해야 한다. 그리고 새로운 차트의 분석기법을 통한 새로운 지식을 가슴에 담아야 한다. 개미로서 투자손실을 최대한 억제할 수 있기 때문이다.

모든 결정을 투자자문사에게 맡겨서도 안 된다. 그들은 당신의 자산을 지킬 수 있는 범위가 매우 좁다. 대단히 많은 수량의 주식을 보유하고 있으면서 시장에 적절한 대처를 할 수는 없다. 그들의 덩치는 무겁고 굼뜨며 한순간에 위험으로부터 도망칠 만큼 민첩하지도 않다. 느림보 거북이에게 재산을 맡기고 1등을 하기를 바라는 것은 매우 잘못된 판단이다.

자산을 운영하는 기업은 투자자들이 이러한 맹점을 갖고 있으며 막연한 환상을 갖고 있음을 이용해 수수료를 거두어들이는 집단이다. 그러므로 당신은 그 집단에 매우 유능한 인물이 리더로 있는가를 꼭 체크해야 한다. 사실 아랫사람은 지휘권이 없어 윗사람의 명령대로 움직여야 하기 때문이다. 그 건물이 아무리 으리으리하고 그 안에 앉아 있는 직원들이 아무리 많고 똑똑해도 겉으로 드러난 것들에 의해 이성을 잃으면 안 된다. 그들은 모두 하수인에 불과하다.

상품을 소개하는 사람의 인물과 됨됨이는 어떤 도움도 주지 않는다. 지금 이 시간 세계 주식시장의 시계는 몇 시를 가리키고 있는가? 를 읽어내는 것만으로 모든 수고로움에서 벗어날 수 있다.

🌙 되돌림, 속임형 상승이란 무엇인가?

기준선과의 대화

중국증시의 폭락을 이야기하는 과정에서 되돌림 속임형 상승파동이 등장했다. 속임형 상승은 무엇이며 어느 때 속임수가 나타나는가를 꼭 짚고 넘어가야 한다. 왜냐하면 주식깨나 해보았다는 사람들은 N자형 상승에 도취되어 있으며, 일정 기간 주가가 하락한 뒤에 나타나는 상승은 눌림목 매수신호로서 꼭 주식을 사야 한다고 믿고 있기 때문이다. 하지만 초생달이 보는 눈은 그와 다르다.

N자형 상승은 종종 속임수일 때가 있으며 폭락이 시작되기 직전에 보유 주식을 털어내기 위한 단기 세력의 술수일 때도 있다. 만약 지금 진행 중인 주가상승이 속임형이라는 것을 가장 먼저 알아낼 수 있다면 정말 기분이 좋으리라.

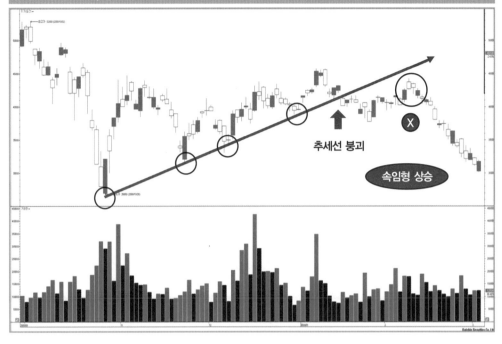

차트 22 삼성물산, 일간

추세선 붕괴

속임형 상승

　　내 돈을 지키면서 투자를 즐길 수 있다는 것은 분명 행운이다. 또는 본전만이라도 찾기 위해 주식투자에 땀 흘리는 바보 같은 인생을 끝장 낼 수 있다. 그러기 위해선 도대체 되돌림 상승은 무엇이고 속임형 상승은 언제 출현하는가를 관찰해야 한다. 아차! 속았다!!를 외치는 시점이 너무 늦으면 속인 사람은 이미 돈을 챙겨서 멀리 달아난 뒤이다.

　　속임형 상승을 간파하기 위해서 필요한 도구는 240일 기준선 하나만 있으면 충분하다. 단순해 보이는 선 한 가닥이 보여주고 들려주는 이야기는 방대하다. 풀어도풀어도 끝나지 않는 가득 찬 이야기보따리가 기준선 안에 존재한다. 이제 당신이 그 이야기를 들을 차례이다.

　　추세선은 저점과 저점을 연결해서 쭈욱 그어놓은 선을 말한다. 속임형 상승이란 [차트 22]에서 보는 바와 같이 저점 두 개를 이용해 쭈욱 그어놓은 선 아래쪽으로 주가가 하강했지만 다시 상승을 시도해 그 선을 돌파하지 못하고 무너지는 순간까지를 말한다.

조금 더 쉽게 이야기해보자. 엎치락뒤치락거리지만 주가가 계속 상승한다면 그것은 추세의 범위 안에서 움직이게 된다. 저점과 저점을 연결해서 쭈욱 그어놓은 선 위에서 주가가 노닐게 된다는 뜻과 같다. 그런데 어느 날 주가가 추세선 아래로 굴러 떨어지더니 다시 상승하고 있다면 속임형 상승의 가능성을 열어두어야 한다. 어떤 방식으로든 속임형 상승이 출현한 이후부터는 주가가 빠르게 하락하기 때문이다.

대부분의 속임형 상승 패턴은 추세선을 돌파하지 못하고 힘이 소진되기 때문에 비교적 쉽게 매도를 결정할 수 있고 매수를 뒤로 미룰 수 있다. 추세선은 항상 저점과 저점을 연결하거나 고점과 고점 두 개를 연결해야만 만들어진다.

되돌림 파동은 하락한 것만큼을 다시 되돌린다는 뜻으로 해석하기 바란다. 속임형 상승은 되돌린 만큼의 주가 상승을 끝으로 주가가 파죽지세로 폭락하기 때문에 투자자를 속인다는 뜻으로 속임형 상승이란 이름을 지어보았다. 속임형 상승은 그어놓은 추세선을 돌파하지 않고 즉시 큰 폭의 하락을 하기 때문에 매우 주의를 요하는 패턴이다.

주가가 큰 폭으로 하락하는 까닭은 무엇 때문일까?

주가 하락이 추세선을 깨뜨릴 만큼 강렬했다면 분명 누군가의 힘이 작용했기 때문이다. 그 힘은 기업의 부도를 먼저 알아챈 세력의 매도이거나 미국의 예상치 못한 사건의 등장 때문일 수도 있다. 이때 다양한 사건을 사전에 알 수 있는 소수의 세력은 서둘러 주식을 처분하려할 것이고 처분이 끝나면 당연히 주가는 방치될 수밖에 없다.

그러나 거대 세력의 물량 처분을 눈치 채지 못한 올챙이 세력은 투자손실을 입게 된다. 손실을 조금이나마 만회하기 위해 일시적으로 주가를 끌어올리는 행동이 바로 '견인주가', '되돌림 파동', '속임형 상승'으로 불리는 패턴을 만들게 된다. 이때에 견인주가 또는 되돌림 파동과 속임형 상승은 모두 같은 뜻을 갖고 있으니 그중 하나만 이해하면 된다.

문제는 일시적인 주가 상승 과정에서 나타나는 속임형 상승은 일시적으로 마감되고 주가는 다시 상승하는 때도 있다는 점이다. 이것은 모순이다. 만약 승률이 50 : 50이라면 그것은 이미 투자기술이나 기법으로서의 가치를 잃은 것과 같다.

아주 오래전부터 은밀한 세력은 추세선을 통한 주식시장의 개입과 이탈을 하지 않았다. 그들이 사용한 것은 일반인이 단 한번도 사용해본 적이 없는 240일 이동평균선과 480일 이동평균선을 사용해 주식을 매집하거나 팔아치우고 도망쳤다. 물론 이런 룰도 2000년 발표한 초생달의 각도술과 이동평균선 활용법에 의해 들통이 났지만 앞으로도 여전히 그들은 240일선을 사용할 수밖에 없다.

그 까닭은 1년 동안의 주가흐름을 모두 알려주는 선은 240일선이기 때문에 1년 전 기관투자자와 투신사, 증권회사에서 얼마나 손실을 보고 있는지, 얼마나 커다란 이익을 얻고 있는지를 가늠해볼 수 있는 선이기 때문에 240일선은 영원하다는 것이다.

당신은 세력을 논할 때 '강남의 A', '명동의 사채업자 B'를 들먹이곤 하지만 사실은 그렇지 않다. 그들은 협소한 몇 개의 종목을 사용할 뿐이다. 정작 큰 세력은 외국계이다 그들은 다수의 종목을 대량으로 거래하는 진정한 주도세력이다.

KEY POINT •••

기관투자자들은 많은 돈을 움켜쥐고 있기 때문에 그들이 보유, 확보하고 있는 주식의 양도 가장 클 수밖에 없다. 따라서 어느 종목에 세력이 개입했다면 주가 차트에 그 흔적이 남게 된다.

그들과 맞서면서 어느 때는 적으로, 어느 때는 동지로 동맹을 맺기도 하는 자는 기관투자자이다. 이들은 가장 많은 돈을 움켜쥐고 있기 때문에 그들이 보유, 확보하고 있는 주식의 양도 가장 클 수밖에 없다. 따라서 보이는 세력이든, 숨어 있는 은밀한 세력이든 어느 종목에 세력이 개입했다면 주가차트에 그 흔적이 남게 된다. 그 흔적을 찾는 것만으로도 소중한 종자돈을 지켜낼 수 있지만 '세력의 이탈'에 대한 지식은 없을 것이다.

다수의 투자자들은 잃지 않는 법을 배우기보다는 하루라도 빨리 돈을 벌 수 있는 방법부터 요구하기 때문에 입맛에 맞추어 전문가의 활약도 짜이게 된다. 결국 상업적 가치만을 따지는 현실에서는 다수의 투자자들이 원하는 진실을 결코 얻어낼 수 없다. 현명한 투자자라면 지금이라도 잃은 까닭을 깨우치고, 잃지 않는 방법을 익히려는 강한 의지가 필요하다.

결론은 이렇다. 속임형 상승은 올챙이처럼 조그만 세력이 자신의 손실을 축소하기 위해 일시적으로 주가를 상승시켜 보유 주식을 팔고 도망치기 위한 술수를 말한다. 이때의 특징은 주가가 추세선을 돌파하지 않고 급속히 무너져내린다는 데에 있다. 그러나 진정한 폭락 위험을 예측하는 자료로는 매우 부족한 정보를 제공한다. 짧은 시간에 완성되고 소멸되는 특징 때문에 신뢰할 수 있는 패턴이 자주 등장하지도 않는다.

오히려 과거부터 지금까지 추세선보다 강력한 폭락의 예언을 해주는 선은 240일 이동평균선이다. 지금부터 240일선을 '기준선'이라 칭한다. 만약 기준선을 돌파하지 못하는 주가 상승이 나타났다면 곧 대폭락의 소용돌이가 휘몰아칠 것에 대비해야 한다. 이 말은 곧 죽음이

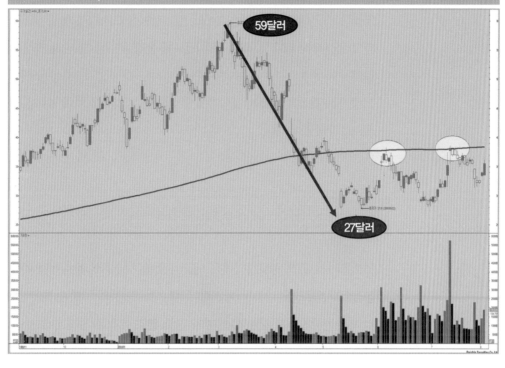

59달러

27달러

증시를 강타한다는 뜻과 같다.

[차트 23]은 기준선의 위력을 증명할 만큼 대단한 정보를 갖고 있

다. 모토로라의 주가는 59달러에서 27달러까지 폭락하면서 반토막이

났다. 이때 대부분의 투자자들은 다음과 같은 점을 주목한다.

– 다시 오를 수 있을까?

– 더 하락할 수 있을까?

두 가지 고민 사이를 오고가며 우선 눈에 보이는 반토막난 주가만

을 이야기한다. 이들은 모두 내일이라는 미래에 어떤 일이 벌어질 것

인가에 대한 예측도구를 갖추지 않은 것이다. 이론적 지식은 머릿속에

가득하며, 더 이상 넣어둘 곳이 없을 만큼 다양한 책을 섭렵하면서 얻어들은 타인의 지식은 가슴속에도 겨드랑이에도 하다못해 발바닥까지 절절 흘러넘친다. 그러나 정작 필요한 순간에 꺼내 쓸 만한 지식은 없다.

주가는 귀신도 모르는 것이기에 당신의 온갖 지식은 이미 쓸모없는 휴지조각에 불과하다.

🌙 기준선을 뚫지 못하면 죽음의 폭락이 찾아든다

모토로라의 주가가 27달러에서 하락이 멈추자 다수의 투자자들이 몰려들었다. 뉴스를 내놓는 매스컴에서는 지금까지의 고통은 모두 주가에 반영되었다고 방송한다. 마치 지금 빨리 주식을 사지 않으면 큰 기회를 놓칠 것만 같은 분위기를 연출한다. 광고성 매체와 홍보성 방송에 중독된 사람들은 그 말을 믿어 주식을 사기 위해 곳곳에서 몰려든다.

그러나 이상하게도 기준선 근처까지 주가가 오르면 갑자기 하락하여 굴러 떨어진다. 한 번도 아니고 두 번씩이나 그런 현상이 나타났는데 앞으로의 주가는 어떻게 될까? 정말 매스컴이 말한 것처럼 지금까지의 모든 악재는 주가 하락에 몽땅 반영된 것일까?

모든 악재가 반영되었는지, 안 되었는지를 결정짓는 것은 당신도 아니고 매스컴도 아니다. 그 모든 질문에 대답을 할 수 있는 것은 오직 차트뿐이다. 두 번씩이나 기준선 돌파에 도전장을 던졌지만 모두 실패했다면 또다시 도전할지라도 주식을 매수해서는 안 된다. 현재 진행되되고 있는 흐름이 모두 세력의 뒤늦은 물량처분이라면 어떻게 되겠는가? 최소한 물량을 처분하는 세력보다 더욱 거대한 세력이 주식을 휩쓸어가고 있다는 증거가 확보될 때 매수해도 결코 늦지 않다.

더욱 거대한 세력의 침투는 곧 주가가 기준선을 돌파해 꿋꿋하게 그 선을 깔고 앉아 있을 때이다. 거대 세력이 털어냈고, 그것을 눌림목으로 착각해 주식을 사들인 소규모 세력은 눈앞이 캄캄할 것이다.

그들은 필연적으로 보유 주식을 팔아야 하며, 물량을 충분히 팔아치우기 위해서는 오르락내리락 파동을 만들어야 한다. 그래야 N자형이 형성되어 더 많은 저가 매수자를 끌어들일 수 있기 때문이다. 이 얼마나 무서운 일인가.

곧 어떤 일이 벌어질지 모른 채 주식을 샀다면 당신은 곧 끔찍한 일을 당하게 된다. 단언하건데 기준선을 돌파하지 못한다면 결코 투자를 통한 이익은 얻을 수 없으며 오히려 엄청난 손실을 입고 증시를 떠나야 한다.

기준선과 오늘의 주가가 매우 가깝게 위치해 있지만 기준선을 돌파하지 못했다면 즉시 투자를 멈추고 주가의 행동을 관찰해야 한다. 기준선을 돌파하지 못하고 음봉이 출현하면 투자를 멈추어야 한다.

[차트 24]를 보자. 얼마나 끔찍한 일이 벌어졌는지 차트는 그동안의 일들을 가감없이 보여주고 있다. 어떤 일이 있어도 기준선 근처에서는 주식을 사지 않겠다는 매우 간단한 규칙만 갖고 있었다면 뒤늦은 펀드 가입을 위해 적금을 깨지 않아도 되었을 것이며, 옆집 순돌이 아빠의 흥청거리는 주식 자랑에 속아넘어가 때늦은 투자를 하지도 않았을 것이다.

결국 주식투자는 날짜를 사는 게임이다. 주식시장은 매일 열리고

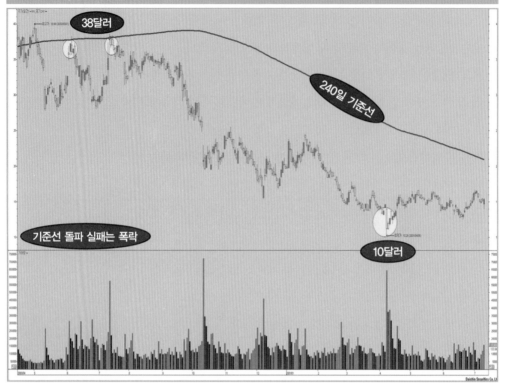

주식은 아무 때나 살 수 있지만 그것 때문에 실패자도 매일, 아무 때나 만들어진다. 59달러의 고점에서 폭락을 시작한 모토로라는 38달러의 기준선을 돌파하지 못한 대가를 10달러까지 폭락하는 죽음으로 알려 주고 있다.

사실 기준선에 대한 투자기술과 기준선을 어떻게 해석하며 이것으로 어떻게 돈을 지키고 벌 수 있는가에 대한 이야기는 내가 주식투자 혁명을 통해 2000년에 알렸던 내용 중 하나에 불과하다. 그러나 10년이 흐른 지금도 그 이론을 깨뜨리는 더욱 명쾌한 폭등 예언과 폭락 예언서는 등장하지 않고 있다. 오히려 지금도 왜 주가가 폭락하는지 알지 못해 전전긍긍하는 사람들뿐이다.

여기서 구태여 미국의 모토로라 주가차트를 보여준 까닭은 한국뿐만 아니라 미국의 개별 종목까지도 모든 주가의 메커니즘은 기준선을 돌파했느냐, 못했느냐에 의해 결판난다는 것을 확실하게 알려주기 위해서다. 미국뿐 아니라 중국과 인도의 거대한 주식시장도, 대만과 일본도 마찬가지다. 개별 종목은 물론이고 거대한 기업의 주가흐름도 마찬가지다. 만약 당신이 막연한 잣대를 들이대고 시장이 이야기하는 위험 경고를 듣지 않았다면 영원히 회복할 수 없는 깡통의 나락으로 굴러떨어져야 했다.

2001년 4월에 기록된 10달러의 주가는 분명 대폭락이지만 2000년 3월 7일 59달러이던 주가가 9년의 세월이 흐른 2009년 8월 17일 7달러이다. 그 오랜 세월동안 단 한번도 59달러에 도전한 적도 없다. 과거의 우량주가 지금도 우량주 아니듯이, 주가는 항상 기업의 실적을 먹고산다는 사필귀정의 논리가 필요한 이유도 여기에 있다.

아무리 잡주요, 부실한 기업이라 할지라도 그 기업이 어느 날 돈을 펑펑 벌 수 있는 기술을 개발했다면 향후 이 기업은 우량주로 올라서며 각광받는 주가 상승을 이끌어낼 수 있다. 하지만 그 기술이 정말 돈이 되어 기업의 순이익을 풍요롭게 만들기까지는 일정한 기간이 필요하다. 어느 때는 그 기간이 모두 채워지기 전에 주가가 먼저 상승하지만 또 다른 때에는 실적이 발표되고 한참 뒤에야 상승하기도 한다. 또는 그 기술이 갑자기 경쟁자가 출현해 더욱 값어치 있는 신기술을 발표하면서 빛을 잃어버려 매장될 수도 있다. 이때는 분명 주가도 그에 발맞추어 폭락을 하게 된다.

왜?

주가는 필연적으로 실적의 가치만큼 움직이는 특성이 있기 때문이 며 그 가치는 은밀한 세력이 미끼로 사용해 주가를 끌어올리는 도구로 사용된다. 그렇다면 지금까지 지켜본 모토로라의 주가 흐름은 필연적 으로 기업의 미래를 나쁘게 생각한 은밀한 세력이 모토로라를 버리고 삼성전자를 사기 위해 주식을 팔아치웠을 것이다. 또는 향후 세계 경 기가 위축되어 모토로라의 실적이 더 이상 좋아질 수 없다는 생각을 했을지도 모른다.

이때 추세의 저항이 탄생하게 되며, 추세는 과거처럼 추세선으로 만들어지는 것이 아니다. 오히려 240일 이동평균선을 토대로 주가가 어디에 있는가를 판독한다면 그 기업이 '매우 좋은 일이 많을' 기업인 지 '나쁜 일만 흘러넘칠' 기업인지를 너무나 쉽게 눈치챌 수 있다.

당신이 모든 기업의 내부 정보를 얻어낼 수는 없다. 특히 요즘처럼 기밀이 철저한 보안시대에는 더욱더 그렇다. 은밀하게 진행되는 기업 의 실험과 신기술 연구를 사전에 알 수만 있다면 그 가치를 분석해 주 식을 남들보다 일찍 구입할 수 있는 행운을 얻겠지만 현실은 그렇지 못하다. 결국 당신이 기대는 곳은 증권 전문가, 증권 분석가, 기업의 보고서를 내놓는 증권사 리서치나 연구기관의 데이터이다. 그러나 이 자료들은 대부분 모건스탠리나 신용평가기관인 무디스 또는 삼성경 제연구소나 골드만삭스 등에서 흘러나오는 정보일 때가 많다.

그 정보를 당신은 믿는가? 당신은 그 정보를 믿은 대가로 서브프라 임 사태가 얼마나 멋지고 행복한 투자의 적기인가를 생각하지 못했으 며 최후의 마지막 기회마저 놓치고 말았다. 만약 당신이 그들을 믿지 않고 기준선만을 철썩 같이 믿는 규칙을 갖고 있었다면 지금쯤 부자가 되어 있을 것이다.

기준선은 주가의 방향, 즉 추세를 결정짓는 역할을 한다. 그리고 기준선 아래로 주가가 굴러떨어지면 어디까지 하락할지 알 수 없을 만큼 오래도록 하락한다. 그렇다면 기준선을 상향 돌파한 주가는 어떻게 될까? 정말 큰 폭으로 오를 수 있을까?

2003년 5월 초생달은 〈각도술의 창시자 초생달의 주식투자혁명〉이라는 두 권의 책을 내놓았다. 그 책 속엔 당연히 기준선과 관련된 내용이 수록되어 있다. 그로부터 6년이 흐른 지금 증시는 어떻게 변했을까? 변했다면 얼마나 많은 것이 변화를 가져왔을까?

그러나 즐겁게도 증시는 6년 동안 단 하나도 변한 게 없다. 아직도 여전히 6년 전의 그 기법과 기술이 적용되고 있다. 돈을 가장 쉽고 가장 빠르게 가장 많이 벌 수 있는 방법을 찾았다면 과연 그것이 어느 정도의 적중률을 갖고 있는지 알아보자.

[차트 25]에서 240일 이동평균선인 기준선 하나만을 놓고 주가를 살펴보자. 주가가 기준선 아래쪽에 머물 때는 지그재그를 그리면서 정말 복잡다단하게 움직였다. 그러나 노란색으로 표기된 곳을 살펴보면 기준선을 터치함과 동시에 강한 상승의 탄력이 시작되고 있다.

그런데 기준선을 터치하고 상승하는 종목은 길고 멀리 가는 특성을 갖고 있다. 이런 특성은 왜 생겨난 것일까? 기준선은 당신도 알다시피 돌파하기 매우 어려운 선이다. 어떤 이유와 명분이 있어야만 돌파된다. 만약 어떤 이유도, 명분도 없이 분위기를 따라 올라선 종목이라면 5거래일을 버티지 못하고 다시 붕괴되고 만다.

만약 어느 기업이 돈을 많이 벌 수 없는 사업을 계속하고 있다면 주가는 필연적으로 하락하겠지만 향후 돈을 많이 벌 수 있는 새로운 사

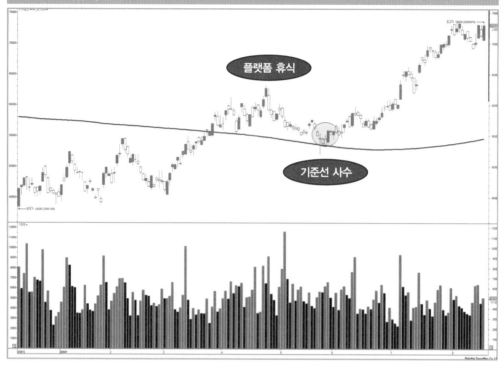

업을 전개 중이라면 기준선은 돌파된다. 따라서 삼성전자가 기준선을 돌파했다는 것은 삼성전자가 무엇을 만드는 기업인지 전혀 모른다고 가정을 해도 당장 주식을 사야 한다(삼성전자는 이해를 돕기 위해 예로 든 대표종목이다. 그 외 개별주도 동일한 잣대를 적용하면 된다).

삼성전자가 무언가 좋은 물건을 만들었는데 그것이 잘 팔리고 있다는 이야기는 누가 전해주는가? 바로 차트이다. 매스컴은 없는 이야기를 있는 것처럼 지어내서는 안 되기 때문에 이미 결과가 나온 뒤에 발표가 된다. 따라서 투자 가치는 이미 소멸된 것이며 미래에 벌어질 일을 가장 먼저 이야기해주는 것은 차트뿐이다.

주가는 언제나 이유 없이 오르지 않으며 이유 없이 폭락하지도 않는다. 분명 어떤 이유가 있기 때문에 기준선을 뚫어버리고 그 위로 올라선 것이다. 당신은 그 어떤 도움도 없이 오직 기준선만으로 주식투자를 시작할 수 있다. 자, 이제 어떤 투자를 해야 하는가? 아직도 보조지표를 몇 개씩 꺼내놓고 두 대 이상의 모니터를 바라보아야 하며 펀드 가입을 위해 상품의 종류를 헤아릴 것인가?

미네르바가 등장해 대한민국이 망한다 할지라도, 주식시장이 500 포인트를 갈 것이며 아파트는 반토막이 난다는 악설을 퍼붓더라도 당신이 기준선만 알았다면 충분한 수익을 창출할 수 있었으며, 거대한 선도세력이 침투했다는 것까지도 덤으로 알 수 있었을 것이다.

세력의 개입 없이 결코 기준선은 뚫리지 않는다

마찬가지로 세력은 대단한 흥미를 끌 수 있는 미래의 미끼 없이는 증시에 개입하지 않는다. 여기서 미끼는 곧 실적이다. 삼성전자의 주가가 더 이상 하락하지 않고 큰 폭으로 상승한 까닭은 미래를 향한 신기술의 개발 및 확보 때문이다.

컴퓨터에 사용되는 하드디스크 드라이브는 SSD로 교체되고 있다. 발열이 없고 무소음에, 배터리 소모량이 극히 적고, 빛의 속도로 정보를 읽어낸다. 당신이 갖고 있는 디지털카메라 또는 디지털녹음기, MP3플레이어 등에는 메모리카드가 사용된다. 당신은 1기가 메모리 또는 4기가 메모리를 사용할 것이다. 만약 당신이 디카에 사용하기 위해 메모리 스틱을 구입했다면 더 이상 메모리를 구입할 필요는 없을 것이다.

그렇다면 삼성전자는 더 이상 실적을 끌어올릴 수 없게 된다. 삼성전자는 더욱 많은 소비를 이끌어내기 위해 신기술을 끝없이 개발해야 한다. 개발이 멈출 경우 더 이상의 이익 창출은 종료되기 때문이다. 이러한 기업의 규칙은 삼성전자뿐만 아니라 마이크로소프트와 인텔 등의 우수한 반도체 기업과 소프트웨어 기업도 마찬가지이다.

삼성전자가 더욱 빠른 메모리를 개발했다면 인텔은 그것을 이용해 자사의 제품을 팔 수 있는 새로운 기술을 개발하게 된다. 윈윈의 제품 이름은 X58이었고 개발된 CPU는 삼성전자의 DDR3 제품을 사용할 수 있게 되어 있다. 결국은 알게 모르게 인텔과 삼성전자, 그리고 마이크로소프트는 윈윈의 정책을 펼치면서 소비를 자극하게 된다. 윈도우 XP만으로 충분했던 컴퓨터를 윈도우비스타로 바꾸게 하더니 곧 윈도우7이라는 운영체제가 등장한다. 윈도우7은 SSD를 제어하는 신기술이 탑재되기 때문에 결국 삼성전자와 마이크로소프트의 윈윈 전략에 해당된다.

또한 윈도우7은 터치스크린 기능을 제공해 마치 네비게이션 화면을 손가락으로 터치하듯이 모니터를 마우스 없이 터치만으로 제어할 수 있다. 결국 이것은 LG디스플레이 같은 평판 디스플레이 모니터 업체와 원천기술을 확보한 기업에게 높은 이익을 제공해준다. 결국 신기술이 또다시 기업의 이윤을 창출하게 만들면서 기업의 덩치는 더욱 커지게 된다. 유보율이 증가하고 무차입경영이 가능해지며 더욱 많은 연구개발비를 쏟아부어도 자금이 넉넉한 까닭은 이와 같은 윈윈의 기술 교배 논리 때문이다. 어찌 되었든 삼성전자는 소비자 1인에게 4기가의 메모리를 팔았던 것을 SSD를 개발함에 따라 소비자 1인에게 64기가(또는 128기가)의 메모리를 팔 수 있게 되었다.

낸드플래쉬를 사용한 새로운 저장장치인 SSD, LED TV, 모바일폰, DDR2, DDR3, 그중에서 DDR3의 엄청난 생산마진에 관심을 가져야 하지만 누구든지 이런 것들의 미래를 정밀하게 파악할 수 있는 방법은 사실상 존재하지 않는다.

삼성 제품이 얼마나 팔려나갔으며 얼마나 인기가 있는지의 데이터를 얻는 것은 사실상 불가능하다. 그러나 시나리오를 통해 미래를 예측해볼 수는 있다. 예측한 자료를 토대로 한다면 분명 좋은 것들이 많으니 당연히 기준선을 돌파해서 올라타야 한다.

당신은 기업의 미래를 조목조목 따져보고 물어보고 뒤져보지 않더라도 기준선을 돌파하고 플랫폼의 휴식을 취한 뒤 재차 상승한다면 앞으로 대한민국 증시가 상승할 것이다!!라는 강한 믿음과 신뢰를 가져야 한다. 이것은 곧 주식을 매수하는 날짜의 선택으로 이어지기 때문에 매우 중요하다.

주식투자는 차트를 분석하는 것에서부터 출발한다. 펀드투자를 고려했던 많은 사람들은 이쯤에서 왜 실패했는지에 대한 정답을 얻었을 것이다. 당신은 시장 자체의 힘을 측정하지 않았으며 상품을 판매하는 매장의 직원을 매수한 것이다. 이것은 곧 원하지 않는 결과를 초래한다. 또는 막연한 공상과학소설 같은 증권관련 서적을 읽었거나 '종자돈을 마련하는 100가지 방법' 같은 허상의 내용에 몰두했는지도 모른다.

그러나 그것은 다 지난 일이다. 이제부터라도 본질, 깊은 곳에 숨어 있는 핵심에 몰두해야 한다. 세상에는 이미 당신보다 훨씬 이전부터 핵심과 본질에 몰두하는 사람들이 늘어나고 있다.

악몽의 시간이 끝났지만 투자자들은 여전히 서성거린다. 주가는 상승을 시작하고 소수의 사람들은 증시로 뛰어든다. 하지만 다수의 사람들은 여전히 증시를 믿지 못해 주변을 맴돌기만 한다. 그러던 어느 날 소수의 종목들이 희망의 영역을 향해 기준선을 돌파하는 모습이 발견되었다면 당신은 어떻게 할 것인가?

증시에는 굉장히 많은 업종과 기업이 있다. 코스피와 코스닥을 합해 1,800여 개의 상장기업이 포진해 있다. 이렇게 많은 기업의 주가나 공시, 미래의 비전을 일일이 체크하기는 사실상 불가능하다. 결국 주식시장에서 가장 먼저 가장 큰 힘을 뿜어내는 종목을 찾아냄으로써 미래에 어떤 사건이 벌어질 것인가를 예측해야 한다.

예를 들면 2007년 한국증시의 폭발적인 상승은 조선주와 조선기자재 관련주가 이끌었다. 왜 1년 동안 삼성전자는 한 푼도 오르지 못하는 잡주가 되었는데 조선주는 날개를 달고 비상한 것일까?

만약 당신이 세계 굴지의 기업들이 중국에 공장을 짓고 물건을 실어나르는 과정에서 조선업의 급격한 호황이 시작되었다는 사실을 전혀 몰랐다면 모든 정보를 배제하고 차트 한 가지만으로 대장을 찾아낼 수 있을까?

'결론은 찾을 수 있다.'

삼성전자는 2007년 1년이라는 긴 시간을 기준선 아래에서 힘없이 흐느적거리며 잡주의 인생을 살았다. 이와는 반대로 삼성중공업은 삼성전자와는 비교도 안 될 만큼 일찌감치 기준선을 돌파해 끝까지 기준선을 붕괴하지 않았다. 결국 주가는 100%의 폭발적 상승을 했는데도 삼성전자는 고작 20% 상승으로 만족해야 했다.

만약 당신이 그럴 듯한 간판에 매료되어 투자를 결정한다면 그것은 대단히 잘못된 투자에 해당된다. 투자는 곧 파워, 군중의 폭발적 흥분을 이끌어내는 기업에 해야 한다. 또는 기업이 미래를 차분히 준비해왔으며 그것들이 충분히 실적을 쌓을 수 있다면 기준선을 타깃으로 매수에 참여해야 한다. 또는 기업이 무엇을 만드는지 모른다고 가정했을 때 기준선을 가장 먼저 돌파하는 종목이 향후 미래를 이끄는 선도주에 해당된다. 결국 당신은 기준선 하나만으로 잡주와 시장을 선도하는 대장주를 구분할 수 있게 되었다.

그렇다면 2008년의 조정기를 거쳐 2009년은 어떤 업종이 대장의 자리를 독차지할까? 결론은 삼성전자가 대장 자리를 차지하는 것은 매우 합리적인 선택이다. 이미 선박은 과포화 상태가 되었으며 조선업 자체의 특성이 불특정다수를 겨냥한 사업은 결코 아니다. 이미 중국 땅에는 굴뚝이 들어섰고 수많은 공장이 완공되었다. 이제 그속에서 무엇인가를 만들어낼 것이다.

중국기업이 설비투자를 극대화한 까닭은 소비자를 겨냥한 특별한 물건을 만들기 위해서이다. 그렇다면 회로도나 설계도면이 필요할 것이고, 부품을 공급 받아야 한다. 세계 최강의 IT 기술국 대한민국의 기업들이 중국 효과를 얻어내는 첫 발걸음이 2009년이다. 미네르바는 이것을 판독하지 못했으며 그 차이만으로 극과 극을 달리는 미래의 고통과 희망도 분명한 선을 그으며 갈라졌다.

이제 대한민국 증시는 중국에 의한 실적 호전이 가속화되면서 인도의 중국 추격 전략에 의한 한국 의존도의 급팽창을 예측해야 한다. 인도와 중국은 모두 핵을 보유하고 있는 국가이지만 중국은 그동안 공산주의로 쌓아올린 협동과 단결력을 토대로 비약적인 발전을 하고 있다.

인도는 인종 갈등과 종교적 압박의 심각성에 의해 중국보다 못사는 나라로 분류된다. 그러나 공산주의 중국이 비상의 날개를 화려하게 펼쳤듯이 인도 또한 중국을 따라잡기 위해 최대한 한국 기술을 사용하려 할 것이다. 인도와 중국이 시급한 첫 번째 기술로 꼽는 것은 당연히 반도체와 IT 부품, 모바일시스템 및 통신기술이다. 한국의 기업이 중국과 경쟁을 하기 위해서는 결국 신발이나 섬유로는 패배의 게임을 할 수밖에 없지만 IT 기술력만큼은 중국을 앞지르고 있다.

인도와는 비교 대상이 안 될 정도로 한국의 기술력은 막강하다. 이러한 모든 것들이 향후 주가에 반영되는 촉매들이다. 촉매는 조그만 변화에도 빠른 반응을 한다. 주가는 실적에 의해 움직이며 실적은 곧 선도세력의 미끼가 된다는 공식을 알고 있다면 향후 IT기술주의 상승 파동이 중국과 인도에 의해 진행된다는 논리는 매우 합리적이다.

만일 이와 같은 것을 모른다 해도 기준선을 바라보면 된다. 누가 먼저 기준선을 돌파하는가? 거기 대장종목의 열쇠가 숨어 있다. 그리고 이미 돌파해 큰 폭으로 상승하고 있다.

7장

단기매매에서의 살 때와 팔 때

보조지표를 버려라

이 장은 보조지표에 목숨을 걸고 있는 수백만 투자자들에게 경종을 울리기 위해 마련했다. 2000년 3월, 주식투자자들을 위해 아무도 말하지 못했던 신선한 충격의 투자기법을 소개했지만 세월이 흐르면서 새로운 영웅이 등장했고, 지극히 대중적 군중심리를 쫓는 어리석은 투자자들은 자신이 영웅이 되기 위해 영웅을 찾아 영웅의 투자방법을 배우고자 했다.

그러나 수많은 영웅들이 내놓은 필살의 기술은 모두 보조지표였다. 흔하디흔한, 누구나 알고 있는, 그리고 알고 있는 모든 사람들이 수십 년 전부터 주가의 미래를 점치기 위해 다양한 변수를 접목해 사용해왔으나 결코 단 한 번도 돈을 벌지 못하게 한 것이 보조지표이다. 이처럼 손실을 확대해 주식시장을 떠나게 만들었던 비운의 보조지표가 2009

년 새롭게 한국 주식계를 오염시키고 있는 것이다.

그만큼 2009년의 개인투자자들은 땀 흘려 지식을 얻기보다는 유명세를 타고 있는 인기 전문가의 지식을 빌려 손쉽게 부를 이루고자 하는 욕심의 굴레에서 살고 있는 것이다. 그들 모두 매스컴의 희생양이며 홍보 물결에 빠져 허우적거리는 바보들이다.

초생달은 10년간 증권정보동호회를 운영해오면서 다양한 회원층을 통해 수많은 질문을 던진다. 그중 항상 빠지지 않는 단골 질문은 "당신은 데이와 단타를 해보셨습니까?"이다. 100명 중 70명은 언제나 자신 있게 "예"라는 대답을 통해 자신이 데이트레이더 또는 짧게 먹고 빠져나오는 단타매매자임을 알려왔다. 그때 다시 던지는 질문이 "당신은 데이트레이딩 또는 단타매매를 통해 1년 평균 얼마나 돈을 버셨습니까?"이다.

거기에 대한 답은 4지선다형이다. ①데이와 단타로 1년간 20%를 벌었다, ②50%를 벌었다, ③100% 정도(또는 몇 백%)를 벌었다, ④오히려 손실과 깡통을 찼다.

나는 이 답변을 실시간 인터넷 방송을 통해 듣고자 했다. 대부분의 투자자는 몇 번을 눌렀을까? 당신이 만약 실전 투자자로서 데이트레이딩과 단타매매를 해봤다면 한두 번의 매수 성공으로 재미를 본 적도 있을 것이다. 그러나 이런 짭짤한 수익률을 연말까지 유지시켜 나간 사람이 몇이나 될까?

왜 똑같은 보조지표를 사용해서 매매를 했는데 어느 때는 적중하고 또 다른 때는 실패하는 것일까? 날고 기는 대단한 트레이더라 할지라도 이에 대한 결론은 영원한 숙제로 남는다. 결국 보조지표를 통한 매매는 맞을 수도 있고, 틀릴 수도 있는 '로또식 투자법'이라는 결론에

KEY POINT •••
똑같은 보조지표를 사용해서 매매를 했는데 어느 때는 적중하고 또 다른 때는 실패하는 것일까? 결국 보조지표를 통한 매매는 맞을 수도 있고, 틀릴 수도 있는 '로또식 투자법'이다.

도달한다. 항상 일정한 수익을 올려주지 못하는 방식에는 문제가 있다는 사실을 직감해야 한다.

많은 투자자들이 데이트레이딩의 무기로 보조지표를 사용하는 것이 현실이다. 놀랍게도 데이트레이딩과 단타매매를 하기 위해 수많은 보조지표를 긴긴밤 잠 못 이루면서 연구하고 분석하고 달달 외워 실전투자에 적용했으나 깊은 좌절과 패배를 맛본 사람들이 90%가 넘었으며, 작은 수익이라도 누적해나가는 투자자는 결코 없었다.

짧은 시간 동안 잠깐의 수익을 얻는 사람들은 존재했으나 이들 역시 시간이 흐를수록 같은 방식의 매매를 통해 이익을 반납해야 하는 손실자로 돌아섰다. 실패자들은 결국 자신이 무언가 잘못된 기법과 지표를 사용하고 있다는 판단을 하게 되었고, 보조지표에 능수능란한 또 다른 전문가를 찾기에 이른다.

무엇이 잘못 되었는지 당신은 아는가? 보조지표를 그토록 오랜 기간 공부했지만 그것으로 돈을 벌지 못하고 오히려 깡통을 차게 된 직접적 원인은 엉터리 지표를 열심히 파헤치고 공부했기 때문이며 그것도 모자라 엉터리 보조지표를 깊이 있게 알고 있는 사람을 찾아나서는 돈키호테식 지식을 습득했기 때문이다.

여기까지의 설명은 당신의 동의를 얻기 위한 것에 불과하다. 만약 당신이 데이트레이더이거나 단기매매 및 스윙매매로 승률을 높여가는 투자자라면 필연적으로 보조지표 몇 개 정도는 사용하고 있을 것이 분명하다. 나아가 보조지표 하나로는 부족해서 몇 개씩 분석하는 이유는 그것 이외엔 아는 것이 없기 때문이다. 또는 보조지표 한 개만으로는 도무지 마음이 놓이지 않아 불안한 심리를 달래기 위한 안정제의 역할에 불과할 것이다.

중국집 주방장도 아닌, 주방장의 보조 역할밖에 못해 매일 양파 껍질이나 벗기고 앉아 있는 보조를 붙들고 대박의 꿈을 꾸고 있으니 처음부터 단추는 잘못 끼워진 것이다. 보조가 있다는 것은 결국 보조를 고용한 원조가 존재한다는 뜻이다. 당신은 보조를 고용하는 원조의 기술을 얻은 적이 있는가?

100만원으로 10억을 벌었다는 둥, 400만원으로 50억을 벌었다며 너스레를 떨거나 몇 백만원으로 몇 백억원을 단 2년 만에 벌었다는 기상천외한 무협지 같은 허구성을 좇는 습성부터 때려잡아야 한다. 별짓을 다해도 430만원으로 단 2년 만에 몇 백억원을 벌 수는 없기 때문이다. 아인슈타인이 살아 돌아와 복리에 복리의 성공뿐인 투자를 계산한다고 해도 답은 역시 '불가능하다' 이다. 주식을 매수해서 하루도 쉬지 않고 2년 동안 매일 올라도 400만원은 결코 몇 백억원이 될 수 없다.

초생달이 바라보는 당신은 한 가지 딜레마를 끌어안고 있다. 스토캐스틱, RSI, MACD, 이격도, 최근 각광받고 있는 렌코차트 등의 보조지표를 최적의 조건으로 사용해 매수와 매도의 타이밍을 찾아내기 위해 노력했지만 보조지표는 모두 적용되는 수치를 사용자가 조절할 수 있도록 설계되어 있다.

이 말은 곧 무엇인가? 결코 변해서는 안 되는 보조지표의 규칙, 기틀, 뼈대가 수시로 변한다는 뜻이다. 당신이 이렇게 쓰면 이렇게, 저렇게 쓰면 저렇게 변할 수 있는 가변적 성향 때문에 보조지표가 전달해주는 신호는 모두 거짓이며 사실은 당신이 조작해놓은 숫자를 따라 그래프를 그려간다는 것이다.

초생달의 말이 틀렸거나 궤변이라고 생각하는가? 이격도부터 렌코차트까지 모든 보조지표는 사용하는 사람이 시그널의 변화폭을 조절할 수 있게 되어 있다. 이것은 마치 인스턴트커피를 마시기 위해 설탕과 프림의 양을 조절할 수 있게 만든 것과 무엇이 다른가?

🌙 보조는 보조일 뿐이며 원조만이 원조다

2000년대 초반에 유행하던 보조지표를 이용한 투자법이 자취를 감추더니 최근 들어 또다시 고개를 들고 있다. 이는 결코 용납할 수 없는 일이며, 대한민국 주식시장을 애써 진보시킨 노력의 땀방울을 후퇴시키는 흐름이기 때문에 그대로 방치해서는 안 된다.

개인의 부를 위해 다수의 개미들이 소모품처럼 이용되는 묻지마 갈취 행위도 중단되어야 한다. 또한 개미들도 자신의 부를 이루기 위한 욕심 때문에 소모품으로 전락하는 것을 스스로 허락해버린 부분도 존재하기 때문에 이제라도 바짝 정신을 차려야 한다. 여기서 정신을 차려야 한다는 뜻은 보조지표를 버리고, 보조를 만들어낸 원조를 찾아 배워야 한다는 뜻이다.

그런데 그속에는 기막힌 사연이 들어 있다. 분명 당신은 '보조지표를 배우는 게 이렇게도 힘드니 원조를 배우는 것은 더더욱 어려울 것이다!'라고 판단했을 것이다. '원조가 어려워서 보조를 만든 게 아닐까?'라고 의문을 품는 사람도 있다. 그러나 결코 그렇지 않다. 원조는 너무나 쉽고, 유치원 아이도 하루만 배우면 따라할 만큼 쉽고 또 쉽다. 너무 쉽기 때문에 구태여 원조를 활용하는 사람을 찾아가 제발 기술 하나만 전수해달라며 조아릴 필요도 없다.

매스컴에서는 상업적 목적과 지극히 대중적인 열광을 이끌어낼 인물을 찾으려 하기 때문에 인기 없는 전문가는 불러주지 않는다. 결국 원조의 기술을 제대로 깨우친다면 보조지표를 배울 이유가 없으며, 소모품이 되어 주식시장의 희생양이 될 필요도 없다.

보조가 판을 치는 세상이 된 까닭은 당신의 공상과 허상이 무언가 색다른 것을 원했기 때문이다. 자신이 아는 것은 매우 빈약한 것이며 유명인이 아는 내용은 엄청난 내공의 비밀스런 것으로 생각하는 마음부터 내동댕이 쳐야 한다. 대한민국 투자자 모두를 망상에서 깨어나게 하고 현실적 투자자로 이끌기 위해서는 실전 데이터가 필요하다. 이제부터 당신에게 보조지표가 얼마나 어리석은 것인가를 일깨우고 원조지표가 얼마나 위대한 것이며 쉬운 것인가를 이야기한다.

RSI는 상대강도지수이다. 언뜻 어려운 단어로 보이지만 두 녀석이 싸우고 있을 때 어떤 녀석이 먼저 코피를 흘리며 우는가를 찾아내는 것이다. 어린아이들의 싸움에서 코피를 먼저 흘리는 쪽은 패자가 된다. 이것이 RSI의 개념이다. 이는 사용법도 간단해서 결국 보조라는 이름으로 불리는 게 당연해보인다.

0%에서 100%까지를 정해놓고 절반을 뚝 자른다. 당연히 50%이다. 요 녀석이 어느 날 50% 이상으로 꾸준히 올라가 70%를 넘어서면 절반을 지나쳤으니 과도한 매수로 해석해서 팔아치울 준비를 한다. 참 쉽다.

이번에는 반대로 주가가 폭락을 거듭해서 30% 이하로 굴러떨어지면 절반에도 미치지 못했으니 완전한 약세로 판단한다. 완전 약세가 펼쳐진 까닭은 사는 자보다 파는 자가 월등히 많기 때문이다. 그러니 이것을 과도한 매도로 해석해서 조만간 매우 작은 소식에도 주가가 오를 가능성이 높다고 판단해 주식을 살 준비를 하는 것이 RSI이다.

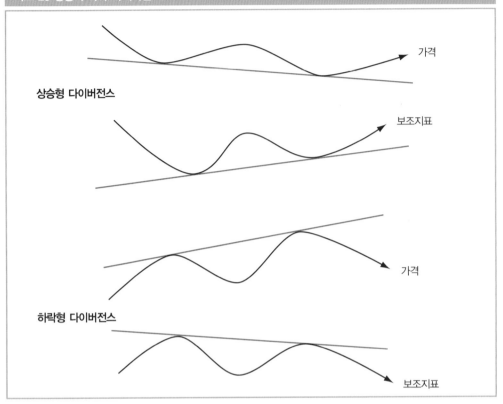

상승형 다이버전스

가격

보조지표

가격

하락형 다이버전스

보조지표

이쯤이면 유치원생도 분명 따라할 수 있다. 그런데 RSI에서는 다이버전스를 중요한 투자결정 신호로 해석한다. 그러나 다이버전스는 모든 보조지표에 공통으로 적용되는 단어이다. 스토캐스틱, RSI, MACD, MAO, CCI 등도 마찬가지다

[차트 26]의 다이버전스(divergence)의 뜻은 추세역전을 의미한다. 지금까지의 진행 방향을 끝내고 다른 방향으로 바뀔 가능성이 높은 신호를 보조지표로 찾아내자는 것이 추세역전을 파악하는 것이다. 다이버전스는 서로 엇갈린 행동을 의미한다. 나는 위로 가는데 상대방은

아래로 가는 것을 뜻하니 얼마나 쉬운가?

주가는 지그재그를 그리면서 하락하는데 다이버전스는 오히려 지그재그를 그리면서 상승을 한다면 이것이 바로 다이버전스에 해당된다. 이렇게 주가는 하락하는데 보조지표는 저점이 높아졌다면 매수 준비를 하라는 신호로 해석한다.

그런데 말도 안 되는 뜻이 그 속에 담겨 있다. 주가는 하락하는데 보조지표가 다이버전스가 발생하는 까닭을 알아보자. 다이버전스가 나타나기 위해서는 일단 주가가 어떤 방법으로든 상승해야만 가능하다. 일시적으로 주가가 큰 폭이든, 작은 폭이든 상승해야 한다. 그리곤 다시 원래 위치를 무너뜨리면서 쭈욱 하락해야 한다.

주가가 상승했을 때의 평균치가 당신이 보조지표에 임의로 설정해 둔 값에 '오늘의 가격'으로 세팅된다. 만약 당신이 20일을 선택했다면 19일 전의 가격이 삭제되고 오늘의 가격이 새롭게 등록되어 보조지표 그래프는 새로운 평균값으로 그려지게 된다. 결국 보조지표가 탐색할 수 있는 기간은 20일간 벌어진 사건뿐이다. 그 이전의 것은 평균할 수 없기 때문에 어떤 신호도 만들어내지 못한다.

만약 당신이 더 많은 과거의 가격을 포함시켜 100일을 선택했다면 이때부터는 보조지표로서의 역할을 할 수 없게 된다. 보조지표는 무조건 평균을 내는 장치이기 때문에 100일간 주가가 엄청 오르고, 다시 엄청 내렸다면 보조지표는 움직이지 못하고 가만히 있게 된다. 보조지표로서의 가치가 상실된 것이다.

하하하~ 다시 조금 전으로 돌아가, 다이버전스가 나타나기 위해서는 일단 주가가 어떤 방법으로든 상승해야만 가능하다. 일시적으로 주가가 큰 폭이든, 작은 폭이든 상승해야 한다. 그리곤 다시 원래 위치를 무너뜨리면서 쭈욱 하락해야 한다. 이것을 주가차트로 살펴보면 [차트 27]과 같다.

쭈욱 급락하던 주가가 어느 날 으랏챠 소리를 내며 상승을 보인다. 그러나 상승을 시작하던 때의 최저가를 깨뜨리고 급락한다. 이때 주가는 이미 왼편의 저점을 깨뜨리면서 추가 하락을 예고하는 패턴이 되지만 RSI 보조지표에는 왼편의 저점을 깨뜨리지 않은 것이 목격된다. 그리곤 상승이 찾아오는데 이것이 바로 추세역전이다. 스토캐스틱, MACD에도 똑같이 사용된다고 했는데 당신은 왜 보조지표는 저점을 사수하는 모습이 나타나는가를 이해해야 한다.

주가 상승은 매우 더디다. 지금까지 주가를 폭락시킨 원인이 모두 제거되었는지 알 수 없기 때문에 투자자들은 반신반의하면서 주식을 매매한다. 결국 이러한 믿음과 신뢰의 결여는 주가를 주춤거리게 만들면서 작은 상승을 완성하는데 많은 시간을 소모한다.

그러나 하락은 어떤가? 주가가 더 이상 오르지 못하고 하락하는 모습이 보이는 순간!! 기다렸다는 듯이 불안한 상태에서 매매를 했던 투자자들이 서둘러 주식을 처분하면서 장대음봉이 뻗어나온다.

이제 해석해보자. 상승을 위해 소비한 날짜와 하락을 위해 소비한 날짜를 비교해보면 폭락한 날짜가 매우 적다. 상승한 날짜는 급락한 장대음봉의 3배 정도 되는 기간을 비틀거렸다. 그러니 급락한 날들의 평균값의 상승과 비틀거리는 날짜의 평균값에 포함시켜도 보조지표는 큰 변화를 보이지 않게 된다.

만약 상승폭이 매우 컸다면 보조지표도 급격하게 50%인 절반을 넘어 100%를 향해 쏜살같이 올라갔을 것이다. 반대로 폭락을 계속했다면 그것이 지표의 평균값에 반영되어 더욱 낮은 저점을 만들 것이다.

차트 27 추세역전(다이버전스)

가격과 RSI간의 상승 다이버전스

추세역전(다이버전스)

최저 1.27659 (19:00)

여기까지는 매우 쉽다.

　결국 다이버전스로 불리는 추세역전 현상은 사실 신뢰도가 급격히 떨어진다. 별로 신뢰할 만한 지표가 아니라는 뜻이다. 하락하지 않고 버티기 위해 안간힘을 쓰면서 횡보하는 종목은 한두 개가 아니다. 그들은 일시적인 다이버전스를 만들지만 곧 저점이 새로운 곳을 향해 추락하는 보조지표의 모습을 보여준다.

　다이버전스는 [차트 27]에서 보듯이 비교적 많은 기간이 흘러야만 첫 번째 저점과 두 번째 저점이 완성되기 때문에 일봉이나 분봉차트에서는 사용할 수 없다. 따라서 다이버전스는 대부분 주봉차트에서 바닥을 찾아내기 위한 수단으로 잠깐씩 사용되는 것에 불과하다.

어떤 보조지표에 다이버전스가 등장했다고 가정해보자. 그렇다면 주가차트에는 보조지표가 찾아내는 신호보다 더욱 뛰어난 지표는 없을까? 꼭 보조지표를 써야만 다이버전스와 주가 상승의 가능성을 엿볼 수 있는 것일까?

결론은 그렇지 않다. 원조격인 주가차트는 다이버전스가 나타나지 않아도 현재 세력이 무엇을 하고 있으며, 어느 기업이 암암리에 좋은 기술을 개발했는지를 찾아낼 수 있다. '주가가 하락을 멈추기 위해 노력하고 있다' 라는 단서도 차트만으로 손쉽게 찾아낼 수 있으며 언제쯤 오를 가능성이 매우 높은지 날짜까지 찾아내 적중시킬 수도 있다. 이것은 매우 신기한 일이 아닌가?

[차트 28]은 이 신기한 일을 보여주고 있다. 이 차트에는 스토캐스틱, RSI, MACD 등의 보조지표가 나란히 표기되어 있다.

당신이 보조지표를 보지 않고 차트의 세력선(20일선)만 바라보면서 단타매매를 했다면 보조지표를 해석하느라 고민하고 온갖 상상을 하면서 진땀을 흘리는 전투는 하지 않았을 것이다. 주가가 세력이 관리하는 선인 20일선을 이탈한 상황에서는 결코 투자를 하지 않는다. 모든 투자를 멈추고 팔짱을 낀 채 관망하면 된다.

주가가 세력선인 20일선을 깨뜨리고 하락한 이후에는 모든 보조지표에도 시그널이 무너지면서 크로스가 탐지된다. 당연히 보조지표에도 투자를 하지 말라는 경고가 시간차를 두고 등장하기 때문에 세력선만으로 모든 위험과 희망을 읽어낼 수 있다.

세력선(20일선)을 깨뜨린 주가가 드디어 세력선을 올라타는 첫 번째

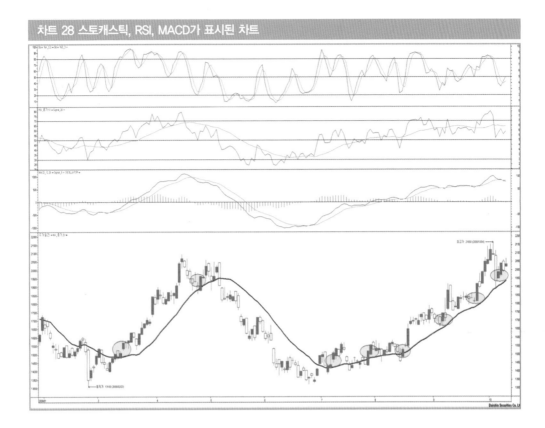

현상이 발생했다면 당일 주식을 매수한다. 여기서 망설이다가 두 번째 양봉, 세 번째 양봉에서 매수하는 것은 바보 중에 최고 바보다.

주식투자에서는 안전을 담보로 하여 매수에 실패했더라도 그 손실을 최소화시키는 기술이 필요하다. 보조지표를 믿으면서 매매를 했다면 동작은 빠를 테니 걱정은 없겠지만 [차트 28]에 기록된 노란색 원에서만 주식을 사들였다면 당신은 성공과 실패 중 어느 것이 더 많았겠는가?

정확한 매수 위치, 매수하기 위한 조건을 찾아내는 데 아무것도 한 것이 없다. 보조지표를 분석하지 않았으며 각종 정보를 읽지도 않았다. 오직 세력선이 시키는 대로 주가가 20일선 아래에 있을 때는 결코 투자를 하지 않았으며 주가가 이유 없이 20일선을 올라오는 그날 매수를 실천했을 뿐이다.

주가가 가파르게 상승할 때면 보조지표의 그래프도 상승곡선이 가파라진다. 주가가 빠르게 하락하면 보조지표도 빠른 하락으로 곡선을 그리며 따라오는 모습이 보이지 않는가? 맨 위에 위치한 스토캐스틱은 정신이 없다. 바닥점과 상투점을 오르락거리며 쉬지 않고 움직인다. 빠른 타이밍 변수를 설정한 것도 아니고 여유 있는 슬로우 설정을 했음에도 불구하고 작은 움직임에도 매도사인을 보내온다.

두 번째 그래프인 RSI는 더욱더 가관이다. 정신을 차릴 수 없을 만큼 현란하게 움직인다. 만약 당신이 RSI를 이용해 매매를 하려 한다면 매수와 매도를 시도때도 없이 병행해야 하며 작은 단타의 쥐꼬리만큼의 이익을 먹고 팔아치우거나 약간의 손실에도 주식을 팔아치워야 한다. 사실 이처럼 잦은 변동성과 변화무쌍한 흐름을 따라 하기란 쉽지 않다.

물론 RSI를 이용해 바닥을 잡아내기 위해 사용하거나, 과열권에 진입한 주가에 의해 과도한 매수에 의한 에너지 고갈을 포착하기 위해 분석한다고 이야기하는 사람도 있을 것이다. 또는 나는 스캘퍼(scalper)이기 때문에 장중 3% 이익으로도 충분하다면 RSI가 초과열을 알리는 때부터 주식을 매매하면 될 것이다.

과열권이라는 뜻은 모두가 흥분해 주가 움직임이 매우 빠르게 진행됨을 암시하기 때문에 위험을 무릅쓰고 몇 % 정도의 푼돈을 얻으려는 데이트레이더에게는 이것도 기법이라면 기법에 해당될 것이다. 그렇다면 차라리 MACD라는 보조지표를 사용하는 게 훨씬 편안하지 않겠는가? MACD 보조지표는 추세를 읽어내는 지표이기 때문이다. MACD는 지금 이 시간 주식시장의 방향은 어디를 향하고 있는지를 읽어내 살 것이냐, 팔 것이냐를 결정하는 지표이다. 따라서 MACD는 다분히 세력선인 20일선과 비슷한 궤적을 그리며 바닥과 상투를 오르내린다.

MACD는 이동평균선을 제대로 공부하지 못한 사람이 조금 더 빨리 추세의 전환을 읽어낼 수 있는 방법을 찾기 위해 이동평균선이 갖고 있는 특징인 평균치를 버리고 최근 주가에 가중치를 부여한 보조지표이다. 다이버전스가 완성된 것을 통해 곧 하락이 멈출 것을 예측하는 단순한 보조지표다. 그래도 [차트 28]을 곰곰이 살펴보면 3개의 보조지표 중 세력선과 비슷하게 움직인 지표는 MACD이다.

결국 MACD의 원조도 이동평균선이라는 뜻이다. 내가 세력선인 20일선을 강조하는 까닭은 무엇인가? 모든 보조지표의 원조이기 때문이다. 그랜빌은 이동평균선의 모양새를 이용해서 주식을 사야 하는 4가지 이유와 팔아야 하는 4가지 이유를 개발해냈다. 이것이 전부이다. 더 이상의 어떤 이야기도 없다.

그랜빌은 사실 OBV라는 지표에 심취해 평생을 OBV 연구에 몰두한 사람이다. 이러다보니 이동평균선을 이용해 주가의 미래를 읽어내는 기술은 진화가 멈추어버렸다. 이동평균선을 토대로 한 주식투자는 오히려 수많은 오류와 잘못된 해석으로 투자자에게 혼란을 가중시켜 별 도움이 안 되는 지표로 인식되기도 했으며, 최근까지도 매우 기본적인 분석에만 사용되는 추세이다.

또한 주식투자 왕초보 시절에는 누구든 이동평균선을 공부한다. 그리곤 자신이 공부한 이동평균선 기법 때문에 깡통을 찬다. 이동평균선이 만들어지는 심리적 이유, 원인을 전혀 모르면서 달달 외우기만 했기 때문이다. 그러나 당신은 이제 진실을 깨달아야 한다. 이동평균선이라는 단어는 마치 비, 달, 구름, 햇살, 이슬, 사랑과 같은 단어처럼 고유의 의미를 갖고 있을 뿐이다. 고유의 단어를 어떻게 사용하느냐에 따라 멋진 사랑의 시가 쓰여질 수 있듯이 이동평균선 속에는 그랜빌도 알지 못한 엄청난 이야기들이 담겨 있다.

차트는 투자자들의 심리적 갈등과 보이지 않는 은밀한 세력의 행동을 파악할 수 있는데, 차트가 전하고자 하는 이야기를 가장 빠르고 쉽게 알려주는 지표는 이동평균선이다. 무수히 많은 온갖 지표와 보조지표를 멀리하고 이동평균선을 최고의 지표로 말하는 까닭은 거침없으며, 막힘이 없고, 매우 섬세하고 은밀한 부분까지 겉으로 드러낼 수 있는 힘을 갖고 있기 때문이다.

사실 이렇게 형이상학(세계의 궁극적 근거를 연구하는 학문으로 경험세계인 현실세계를 초월하여 그 뒤에 숨은 본질 존재의 근본원리를 체계적으로 탐구한다. 영역적 · 부분적인 지식이 아니라 보편적 · 전체적인 지식을 구한다)적으로 말하면 결론에 도달하기가 매우 모호하다. 형이상학이 담고 있는 뜻 자체가 방대하고 포괄적이기 때문에 결론을 얻어내기 어렵다.

그런데 당신은 결론을 얻기 위해 내놓는 기술적 부분에 대해서는 어려움을 호소한다. 조금 복잡해지기 때문이다. 그러나 마트에 가서 과일과 채소를 살 때도 가격을 비교하고 품질을 따지듯이 내 돈을 걸고 싸우는 게임을 할 때에는 머리가 조금 복잡해져도 본질이 갖고 있는 의미만큼은 꼭 짚어야 한다.

과연 보조지표가 먼저냐, 원조지표가 먼저이냐를 따져보자는 것이다. 그 중에서도 가장 대표적 원조를 자랑하는 이동평균선이 말하는 이야기를 들어보자.

투기급등주의 세력게임에 올라타는 방법

투자를 하다보면 한번쯤은 투기주, 급등주에 올라타야 할 때가 있다. 하지만 투기급등주를 정확한 타이밍에 정확하게 매수해 올라타는 것은 거의 불가능에 가깝다. 투기가 형성되는 경우는 대부분 올챙이세력(자금력이 빈약한 세력)이 일시적으로 주가를 끌어올릴 때가 많기 때문에 1천만주 미만의 상장기업이 선택된다. 혹은 200만주, 또는 400만주의 초소형주가 먹잇감이 되어 투기에 휩쓸릴 때도 많다.

따라서 투기주의 매매는 결국 자신이 보유한 자금만큼의 수량을 주식으로 매수할 수 없다. 결국 투기주는 상승의 초기 단계를 집중적으로 공격해야만 승리를 얻을 수 있으며 초기를 놓쳤다면 두 번째 기회를 제공해주는 일시적 하락을 공략해야 한다. 이는 다분히 데이트레이딩적이며 단타매매적인 행동을 요구한다. 이때 당신은 어떤 매매전략과 무기를 가지고 투기급등주의 세력게임에 올라타 상승을 즐길 것인가?

2000년 4월 초생달은 '생명선 머니게임'이란 제목으로 5일 이동평균선의 가치를 발표했다. 지금까지도 바이블이 되어 단기매매와 트레이더들에게 사랑받고 있는 급등주 세력게임의 핵심기술을 소개하고자 한다. 트레이딩 기술을 소개하는 이유는 무엇일까? 당신의 증권매매시스템에 무작위로 표시되어 있는 온갖 보조지표를 제발 버려주기를 소망하기 때문이다.

앞서 얘기한대로 다양하고 현란한 보조지표를 이용해 돈을 벌기란

KEY POINT • • •

투기주의 매매는 자신이 보유한 자금만큼의 수량을 주식으로 매수할 수 없다. 투기주는 상승의 초기 단계를 집중적으로 공격해야만 승리를 얻을 수 있으며 초기를 놓쳤다면 두 번째 기회를 제공해주는 일시적 하락을 공략해야 한다.

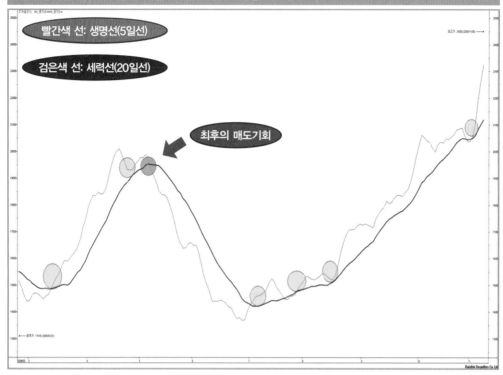

너무나 어렵다. 결과를 제공치 못하는 미숙한 보조를 갖고 전쟁의 소
용돌이로 뛰어드는 것은 자살행위나 마찬가지다. 이 책을 집어든 오늘
부터라도 보조지표를 모두 버리고 원론에 충실한, 원조의 거대한 파워
를 통해 시장과의 대결 무기를 새롭게 장만하라.

　[차트 29]는 [차트 28]에서 캔들을 삭제하고 5일선과 20일선만을 표
시한 것이다. 이렇게 놓고 보니 차트가 매우 깔끔하고 보기도 좋다. 과
연 5일선과 20일선만으로 주가의 상승과 하락을 적중시키고 주식을
보유할 것인가, 팔아치울 것인가를 결정할 수 있을까?

　차트에는 빨간선인 생명선(5일선)이 검은선인 20일선 위에서 노닐

고 있는 모습이 잘 표현되어 있다. 이렇게 5일선인 생명선이 20일선인 세력선 위에서 노닐고 있을 때는 지속적인 보유 관점이다. 세력선 위에 주가가 머물고 있는데 하루이틀의 작은 하락에 소스라치게 놀라 주식을 던져버리는 것은 멍청한 행위이다.

아무리 데이트레이더라 할지라도, 아무리 작은 푼돈을 따먹는 전업투자자라 할지라도 품격이 있고 급수가 있는 것이다. 뛰는 기법 위에 나는 기법이 있다는 것을 배움으로써 이제 보조지표와의 싸움을 끝내자. [차트 29]에는 '최후의 매도기회'라는 문구가 있다. 그곳을 살펴보면 빨간선이 검은선을 붕괴하며 추락하는 순간이 표시되어 있다. '빨간선이 검은선을 뚫고 내려온다고?' 그렇다, 당신이 만약 전업투자자이고 데이트레이더로 증시와 싸우고 있다면 이때 단 한번 주식을 팔아치우면 된다. 빨간선이 검은선 위에서 노닐 때는 주식을 보유하면 된다. 그렇다면 주식을 사야 하는 시점은 언제인가?

그 시점은 노란색 원들이다. 빨간선인 5일선이 검은선인 20일선을 돌파하는 첫날 매수하면 된다. 참 쉽다! 너무 쉽다.

신호를 거역하지 않고 시키는 대로 매수했다면 이제부터 할 일이 한 가지 있다. 빨간선인 5일선이 쭈욱 뻗는가를 지켜보는 것이다. 빨간선이 뻗어갈수록 검은선인 20일선도 강한 상승각도를 드러내며 올라가게 된다. 바야흐로 새로운 상승각도의 출현과 주가 상승이 시작된 것이다.

이렇게 멋진 기회를 만나기 위해 보조지표는 한 번도 사용한 적이 없다. 이것이 바로 몇 %를 벌기 위해 목숨을 거는 것이 아닌, 몇 십 %를 버는 기술이다.

생명선인 5일선이 세력선인 20일선 위에서 노닐고 있다면 그 위에서는 디스코댄스를 추든 말든, 몸을 요란하게 흔들며 혼조를 보이든 말든, 흔들리고 거꾸러지고 다시 오르든 말든 그냥 보유를 하면 된다.

'20일선 위에서 5일선이 노닐고 있다면 그냥 보유다.'

'오늘의 주가가 장 마감 무렵에 약세를 보이더니 20일선인 세력선을 장대음봉으로 이탈하고 있을 때만 매도신호로 받아들인다.'

곧 생명선인 5일선도 주가 하락폭이 반영되어 20일선인 세력선을 깨뜨리고 내려올 것에 하루 먼저 대비하기 위해서다. 차트는 인간이 만드는 것이며 인간의 투자심리가 녹아 있기 때문에 오늘의 흐름을 통해 내일을 얼마든지 예측할 수 있다. 그런데 왜 구태여 보조지표를 써야 하는가?

이번에는 더욱 빠른 초단타매매자를 위해 투기급등주의 세력게임을 5일선인 생명선 하나만으로 판독해보자.

[차트 30]에는 생명선인 5일선과 캔들만이 표시되어 있다. 이번에도 역시 매우 간단하다. 과연 이렇게 간단한 차트를 이용해 주가의 미래를 적중시킬 수 있을까? 정말 어떤 보조지표도 필요치 않은 것인가? 이를 위해 문제를 하나 내겠다.

[차트 30]의 노란 박스를 보면 생명선을 주가가 관통하는 장대양봉이 등장하고, 이틀간 오를지 내릴지 모르는 두 개의 십자선이 보인다. 이제 어떻게 할 것인가? 주식을 살 것인가, 관망할 것인가? 또는 샀다면 보유를 할 것인지, 팔아치울 것인지를 결정해보라.

결정을 했는가? 답이 어떻게 나왔는가? 내 의견은 "전광석화처럼 최선을 다해 매수하라"이다. 생명선은 끝없이 하락각도를 유지해왔는데 지금은 3일씩이나 주가가 생명선 위에서 노닐고 있다. 이것은 혁명적이다. 주가가 드디어 암흑의 영역을 탈출해 희망의 영역으로 들어섰

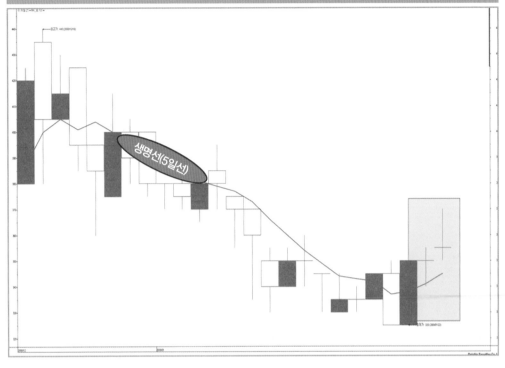

으며 그것도 과거에는 없었던 3일간의 생명선 사수 흔적이 드러나 있다. 주식을 사야 하는 분명한 이유가 성립된 것이다. 과거에는 없던 현상이 나타난 것이다. 이때 주식을 팔아치워야 하는 신호는 주가가 생명선을 깨뜨리고 다시 하락할 때뿐이다.

그러나 초생달의 25년 실전기술을 전개해보면 이는 생명선 위에서 등장한 첫 번째 조정에 해당된다. 그런데 그 조정마저도 양봉 십자선을 만들고 있기 때문에 매도 압력을 누르는 매수압력이 반탄력으로 확장되고 있음을 암시한다. 만약 속임수로 끌어올린 주가라면 당연히 양봉 십자선이 나타날 수 없으며 오히려 음봉을 그리면서 생명선을 깨뜨릴 것이다.

하지만 차트에서 보는 바와 같이 주가가 생명선을 깨뜨리지 않았다. 따라서 주식을 매수해야 하는 분명한 이유가 성립된 것이다. 보조지표가 뭐라 떠들든 말든, 미국 다우지수가 폭락을 했든 말든 생명선 위에서 나타나는 첫 번째 조정은 매수로 대응한다.

초생달은 이런 결정을 내렸는데 당신은 어떤 결정을 내렸는가? 당신이 만약 매수를 해서는 안 된다고 결정했다면 그 이유는 무엇인가? 초생달과 마찬가지로 매수를 결정했다면 그 이유는 무엇인가? 만약 초생달의 의견과 다른 생각을 했다면 당신의 판단을 지워버리고 초생달의 이야기를 머릿속에 각인시켜라.

이제 결과를 보기로 하자. 매수를 한 결과는 [차트 31]에 자세히 기록되어 있다.

2000년 어느 날 싱크풀을 통해 데이트레이더와 단기매매자를 위한 핵심기술을 선물한 적이 있다. '생명선 위에서 등장하는 첫 번째 하락은 신속하게 매수하라' 는 투자기법이었다. 결과는 [차트 31]을 통해 확인할 수 있다.

노란색 네모 박스에서 강하게 매수에 참여한 초생달은 쭈욱 뻗어나간 장대양봉의 희열을 맛보았다. 그런데 다음날이 되자 또 다시 두 번째 조정이 찾아들었다. 이번에는 무시무시한 수염(장대음봉)을 만들면서 상한가에서 마이너스까지 밀려나가는 엄청난 소용돌이가 몰아쳤다. 무섭다. 그리고 두렵다. 당신은 이것을 어떻게 대처할 것인가? 우선 당신의 심리적 특성에 맞추어 생각하면 무조건 매도를 해야 할 것이다. 살지 죽을지 모르는 미래의 불투명으로부터 벗어나기 위해 당신은 매도, 또 매도를 하면서 주식을 팔아치울 것이다. 그래서 저런 비석

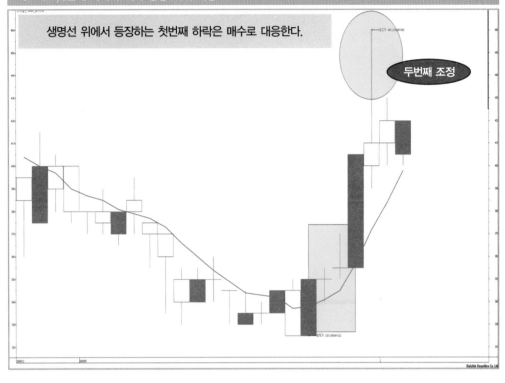

생명선 위에서 등장하는 첫번째 하락은 매수로 대응한다.

두번째 조정

형의 장대음봉과 수염이 달린 것이다.

데이트레이더는 규칙을 준수하는 투자자들이기 때문에 죽음이 찾아와도, 내일 다시 폭등할지라도 이런 상황에서는 무조건 팔고 보는 게 운명이다. 이제 초생달의 의견을 말할 차례다. 현재 등장한 하락은 두 번째 하락이다.

첫 번째 주춤거리는 십자선의 흔들림에서는 매수를 했고, 두 번째 주춤거림은 장대음봉과 긴 꼬리를 만들면서 투자자를 위협했다. 그러나 주가 하락이 아무리 위협적이라 해도 고작 두 번째이다. 만약 내일 아침에 생명선인 5일선을 깨뜨린다면 더 이상 미련을 가질 필요가 없

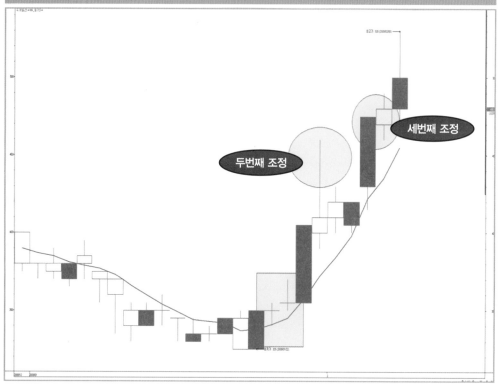

겠지만 작은 양봉이라도 나온다면 강력한 매수를 시도해야 한다.

그리고 노란 네모박스에서 주식을 매수하지 않은 사람들은 두 번째 하락을 이용해 주식을 사기 위한 만반의 준비를 서둘러야 한다. 그리고 초생달과 당신은 긴 꼬리수염과 음봉에도 불구하고 3일째 등장한 양봉에서 주식을 강력하게 매수했다. 물론 캔들의 모양을 갖고 매매를 하는 바보들에게는 무조건 매도신호가 되겠지만 그것은 정말 왕초보의 투자기술이다.

과연 두 번째 매수도 큰 성공을 거둘 수 있을까? 여기에 대한 해답은 [차트 32]를 통해 살펴볼 수 있다.

이쯤이면 보조지표는 난리가 났을 것이다. 팔아야 한다는 초과열을 알려주면서 신규 매수는 자살행위와 같다고 으름장을 놓을지도 모른다. 어찌되었든 초생달은 두 번째 매수를 통해 또 한 번 데이트레이더들이 말하는 단기대박을 맞이했다. 하룻만에 상한가 15%는 대단한 것이다.

그런데 또 문제가 생겼다. 다음날 또 다시 하락이 나타나면서 음봉으로 장을 마감한 것이다. 이번 하락은 세 번째이다. 그러나 세 번째 하락도 생명선 위에서 마무리가 되었기 때문에 보유를 결정한다. 또는 세 번째 하락이 생명선 위에서 마무리되고 다음날 양봉이 발생하면 신규 매수자도 즉시 매수에 가담해야 한다.

그러나 세 번째 하락이 지나고 네 번째 하락이 찾아든다면 그때는 주가가 아무리 생명선 위에서 노닐고 있어도 결코 매수에 나서면 안된다. 그 이유에 대해서는 잠시 후에 단호한 설명을 하기로 하고, 과연 세 번째 조정이 매수가 맞는 것인지를 먼저 증명해보자. 이를 증명하는 것이 [차트 33]이다.

세 번째 조정은 당연히 보유이다. 신규 매수도 가능하다. 그러나 그것이 마지막이다. 세 번째가 지나 네 번째 하락이 찾아오면 그것이 생명선 위에서 마무리되었을 지라도 신규 매수는 안 된다. 두 번째, 세 번째 매수자들은 보유로 대응하면서 장대음봉 또는 생명선을 깨뜨리는 주가흐름이 나타날 것에 대비해야 한다.

이번에도 초생달은 보조지표 없이 주가 속성을 정확하게 간파해내는 데 성공했다. 여기에 보너스로 네 번째 조정 이후는 대단히 위험하며 주가 폭락이 나타날 가능성이 높다는 것까지 당신께 선물해 드렸다.

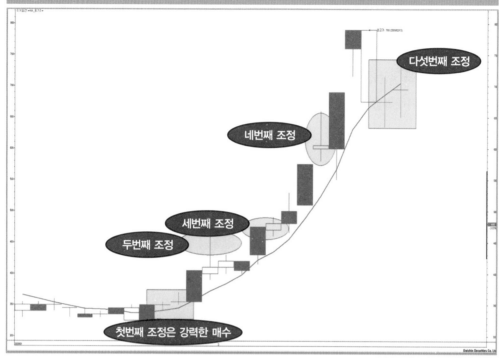

다섯번째 조정

네번째 조정

세번째 조정

두번째 조정

첫번째 조정은 강력한 매수

그렇다면 5번째 장대음봉과 생명선을 깨뜨린 주가는 어떻게 되었을까? 정말 대폭락의 급격한 주가 변화를 보였을까? 폭락했는지를 알아보기 위해 [차트 34]를 보는 것으로 이번 수업은 종료된다.

[차트 34]를 보기 전에 꼭 기억해야 할 사항이 있다. 5일선인 생명선을 깨뜨리지 않고 상승하는 종목이 작은 음봉을 연속해서 만들어내는 까닭은 주가를 끌어올리면서 주식을 처분하기 때문에 만들어지는 패턴이다.

경마는 순식간에 게임이 종료되기 때문에 투자자들은 어떤 분석도 할 수 없다. 그저 과거의 경험과 경주마가 갖고 있는 기량을 중심으로

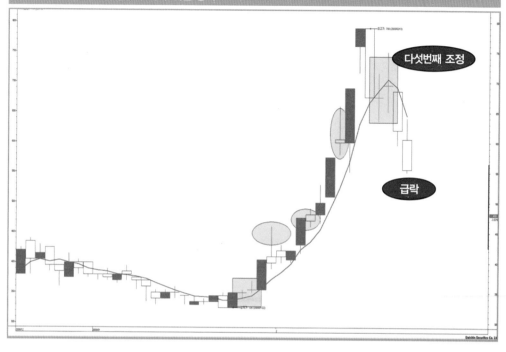

예측할 수밖에 없다. 그러나 주식은 경마와 다르다. 주식을 매집하기 위해서는 아무리 조심스럽게 은밀한 매집을 해도 필연적으로 어떤 형태의 모습이 관찰된다. 매집은 하루이틀에 끝낼 수 있는 게 아니기 때문에 바닥권에서는 일목요연한 모형이 만들어지기 시작한다. 이것을 판독해내는 것과 보조지표를 갖고 바닥을 논하는 것 중 어느 것이 더 의미 있는 행동인가에 대해서는 당신께 심판을 맡긴다. 어찌되었든 세력은 주가를 끌어올리면서 장중 초강세를 이용해 보유 주식을 처분하기 시작한다.

당연한 말이지만 두 번째 조정보다는 세 번째에서, 세 번째보다는 네 번째에서 더욱 많은 주식을 처분하게 된다. 세력이 모든 보유 주식을 이런 방식으로 처분했다면 이 종목은 앞으로 즉시 폭락한다.

[차트 34]는 주가의 급락을 보여준다. 나는 앞에서, 대바닥에서 주가가 하락을 멈추고 U턴하는 초기 국면의 신호를 통해 매수를 했고, 상승하는 과정에서 발생되는 흔들림과 충격을 어떻게 받아들여야 하는가에 대해 자세한 대응책을 설명했다. 몇 번째 조정까지는 전혀 걱정할 필요가 없으며 몇 번째부터는 추격매수를 해서는 안 된다는 것까지 이야기했다. 이런 일련의 과정에서 한 치의 오차가 있었던가?

그렇다면 구태여 보조지표를 몇 개씩 늘어놓고 고민할 필요는 없잖은가? 초단타매매자는 일선 매매를, 초단타와 단기매매를 섞어서 구사하는 투자자는 세력선과 생명선의 관계를 이용한 투자를 한다면 금상첨화가 될 것이다.

이렇게 간단한 방법이 있는데 왜 다수의 유명 전문가들은 어렵기만 하고 수익은 나기 어려운 길을 가르치는 걸까? 그것은 초생달이 생명선 매매기술을 발표하기 전까지는 이런 기법이 있는지조차 몰랐기 때문이다. 또 다른 이유로는 돈과 유명세 때문이다. 이미 정확한 결과를 제공하는 기술은 초생달이 2000년에 발표해버렸다. 그러니 새로운 기술을 발표해야 하는데 사실 주식시장에서 새로운 기술을 개발한다는 것은 대단히 어렵다. 결국 그들은 차선책을 통해 자신의 영토를 넓혀간 것인데 그 무기가 바로 보조지표이다. 표현은 보조지표를 사용하지만 그들도 실전투자의 감각적 배팅은 초생달이 창안한 생명선기법과 세력선기법을 활용하고 있다. 어쩌면 당신은 이 글을 읽으면서 과거 어디에선가 본 듯한, 방송을 통해서 들은 듯한 느낌을 받았을 것이다. 그렇다면 그 당시 방송에 출연한 사람이 초생달의 이론과 실전기술을 도용해간 것이다.

어찌되었든 보조지표는 쓰레기에 불과하다. 당신의 오감을 어지럽히고 그속에 마치 대단한 것이라도 감추어져 있는 것처럼 위장시켜 당신의 욕심을 역이용한 쓰레기에 불과하다.

초생달은 25년의 실전경험을 갖고 있다. 과거에도 보조지표는 존재했으며 RSI, MACD는 20년 전에도 존재했다. 그러나 보조지표를 신을 모시듯이 애지중지하며 피와 땀을 흘려가며 공부한 사람들은 모두 깡통을 차고 시장을 쓸쓸히 떠나야 했다.

보조는 결국 보조에 불과하며, 당신은 보조를 버리고 원조의 단순함을 배우기 위해 노력해야 한다. 엄청난 재료와 가치를 확보한 기업에 투자하면서 싸구려 보조지표를 이용해 매매하는 것은 정말 바보스런 행동이다.

🌙 렌코차트을 버려라

최근 많은 사람들이 투자 보조지표로 선호하는 렌코차트를 살펴보자. 한 전문가의 입을 통해 급속히 퍼진 투자법이기도 하다.

렌코차트는 주가가 오르면 사용자가 산출해놓은 숫자에 도달할 때마다 빨간벽돌(또는 파란벽돌)을 한 장씩 쌓아가는 놀이이다. 이 정도면 유치원생도 쉽게 따라할 수 있다. 쉽게 따라할 수 있다 하여 그것이 중요치 않다는 의미는 아니다. 그런데 왜 초생달은 렌코차트에 열광하는 사람들을 바보라고 했을까? 이유는 간단하다. 렌코차트는 보조지표이기 때문이다.

렌코차트의 원조는 이동평균선의 5일선과 20일선이다. 생명선인 5

일선이 붕괴되면 팔아치우고, 5일선을 다시 회복하면 매수한다. 세력선인 20일선을 붕괴하면 팔아치우고 20일선을 다시 회복하면 매수한다. 이것이 렌코차트의 기본이다.

만약 당신이 신세계를 매매하면서 3만원이 오르거나 내릴 때마다 벽돌이 한 장씩 쌓이도록 설정해두었다면 렌코차트는 3만원의 변화가 있을 때만 벽돌을 놓게 된다. 만약 주가가 열흘 동안 2만 원 정도의 폭 안에서 움직이면 벽돌은 쌓이지 않는다.

이것을 이동평균선으로 풀어보면, 주가가 2만 원 정도의 폭 안에서 움직이면 20일선은 서서히 벌러덩 누워버리면서 옆으로 움직인다. 오히려 렌코차트보다 현재의 주식시장이 어떤 심리가 전개되고 있는가를 더욱 빠르고 확실하게 알 수 있다는 뜻이다.

또한 렌코차트는 사용자가 자기 기분대로 설정폭을 바꾸어버릴 수 있다. 이는 곧 기준도 없이 그때그때 시장의 강세와 약세에 따라 설정을 바꾸기 때문에 정밀도는 매우 떨어진다(벽돌을 쌓는 가격변동폭을 2만원, 또는 4만원으로 마음대로 선택할 수 있어 오히려 애매모호한 기준을 갖게 된다).

5일선을 기준으로 삼아야 하는 강세장인지, 20일선을 기준으로 삼아야 하는 장기 강세장인지, 상장주식이 큰 대형우량주가 이끄는 시장인지, 소형주가 이끄는 시장인지를 알아보기 위해서는 이동평균선을 판독하는 것이 더욱 빠르고 정확하다.

[차트 35]는 렌코차트의 빨간벽돌과 비슷한 흐름을 보여주고 있다. 생명선인 5일선 위에서 일시적인 주가 하락이 등장하지만 5일간의 평균값을 알려주는 이동평균선 안에서 하락을 마무리하고 더욱 상승하기 때문에 5일선의 각도는 가파르게 진행된다. 이것은 렌코차트에서

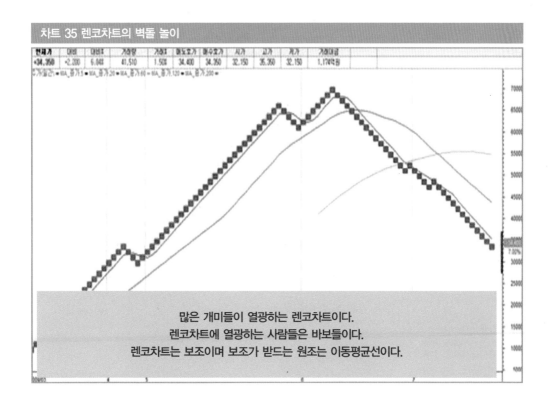

차트 35 렌코차트의 벽돌 놀이

많은 개미들이 열광하는 렌코차트이다.
렌코차트에 열광하는 사람들은 바보들이다.
렌코차트는 보조이며 보조가 받드는 원조는 이동평균선이다.

빨간벽돌이 하나씩 쌓일 때마다 추세가 만들어지는 것과 동일하다.

　도대체 초생달은 이해할 수 없다. 이렇게 쉽고 단순하되 매우 정밀해서 모든 보조지표들이 표준으로 삼고 있는 원조는 배우려 하지 않고 엉터리 보조지표에 몰두하는 당신을 이해할 수 없는 것이다. 위장되고 과장된 광고에 현혹되고, 유명인들에게 묻지마 추종을 하는 것은 아닌지 당신은 되돌아보아야 한다.

데이트레이더의 보물, 30분봉 차트와 240분선

이번엔 데이트레이딩을 위한 실전을 공부하는 시간이다. 그동안 당신이 배워왔던 데이트레이딩의 온갖 쓸모없는 기술을 휴지통에 내동댕이 처버리고 가장 쉽고 가장 정확하며 가장 정밀한 트레이딩 기술을 30분봉 차트의 240분선을 이용해 배워보자. 물론 이 기술도 9년 전 어느 날 발표한 내용이다.

240분선 배팅 기술은 매우 깔끔하고 간결하다. 단순한 만큼 투자에 적용하기도 매우 쉽다. 반면에 성공 확률은 대단히 높아 당신 스스로도 깜짝 놀랄 것이다. 도대체 이렇게 쉬운 방법을 옆에 두고 나는 왜 오랜 세월 보조지표에 목숨을 걸었는지 스스로 자책할지도 모른다.

만약 초생달이 강연회를 열었다고 가정해보자. 그런데 강연회에서 240분선 데이트레이딩 기법을 열창했다면 불과 10분이면 모든 설명이 끝난다. 강연회에 참석한 많은 사람들은 240분선의 파워를 신기하게 생각하겠지만 특별히 초생달을 존경하지는 않는다. 왜냐하면 뛰어난 적중률에도 불구하고 배우는 시간은 고작 10분이면 충분하며 더 이상의 군더더기도 필요치 않기 때문이다.

볼린저밴드, 일목균형표, 엘리어트파동론, 렌코차트, 각종 보조지표를 줄줄이 늘어놓는 까닭은 단 10분 만에 배울 수 있는 것보다 멋있게 보여서가 아닐지 의심스럽다. 하지만 멋내는 것을 좋아하다가는 카드빚으로 고생밖에 더하겠는가.

[차트 36]은 30분봉 차트에서 240분선의 위력을 알아보기 위해 준비한 그래프이다. 한마디로 잘라 말하면 240분선 아래에서는 투자를 멈추어야 한다. 어떤 유혹과 귀가 솔깃해지는 소리가 들려와도 투자를

TIP BOX •••

30분봉이란?

차트는 기간에 따라 일봉, 주봉, 월봉 등으로 나뉜다. 일봉은 봉 하나가 하루를, 주봉은 봉 하나가 1주일을, 월봉은 봉 하나가 1개월을 의미한다. 같은 원리로 30분봉이란 봉 하나가 30분을 의미하는데, 일봉보다 주가의 흐름을 잘게 나눈 개념이라 생각하면 된다. 240분선은 일봉의 240일선과 마찬가지로 30분봉 상에서의 240분을 나타낸다.

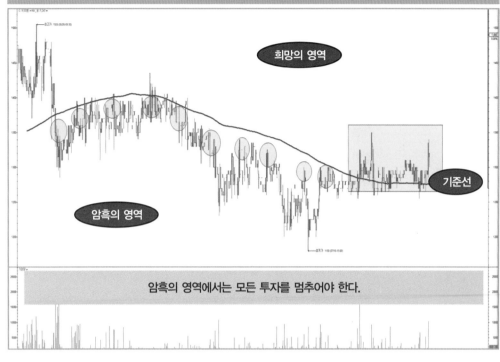

암흑의 영역에서는 모든 투자를 멈추어야 한다.

모두 중단해야 한다.

초생달은 240분선, 240일선, 240주선을 모두 기준선이라 칭한다. 모든 주식시장의 흐름에 기준이 되기 때문이다. 기준은 좋은 것과 나쁜 것을 결정짓는 도구로 사용된다. '놀이기구를 타기 위해서는 키 155cm 이상이어야 합니다' 라는 문구는 기준을 정해놓은 것이다. 기준이 정해지면 그것은 곧 규칙이 되어 155cm 이하의 어린이는 놀이기구를 탈 수 없다. 위험하기 때문이다. 기준선은 위험을 방지하기 위한 놀이기구의 규칙처럼 주식시장의 위험을 철저하게 차단해주는 역할을 수행한다.

[차트 36]은 한국정보통신의 그래프이다(어떤 종목이든 상관없다). 지

금부터 240분선의 정밀한 공략법에 감탄을 하게 될 것이다. 주가차트를 보면 노란 원으로 된 구간은 모두 240분선 아래에서 노닐고 있다. 240분선은 기준선으로서 암흑의 영역과 희망의 영역을 갈라놓는 기준을 갖고 있다.

암흑은 주가 폭락, 또는 주가가 오르지 못하는 국면이기 때문에 투자를 할 까닭이 없다. 그런데 어느 날 사각형의 노란 박스 국면에서는 주가가 기준선 위에서 노닐고 있다. 특별히 큰 상승을 하지는 않지만 희망의 영역인 기준선 위에서 노닐고 있는 주가를 발견했다면 어떤 액션을 취해야 할까? 초생달의 결론은 매수이다. 그것도 매우 빠르게 매수를 해야 한다. 30분봉 차트이기 때문에 신속한 행동이 요구된다.

오랜 기간 암흑의 영역에서 노닐던 주가가 희망의 영역으로 올라섰다는 것은 무언가의 힘이 작용했다는 뜻이다. 그것이 세력이든 증시 전체의 환경이 좋아졌든, 어떤 힘에 의해서 주가에 반응이 온 것이다. 이제 당신도 초생달의 설명대로 주식을 매수해보자. 매수한 사람은 어떤 선물을 받았을까? [차트 37]을 살펴보면 데이트레이더로서는 매우 흡족한 10% 이상의 투자수익을 한 푼의 손실도 없이 얻어낼 수 있었다.

사실 데이트레이더의 운명은 스캘퍼의 가냘픈 수익을 얻는 데 있다. 그 대신 매우 작은 수익을 지속적으로 반복시켜 큰 수익으로 만드는 게 목표이다. 이런 상황에서 가장 위험한 것은 잘못된 투자판단이다. 보조지표를 사용할 경우 가냘픈 투자수익의 누적은 물거품이 되고 손실의 누적만이 찾아든다. 혹시 누적 수익이 발생했더라도 한두 번의 실패로 수익분을 모조리 날리고 만다. 모든 데이트레이더들은 처음에는 돈을 벌기 위해 매매를 시작하지만 얼마 가지 못해 본전을 찾기 위

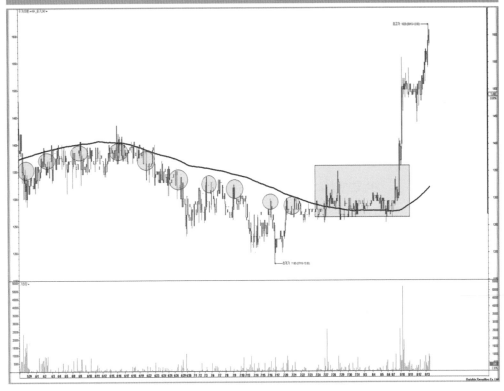

해 데이트레이더가 된다.

만약 당신이 노란 원으로 구성된 기준선 아래에서 매매를 했다면 엄청난 혼돈에 가두어졌을 것이다. 보조지표를 보면서 매매를 했다면 분명 그중에서 매수신호를 보내는 녀석이 있었을 것이기 때문에 초단 타매매를 시도했을 것이다. 하지만 궁극적으로 때가 오기 전에는 수익 을 거둘 수 없다. 차트에서 보는 바와 같이 오히려 손실이 커지면서 고 통을 당했을 것이다. 언제 회복될지 모를 주식을 기약 없이 들고 있다 가 조금만 반등하면 손실이 줄어든 것에 만족하고 팔지도 모른다. 본

격적인 상승에 들어서는 순간 팔았음을 뒤늦게 깨닫고 후회할 것이다.

그러나 기준선은 이러한 오류를 모두 걸러내는 필터링의 역할을 충실히 수행해 손해 보는 투자, 본전찾기 게임을 사전에 차단시킨다. 위험은 가장 먼저 알려주되, 주가 상승 가능성도 가장 먼저 알려주는 것이다. 간단하면서도 강력한 이 투자지표를 조금 더 살펴보자.

[차트 38]에서도 어떤 방식으로 주가가 하락하든 기준선 아래쪽에서는 결코 투자를 해서는 안 된다는 것을 큰소리로 말해주고 있다. 그러던 어느 날 노란 원을 살펴보면 주가가 기준선 위로 진출하더니 잠시 쉬고 있다. 이런 현상을 플랫폼이라 한다.

잠시 쉬어가는, 기차를 기다리며 휴식을 취하는, 기준선을 돌파하면서 떨어졌던 에너지를 비축하고 성가신 데이트레이더들을 몰아내기 위해 속임형 하락을 유인하는 국면이다. 아차! 싶어 주식을 팔기에 급급한 트레이더들의 물량을 한 번 더 빼앗은 뒤 기준선에서 결국은 X 위치에서 스프링처럼 튕겨 올라간다. 이번엔 한국정보통신보다 훨씬 높은 투자수익을 거두었으니 데이트레이딩의 몇 % 수익은 비교도 안 된다. X 위치는 주식을 꼭 사야 하는 절호의 타이밍에 해당된다.

기준선 위에서 주가가 재차 상승한다는 것은 매집이 끝났고, 그 기업에 어떤 좋은 일이 있다는 증거이기 때문에 재빠른 매수 결정을 요구한다. 기회는 매우 짧으며 원하는 수량을 얻기 위해서는 행동을 빠르게 실천해야 한다.

그런데 차트에는 1, 2, 3, 4번으로 표기된 원 속의 숫자들이 있다. 상승하는 과정에서 네 번의 일시적인 하락이 있었다는 표시이다. 당신은 앞장에서 무엇을 배웠는가? 소수의 투기세력과 초소형주를 다루는 급등 패턴에서는 세력이 보유하고 있는 물량이 많지 않으며 많이 확보

차트 38 240분선에서의 매수 신호와 매수 금지 신호

플랫폼

할 필요도 없기 때문에 구태여 분산국면을 만들면서 주식을 처분할 필요가 없다고 말했다. 따라서 주가를 끌어올리는 과정에서 교묘하게 주식을 털어내는데, 그때 나타나는 신호가 1, 2, 3, 4번에 해당된다. 1번은 목숨을 걸고 매수하고, 2번도 자신 있게 매수하되, 3번은 눈치를 보면서 매수하고, 4번부터는 절대 매수하면 안 된다고 강조했다(앞서 설명한 5일선 매매에 있어서의 조정을 이용한 매수법을 참조하라).

통상적으로 3번의 조정흐름이 나타났다면 많은 보유 주식을 처분했다고 판단해야 한다. 따라서 4번째 상승부터는 막바지 매물털이, 보유 주식을 팔기 위한 마지막 액션일 가능성이 높기 때문에 주가흐름도 변화무쌍하게 혼란스러워진다. 사려면 상승 초기에 사든가 늦었다면 건드리지 말아야 한다.

어찌되었든 이 장은 30분봉 차트에서 240분선이 얼마나 정확하게 매수 위치를 알려주는가를 설명하는 장이다. 보조지표는 결코 사용되지 않았다. 그러면서도 위험한 국면, 주가가 오르지 못하는 국면은 철저하게 피해갈 수 있었으며 상승 직전의 주가를 깔끔하게 매수할 수 있었다.

이제 당신은 어떻게 할 것인가? 여전히 보조지표에 매달려 온갖 고민과 분통을 터트리는 투자방식에 매달려서는 안 된다. 보조지표고 뭐고 감에 의존해 매수하거나 다른 사람의 말을 듣고 사고팔고를 반복했던 투자자들, 심지어 초보투자자들도 얼마든지 원활한 매매를 할 수 있다. 그것도 스스로의 판단에 의해서 말이다.

결론을 내리면 모든 종목의 주가는 기준선 위에서 노닐어야 비로소 이익을 얻을 수 있다. 기준선 아래로 미끄러진 암흑의 영역에서 간헐적으로 나타나는 미약한 주가 상승에 현혹되어 매매를 한다면 십중팔구는 손실과 깡통을 차게 된다.

기준선을 이해하게 되면 어떤 업종이 현재 증시를 이끌어 가는가를 즉시 판단할 수 있다. 주식시장은 순차적인 상승을 하게 되는데 가장 먼저 기준선을 돌파하는 업종이 향후 증시를 이끌어갈 대장종목 또는 대장업종이 된다. 물론 기준선을 돌파한 이후에도 주가는 엎치락뒤치락하면서 상승하기도 하고, 어느 종목은 수직으로 급등해 신규 매수를 할 겨를도 없이 상승할 때도 있다. 어느 때는 또다시 기준선을 이탈해서 암흑으로 되돌아가기도 한다.

이런 차이점이 나타나는 까닭은 그 기업이 갖고 있는 미래의 가치 때문이다. 테마주로 알려지긴 했지만 그 기업이 부채가 매우 많다면 어떻게 하겠는가? 부채가 많은 기업이 어느 날 테마에 해당되는 태양전지 사업을 하겠다며 공시를 냈다면 주가는 크게 오를까? 대답은 '아니오' 이다.

아무리 돈을 쫓는 투기꾼이라 해도 한방에 목숨을 잃을지도 모르는 투기매매는 하지 않는다. 그렇잖아도 빚이 많은 기업인데 또 빚을 내 태양전지 사업을 할 경우 여차하면 회사 문을 닫을 수도 있다. 공장을 세울 부지를 마련하고 설비를 완공하려면 많은 돈이 필요한데 공장을 만드는 과정에서 경쟁기업이 또 다른 기술을 개발, 판매하면 앉아서 속수무책으로 망하게 된다. 만약 태양전지 사업을 하겠다며 공시를 낸 기업이 부채가 없는 투명한 기업이고 무차입경영을 하고 있다면 주가는 폭발적으로 상승할 것이다.

따라서 당신은 테마주를 매매할지라도 힘도 없이 비틀거리는 종목을 부여잡고 한탄을 할 게 아니라 가장 인기 있는, 튼튼한 기업을 매수하기 위해 혼신의 힘을 쏟아야 한다. 사실 혼신의 힘을 기울일 필요조차 없다. 기준선 아래쪽에서는 매매를 중단하면 되기 때문이다. 기준선을 회복하고 잠시 쉬는 구간에서 집중적인 매수를 시도하면 된다.

기술도 없고, 인프라도 없는 기업이 갑자기 태양전지 사업을 하겠다며 뛰어들었지만 부채를 엄청나게 끌어안고 있을 때의 주가흐름은 [차트 39]와 같다. 30분봉차트의 240분선을 기준으로 하여 주가는 흐느적거리기만 할 뿐이다.

언제 망할지 모르는 기업은 세력도 건드리지 않는다. 주가를 끌어올려봐야 대주주의 지분이 쏟아져 나올지 모르기 때문이다. 기업에 미련도 없고, 회생 가능성도 희박할 만큼 부채를 많이 졌다는 것은 분명

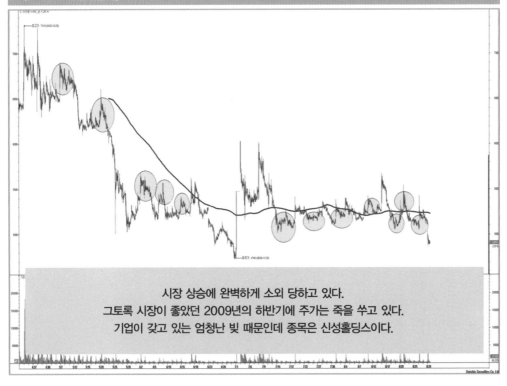

시장 상승에 완벽하게 소외 당하고 있다.
그토록 시장이 좋았던 2009년의 하반기에 주가는 죽을 쑤고 있다.
기업이 갖고 있는 엄청난 빚 때문인데 종목은 신성홀딩스이다.

CEO의 자질이 의심스럽다. 기업이 망하기 전에 무언가 준비를 하기 위해 부채를 늘렸는지도 모르기 때문이다. 그 준비는 당연히 청산 직전까지 최대한 기업을 이용해 돈을 쥐어짜는 것이다. 이렇게 위험을 감수하면서까지 세력들이 막대한 돈을 들여 대주주의 배를 불려줄 이유가 없다.

그렇다면 대장종목은 어떻게 골라내는가? 신성홀딩스의 주가차트는 기준선이 하락하거나 옆으로 빌빌거리며 흘러가고 있는데 또 다른 기업의 기준선은 상승각도를 분출하고 있다([차트40]을 보라). 바로 이 녀석이 대장종목이다. 그 종목이 테마주든, 우량주든, 삼성전자든 그

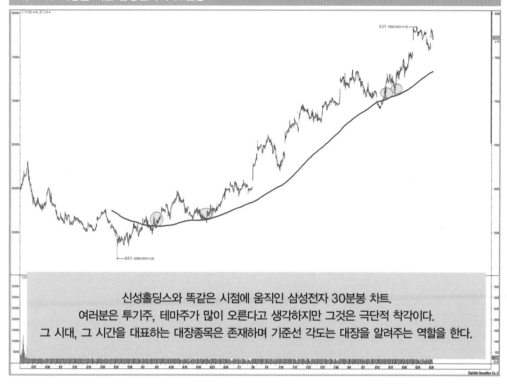

신성홀딩스와 똑같은 시점에 움직인 삼성전자 30분봉 차트.
여러분은 투기주, 테마주가 많이 오른다고 생각하지만 그것은 극단적 착각이다.
그 시대, 그 시간을 대표하는 대장종목은 존재하며 기준선 각도는 대장을 알려주는 역할을 한다.

녀석이 대장이다. 그 시대, 그 시간에 그 녀석을 구매하면 된다.

테마주를 샀다면 쪽박이지만 그 시간, 그 시대를 이끌어가는 대장 종목을 샀다면 멋지게 돈을 벌었을 것이다. 테마주는 마구 오르는 게 아니다. 몇 년의 공백기를 갖고 투자자를 망하게 만들다가 어느 날 한 번 번개처럼 올랐다가 다시 사그라든다. 그것이 테마주의 운명이다.

그렇다 해서 테마주 매매를 하지 말라는 뜻은 아니다. 꼭 테마주 매매를 해야 할 때는 이와 같은 기준을 두고, 그 기준을 지키면서 매매에 임해야 한다. 그래야 손실을 차단하고 이익을 극대화시킬 수 있다.

이것이 기준선의 위력이다.

지금은 보조지표에 대한 성토를 계속해야 한다. 어떤가? 지금까지 몇 안 되는 기술을 갖고 보조지표를 버려야 하는 이유에 대해 알아보았다. 마음에 들었는가? 이제 보조지표 없이도 투자를 할 수 있다는 자신감이 생겼는가?

고수는 꼭 다양한 보조지표를 알고 있어야 하고, 매우 이해하기 어려운 엘리어트파동론 쯤은 달달 외워야 한다고 생각하는가?(사실 초생달은 대한민국 최고의 엘리어트파동론 1인자이다).

이제 그 생각을 바꿔야 할 시간이다. 보조지표를 달달 외우고, 미친 듯이 섭렵하고, 긴긴밤에 잠 못 이루면서 온갖 지표를 연구 분석해본 사람만이 새로운 학설, 새로운 표준을 발표할 수 있는 것이다. 보조지표가 갖고 있는 허점과 맹점을 판독한 사람만이 그것을 보완해 더욱 완벽한 지표를 만들어낼 수 있다.

초생달은 그 짓을 해본 녀석이기 때문에 당신에게 자신 있게 보조지표를 버리라고 당당하게 말할 수 있다. 당신은 이제 겨우 초보 수준에 불과한 몇 가지 기법을 배웠지만 수많은 전문가와 개미들은 2000년에 발표한 초생달 학설을 기준으로 주식투자를 하고 있다. 당신은 매우 많이 늦은 것이다. 그렇다고 해서 좌절하거나 슬퍼할 필요는 없다.

꼭 기억해야 할 것은 기준선은 그냥 의미없는 선이 아니다. 수많은 사건과 사고, 행복과 슬픔을 고스란히 전달해주는 심리의 결정체이다.

 갭을 활용한 데이트레이딩 기법

이 장에서도 데이트레이딩에 관련된 기법을 계속 공부해보자. 데이트레이딩 또는 단기매매나 중기투자의 모든 기틀은 파워를 읽어내는 데 있다.

만약 대한민국 주식시장이 서브프라임 사태를 딛고 강하게 반등할 수 있는 5원소가 있다는 사실을 알았더라면 당신은 분명 투자를 시작했을 것이다. 여기서 5원소는 서브프라임의 공포를 짓누르고 강한 희망으로 가슴 뛰는 변화를 가져오는 파워에 해당된다.

이런 파워는 매우 짧은 흐름 속에서도 등장하고 소멸된다. 따라서 당신은 데이트레이딩을 할 때마다 가장 큰 파워가 작용하는 종목을 고르려고 안간힘을 쓴다. 온갖 보조지표를 꺼내놓고 그것을 분석하느라 땀방울을 흘리는 것도 파워를 찾기 위한 것이다. 그렇다면 그냥 직접 차트에 나타나는 흔적을 통해서 파워를 느낄 수는 없는가? 꼭 중국집 주방장의 보조밖에 안 되는 것들을 꺼내놓고 땀을 흘려야 할 이유라도 있는 것인가?

이쯤에서 보조지표를 버리기 위한 또 한 번의 실험을 해보자. 이 장에서 배울 내용은 갭을 활용한 데이트레이딩 기법이다. 이 기술도 2000년에 웹사이트를 통해 소개한 내용이다.

당신은 가격이 비싼 종목이나 대표 우량종목은 기관과 외국계의 사고파는 싸움 때문에 기법이 적용되지 않을 것이라고 생각한다. 그러나 현실은 그렇지 않다. 어떤 종목이라도 기법은 그대로 가감 없이 적용된다. 당신의 선입견을 없애기 위해 첫 번째 분석 기업으로 삼성전자를 선택했다.

[차트 41]을 보자. 30분봉 차트의 240분선 하나만을 그어놓고 전쟁 중이다. 매수 위치는 일부러 표시하지 않았다. 당신은 어디서 매수해야 하는가를 알고 있으며 기준을 지키며 투자하는 방법을 조금 전 배

삼성전자

GAP 출현

웠기 때문에 주식을 확보하고 현재 높은 이익을 얻고 있을 것이다.

그러던 어느 날 아침, 강한 갭이 출현하면서 시초가가 3% 상승으로 시작되었다. 이제 어떻게 할 것인가?

기존 보유자들은 신나는 일이다. 어떤 종목이 아침부터 갭이 출현 한다는 것은 그 기업에 매우 좋은 일이 생겼다는 의미이기 때문이다. 갭은 아무 때나 나타나지 않는다. 앞으로 좋은 일이 현실화될 가능성 이 높을 때 등장하기 때문에 첫 번째 갭이 갖는 의미는 대단히 크고 중 요하다. 만약 출현한 갭이 메워지지 않는다면(주가가 하락해서 상승분을 뱉어내는 현상) 주가는 계속 오르게 된다.

KEY POINT •••

갭 상승이란?
갭(GAP) 상승이란 아침부 터 주가가 전일보다 상승 해 시작함을 의미한다.

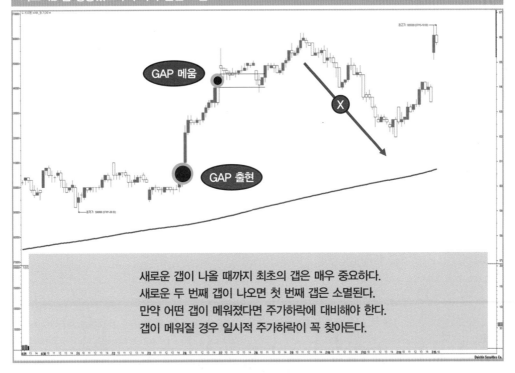

차트 42 갭 상승했으나 주가가 밀린 모습

GAP 메움

GAP 출현

X

새로운 갭이 나올 때까지 최초의 갭은 매우 중요하다.
새로운 두 번째 갭이 나오면 첫 번째 갭은 소멸된다.
만약 어떤 갭이 메워졌다면 주가하락에 대비해야 한다.
갭이 메워질 경우 일시적 주가하락이 꼭 찾아든다.

이쯤은 별로 신기할 것도 없는 평범한 논리이다. 그렇다면 조금 더 깊이 있는 이야기를 해보자. 만약 삼성전자의 차트에 나타난 갭이 [차트 42]처럼 메워진다면 그 후부터의 주가는 힘을 쓰지 못하고 잠시 추락할 것이다. 결코 오르지 못하고 갭을 메운 대가를 톡톡히 치러야만 다시 전열을 가다듬을 수 있다.

무척 재미있는 현상이 아닌가? 갭 하나만을 가지고 앞으로 벌어질 사건을 알 수 있고, 갭이 메워질 경우엔 가파른 하락이 시작된다는 예언도 가능하다니 정말 신기하다. 어쨌든 갭의 출현은 주식을 매수해야 하는 신호탄이다. 만약 초생달과 당신이 주식을 샀다고 가정하면 향후

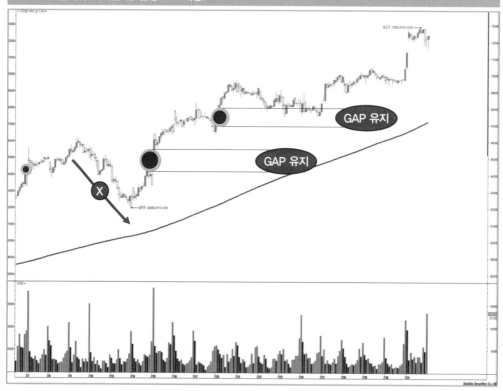

삼성전자의 주가는 어떻게 흘러갔을까?

[차트 43]에는 두 번째 갭의 출현이 잘 나타나 있다. 두 번째 갭이 나타날 때는 첫 번째 갭은 모든 임무를 완수했으니 삭제한다. 이제부터 새로운 기준이 되는 것은 두 번째 갭이다. 만약 두 번째 갭이 메워지지 않는다면 주식을 끝까지 보유하면서 세 번째 갭이 나올 때까지 투자를 계속한다.

그러나 차트를 보면 두 번째 갭을 지키지 못하고 메워버린 흔적이 있기 때문에 주식을 처분해야 한다. 갭이 메워질 경우 일시적인 주가

하락이 찾아들기 때문에 이것은 필연적 규칙이다. 이제 두 개의 갭은 모두 의미를 상실했다. 따라서 새로운 갭이 등장할 때까지 투자를 중단한다.

그러던 어느 날 드디어 갭이 다시 출현했다. [차트 43]에 출현한 새로운 갭을 이용해 시초가 갭매수를 실천했다. 이제 할 일은 갭이 메워질 때 주식을 팔아치우는 것이다. 그러나 갭이 메워지지 않는다면 수익을 계속 확보하고 있다는 뜻이기 때문에 다음에 출현할 갭을 기분 좋게 기다리면 된다.

만약 다음에 출현한 갭도 메워지지 않는다면 또 다음 갭이 등장해 갭이 메워질 때까지 홀딩으로 포지션을 유지한다. 투자이익은 자꾸만 늘어난다. 갭이 메워지지 않는 한 지속적으로 홀딩하기 때문에 수익은 누적되고, 갭이 메워지는 모습을 보고 나오면 되기 때문에 손실의 위험도 피할 수 있다.

짧은 순간의 파워를 쫓는 게임이 데이트레이딩이다. 그러나 힘이 남아 있는 종목을 서둘러 팔아치울 필요는 결코 없다. 특히 연속해서 갭이 발생하는 국면은 그 기업이 매우 좋은 환경에 놓여 있다는 증거이기 때문에 미래를 담보 받은 것과 마찬가지다. 미래가 좋다면 곧 주가는 미래의 어느 순간까지 상승할 것이다. 그래서 연속적인 갭이 발생하는 것이고 갭은 그 주식의 인기를 측정하는 도구로도 사용할 수 있다.

어찌 되었든 삼성전자의 매매에서도 큰 탈 없이 수익을 확보할 수 있었고 이때에도 보조지표는 전혀 사용되지 않았다. 이제 가벼운 중소형 종목은 어떻게 움직이는가를 알아보자.

[차트 44]는 30분봉 차트에서 계단형 상승을 하는 전형적 상승파동

KEY POINT •••

연속해서 갭이 발생하는 국면은 그 기업이 매우 좋은 환경에 놓여 있다는 증거이기 때문에 미래를 담보 받은 것과 같다. 미래가 좋다면 곧 주가는 상승한다. 그래서 연속적인 갭이 발생하는 것이고 갭은 그 주식의 인기를 측정하는 도구로 사용할 수 있다.

GAP 탄생

갭 탄생과 함께 주식을 매수했다면 갭이 메워질 때까지 보유를 한다.
만약 갭이 등장하지 않고 계속 상승한다면 30분봉의 240분선 차트를 이용해 차익 실현 위치를
탐색하면 된다.

종목이다. 마치 교과서처럼 상승과 조정을 반복하면서 신고가를 계속
갱신하고 있다. 1차 상승 후 하락하던 종목이 아침부터 갭이 출현했다
면 새로운 상승파동의 출발점으로 인식할 필요가 있다.

당신은 재료가 알려진 종목을 매매할 때가 많겠지만 이미 알려진
재료에 의해 시장의 개미들은 떼를 지어 몰려들었을 것이다. 이런 환
경에서 투자수익을 건진다는 것은 별따기보다 어렵다는 것부터 인식
해야 한다. 아무도 모르게 기업이 갖고 있는 미래 자질을 높이 평가해
슬그머니 주가를 상승시키는 종목은 대부분 첫 번째 갭 출현 위치가
대바닥이 되는 경향이 강하다.

어찌되었든 갭을 활용한 데이트레이딩에서도 큰 손실이나 판단착오 없이 순조로운 투자가 이어졌다. 당신은 다양한 보조지표를 펼쳐놓고 비지땀을 흘릴 때 초생달은 단순한 갭과 240분선만으로 데이트레이딩을 실천해 투자수익을 거두었다. 여기에 거짓은 없다. 두루뭉수리하거나 의미가 없거나 결론이 없는 오리무중의 기법은 없었다. 모두가 간결하고 확실한 결론을 수립해두고 추적했기 때문에 당신은 손쉽게 기법을 익혔을 것이다.

갭을 활용한 매매는 매우 단타적인 기술이다. 갭은 자주 나타나지 않으며 증시가 열광의 도가니에 빠져들 때 자주 등장한다. 또는 흐느적거리는 증시 속에서 어떤 기업이 대단히 매력적인 재료를 노출시켰을 때 갑자기 나타난다.

따라서 안전과 수익률 모두를 추구하는 투자자들은 240분선을 이용한 추세매매를 선택하는 것이 바람직하다. 데이트레이딩과 단기매매를 하더라도 안전을 확보해두고 싸우라는 뜻이다. 또한 크게 오를 종목을 초단타매매에 익숙해져서 10%의 수익을 얻고 팔아서도 안 된다. 이런 오류를 바로 잡아주고 거대한 기류를 읽게 하는 투자기술은 240분선, 240일선, 240주선으로 불리는 기준선이다.

> **KEY POINT •••**
>
> 갭을 활용한 매매는 매우 단타적인 기술이다. 갭은 자주 나타나지 않으며 증시가 열광의 도가니에 빠져들 때 자주 등장한다. 또는 흐느적거리는 증시 속에서 어떤 기업이 대단히 매력적인 재료를 노출시켰을 때 갑자기 나타난다.

8장

당신도 폭등과 폭락을
척척 알아낼 수 있다

8장 _ 당신도 폭등과 폭락을 척척 알아낼 수 있다

이번엔 데이트레이더보다 조금 더 길게 주식을 보유하고 싶지만 어떤 현상이 나타날 때 주식을 팔아야 하는지, 어느 때 주가하락이 시작되는지를 알 수 없어 데이트레이딩을 선택한 사람들을 위한 장을 마련했다.

당신이 보조지표 없이 데이트레이딩은 물론이고 며칠씩 주식을 보유하면서 파워를 쫓는 매매를 할 수 있다면 구태여 데이트레이딩을 하지는 않을 것이다. "데이트레이딩을 하고 싶어서 하나? 아는 기술이 그것밖에 없고 내 상황이 그러니 울며 겨자 먹기로 하는 것이지." 이런 하소연도 더 이상 하지 않아도 된다. 그리고 '몇 백만원으로 몇 백억원을 벌었다더라'는 소문에 혹해 일확천금을 노리고 시작했지만 결국 많은 돈을 잃고 이제는 본전만 찾아도 좋겠다고 생각하는 사람들에게 필요한 기법을 소개한다.

5일선은 생명선이다.

대한민국 주식시장에서 5일선이 왜 생명선이며, 그 녀석을 도대체 어떻게 사용하는 것인지를 최초로 학문화하여 전파한 사람이 초생달이다. 과연 초생달은 2000년 어떤 매매기술을 한국에 소개했는지 함께 알아보자.

생명선 매매는 데이트레이딩처럼 피를 말리지 않아도 된다. 어떤 때에는 화장실도 가지 못할 정도로 긴박한 상황과 직면하는 것이 데이의 운명이다. 하지만 생명선 매매를 익히면 화장실을 가도 되고, 쇼핑을 즐기고 돌아와도 된다. 그렇다면 이것 하나만으로도 대단한 기술이 아니겠는가?

그러나 생명선 매매법은 당신이 생각하는 것처럼 대단한 것도, 신기한 것도 전혀 없는 보편적 기술에 불과하다. 최소한 초생달이 확보한 투자기술의 세계에서는 하급 기술로 치부된다. 얼마나 단순한가는 스스로 느껴보기 바란다.

앞에서 "생명선을 깨뜨리지 않고 상승할 때는 첫 번째 하락이 나타나도 겁먹지 말고 생명선 위에서 양봉이 나타나면 더욱 상승한다는 신호로 받아들이라"라고 설명했다. 생명선을 깨뜨리지 않으려면 무조건 3일째 되는 날은 양봉이 등장해야 한다. 따라서 음봉이 이틀간 이어지면서 투자심리가 급격히 악화되고 있지만 그래도 5일선이 꿋꿋이 지켜지고 있다면 절대로 매도를 생각해서는 안 된다. 오히려 신규로 매수하고자 하는 투자자는 3일째 시초가에서 양봉이 등장하는가를 지켜보아야 한다. 매입세력은 결코 여기서 주식을 팔기 위해 공들여, 힘들여 주식을 매집하지는 않았을 것이다. 따라서 양봉이 발생한다는 것은 세력이 주가를 올릴 마음이 있다는 사실을 확인하는 셈이 된다.

생명선 매매기술은 다분히 단타매매의 성격을 띠고 있다. 고향이

KEY POINT •••

생명선을 깨뜨리지 않고 상승할 때는 첫 번째 하락이 나타나도 겁먹지 말고, 생명선 위에서 양봉이 나타나면 더욱 상승한다는 신호로 받아들이라.

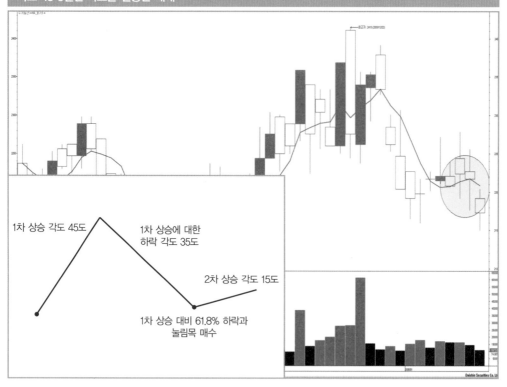

다르고 성격이 다르고 종자돈이 다르듯이 투자기술을 선택하는 방식
도 모두 다르다. 본인 스스로의 소화 능력에 맞는 매매법을 선택하겠
지만 어느 때는 타인의 매매법이 유명하다는 그 이유만으로 선택하기
도 한다.

이유가 무엇이든, 죽어도 단타매매를 버리지 못하는 사람들을 위해
주가가 갑자기 폭락하는 위험에서 해방되는 기술을 생명선 각도를 이
용해 설명한다.

[차트 45]에서 힘차게 오르던 주가가 상승을 멈추고 하락한다. 곧 N
자형 상승을 위한 눌림목이 나타날 것이다. 그러나 N자형 상승의 눌

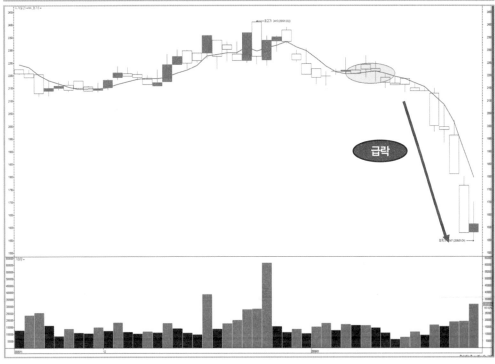

림목 매수신호가 나타났어도 신중해야 한다. 1차 상승각도와 비교할 때 2차 상승각도가 지지부진하다면 즉시 하락, 급락, 폭락에 대비해야 한다. 이 말은 곧 주식을 매수하지 말라는 뜻이다.

2차 상승각도가 미약하게 진행될 경우 생명선을 깨뜨리는 첫 번째 음봉에서 보유 주식을 모두 처분해야 한다. 주가 하락이 시작되겠지만 앞으로 주가가 하락으로 끝날지, 급락을 하게 될지, 폭락으로 완전히 망가져 버릴지는 아무도 모른다. 오직 지금의 차트에 나타난 노란 원의 그림은 분명히 하락한다는 것뿐이다. 급락이냐 폭락이냐는 주가의 하락이 진행되어야만 확인이 가능한 부분이다.

구태여 에너지가 소멸된 주식을 붙들고 늘어지면서 급락이나 폭락을 확인하겠다는 바보는 없을 것이다. 다시 오를 것이라는 미련도 버리는 것이 좋다. 내가 원한다고 주식이 오르지는 않기 때문이며, 얼마든지 다시 살 타이밍을 잡을 수 있기 때문이다. 그렇다면 차트에 소개된 종목은 하락, 급락, 폭락 중 어떤 길을 갔을까?

[차트 46]을 통해 주가가 급락했음을 알 수 있다. 그러나 더 긴 기간으로 살펴보면 또 한 번의 깊은 하락을 함으로써 중기폭락을 이끌어낸 출발점이 되었다. 이것은 2차 상승각도의 에너지 고갈을 통해 향후 주가가 하락할 것을 예측하는 수단이지만 세력선인 20일선을 활용하게 되면 기관, 펀드, 외국계의 은밀한 주식매도를 추적할 수 있는 분산국면 포착기법이 된다(당신은 이미 이것을 배웠다).

이것을 단기간의 투자에 적용하려면 5일선을 사용하면 된다. 5일밖에 안 되는 짧은 기간을 견디지 못하고 비실거린다면 무언가 잘못되었다는 것이다. 좋은 현상보다는 나쁜 일이 벌어질 가능성이 매우 높다는 것은 쉽게 파악할 수 있다.

이것이 대단히 위험한 까닭은 그냥 하락하는 경우와 비교했을 때 한번쯤 상승하는 척 비틀거리며 힘을 소비한 주가는 대단히 빠르고 급격한 하락을 시작하기 때문이다. 손 쓸 틈도 없이 '어어?'를 외치는 사이 주가는 폭락한다.

[차트 45] 또는 [46]을 뜯어보면 정말 허전하다. 아무런 보조지표도 없고, 도대체 어떻게 차트를 분석하라는 것인지 의아스럽기만 하다. 보조지표의 맹신자들은 초생달을 비웃으며 차트가 무언지도 모르는 녀석이라고 말했을지도 모른다. 자신이 얼마나 멍청한 보조지표의 맹신자인지도 모르면서 말이다.

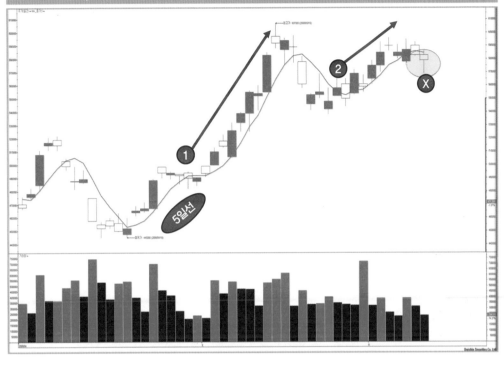

5일선

어찌되었든 보조지표는 결코 아무것도 말해주지 않는다. 특히 '주
가가 앞으로 폭락할 것이다' 라는 예측적 이야기를 보조지표는 절대로
말해주지 않는다. '보조' 라는 뜻처럼 이미 사건이 벌어진 뒤에 나타나
는 게 보조지표이다. 주가가 반드시 하락한다는 확신은 생명선의 2차
상승각도를 통해 판독해야 한다. 이것은 당신에게 혁신적인 손실방지
매매법이 될 것이다.

마지막으로 블루칩의 차트를 이용해 투자자들이 놓치고 지나가는
미세한 흐름이 얼마나 큰 재앙을 만드는지 알아보자. [차트 47]은 포스
코의 차트이다.

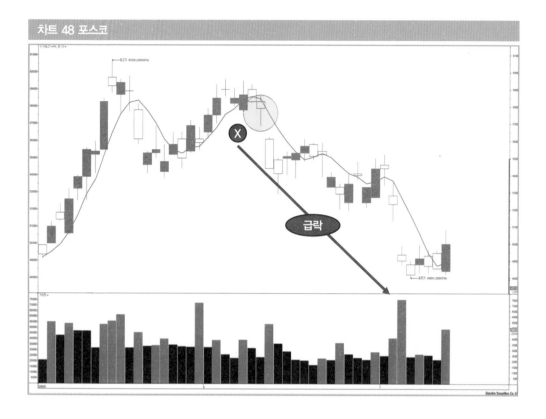

　　1번의 상승각도는 대단히 훌륭하다. 주식을 매수했다면 당연히 보유와 홀딩으로 이끌어야 한다. 그런데 2번의 흐름이 조금 수상하다. 주가의 비틀거림으로 5일선의 상승각도가 비실거리더니 [차트 48]에서 보는 바와 같이 급기야 5일선을 이탈하는 X 위치의 음봉이 등장했다. 이것은 강력한 매도신호이다. 여기서 매도를 머뭇거린다면 그 다음은 그 누구도 해결할 수 없는 절대적 악몽에 시달리게 된다. 순간의 선택이 천국과 지옥을 결정짓는 장면이다.

　　X 위치의 신호는 앞으로 포스코가 강한 상승을 할 수 없으며, 2차 상승각도가 1차와 비교할 때 비실거리는 수준에 머문다는 것을 빨리

판단해야 한다. 초생달은 X로 표시된 곳은 대단히 위험한 주가의 하락, 급락, 폭락 중 하나가 시작되는 신호라고 자신 있게 이야기했다. 정말 그럴까? 저렇게 미세한, 그냥 보아서는 전혀 알 수 없는 곳에서 어떻게 폭락한다는 것일까?

데이트레이더의 심정으로 따진다면 급락이 아니라 폭락을 한 수준이다. 트레이더들은 하루 3%의 수익에 목숨을 거는 경우가 대부분이다. 오죽하면 3초의 승부라고 말을 하겠는가. 이런 사람들에게 이 정도의 주가 하락은 폭락에 해당된다. 특히 데이트레이더들이 깡통을 찰 수밖에 없는 기막힌 구조적 모순은 언제 어디서나 '미수'를 사용한다는 점이다.

미수를 쓰다보면 누적된 미수 때문에 정작 좋은 종목을 발견했을 때 주식을 살 수 없게 된다. 또한 미수를 통해 3% 상승을 7%까지 이익을 불릴 수 있지만 하락한다면 3% 손실은 반대로 7%로 늘어나게 된다. 여기에 세금과 거래세는 물론이고 증권사 수수료와 미수를 사용했으니 고리대금업자(증권사)에게 매우 높은 이자를 지불해야 한다.

중장기 투자자들에게 수수료는 큰 부담이 되지 않는다. 그러나 당신이 데이트레이더이며 2.5배의 미수를 사용하고 있다면 한 달 동안 지불하는 이자는 치명적이라는 사실을 기억해야 한다. 깡통을 찬 트레이더 대부분은 강세장에서도 데이를 했으며 미수에 미수를 쓰는 습관 때문에 결코 마음의 안정을 찾지 못해 실수를 밥 먹듯이 하다가 손실 누적으로 패배자가 되었음을 잊지 말라.

강렬한 모멘텀, 미래의 가치를 찾는다

주식투자, 펀드투자는 곧 미래를 사는 행위이다. 오늘 당신이 주식을 구매했거나 펀드에 돈을 맡겼다면 오늘 당장의 시세를 구입한 게 아니라 내일, 모레, 한 달 뒤라는 미래를 구매하기 위한 행동이다. 결국 주식투자는 '기업이 미래의 가치를 얼마나 갖고 있는가'에 배팅하는 행위이다.

여기서 당신의 머리를 복잡하게 만드는 ROE, PER를 논하지는 않겠다. 어차피 짧은 지면을 통해 어리석은 지표를 이야기하는 것은 시간 낭비에 불과하다. 오히려 지표를 만드는 원천적 물질을 찾아내는 방법을 아는 게 더 중요하다.

주가는 미끼를 필요로 한다. 주가가 만들어지는 시세원리 속에는 차익이라는 단어가 따라다닌다. 내가 매수한 가격보다 더욱 비싼 가격에 누군가 주식을 구매해줄 때 나의 이익은 그만큼 커진다. 만약 내가 매수한 가격에서는 구매자가 없으며 50% 할인된 가격에만 구매자가 존재한다면 당신은 반토막의 손실을 입은 셈이다.

결국 주가는 내가 손실을 보지 않을 수 있는, 손실을 입지 않아도 되는 담보물을 요구하게 되는데, 그것이 곧 미끼이다. 그렇다면 미끼를 요구할 수 있는 사람은 필연적으로 개미군단은 아닐 것이다. 최초의 선도세력 은밀한 매집자, 주가폭락을 기회 삼아 가마니를 열고 열심히 땀 흘리며 주식을 쓸어담는 세력이 미끼를 요구할 자격이 있다.

주가를 만드는 원천적 요소는 실적이다. 실적은 곧 은밀한 세력의 미끼가 되는 원료이며, 원료를 공급해줄 수 있는 종목은 즉시 은밀한 세력의 매집 타깃이 된다. 지금 저렴한 가격에 사놓으면 누군가에게 비싸게 되팔 수 있는 충분한 원료가 준비되었기 때문이다. 이것을 초생달은 '주가=실적=미끼'의 공식으로 부른다.

주가는 실적을 필요로 한다. 그 까닭은 세력이 미끼로 사용해야 하기 때문이다. 여기서 미끼는 당연히 개미군단을 불러 모으기 위한 재료로 쓰인다. 이제 주가의 속성은 쉽게 정리가 되었다. 주가가 어떻게 만들어지는지, 왜 어느 때는 상상을 초월해 폭등하다가 갑자기 폭락하는지에 대한 속성 말이다.

당신도 잘 알고 있는 테마주의 상승 동력은 미래의 실적이 좋아질 수 있다는 가능성 때문이다. 태양전지, 2차전지, 풍력사업을 하는 기업이 정부 정책을 등에 업었다면 당연히 정부가 도와주지 않을 때보다 좋은 실적을 갖게 될 것이다. 이것은 곧 원료가 된다. 지금 당장 실적이 좋아진 것은 아니지만 미래엔 분명 좋아질 수 있다는 바람을 잔뜩 불어넣어 미끼로 개미군단을 끌어들이는 것이다. 결국 시세를 올려주는 것은 개미군단이며, 은밀한 세력은 기분 좋은 가격에 보유 주식을 털어낼 수 있다. 테마주를 통해 세력이 큰 차익을 얻게 된 원인은 '미래의 실적'이라는 달콤한 미끼를 사용했기 때문에 가능했다.

이쯤이면 당신도 눈치를 챘겠지만 주식투자는 결국 미래의 인기주를 찾아내는 과정을 필요로 한다. 산업동향을 분석해서 IT제품의 소비현황과 잠재적인 기술발전의 현황을 진단하거나 IT기업의 손익구조를 알아보는 것은 미래를 확인하기 위한 일련의 과정에 속한다.

유가상승과 환율의 관계를 분석해 한국 정유업체의 실적 여부를 가늠해보는 것도 미래의 실적이 좋을 것인지 더 나빠질 것인지를 알아보기 위한 행동이다. "그까이 꺼, 대충 하루 벌어 하루 살면 되는 데이트레이딩과 단타를 구사하면 되지 왜 필요하냐?"고 반문하는 투자자도 있을 것이다. 주가가 이미 상승하고 있는 상황에서는 사실 미래를 알려고 하는 것은 별 의미가 없다. 그러나 주가가 상투를 치거나, 바닥을 만드는 국면에서 투자자들이 가장 필요로 하는 것은 기업의 미래를 판독하는 기술이다.

앞으로 어느 기업의 주가가 더 크게 오를 수 있는가를 알려면 그 기업이 갖고 있는 미끼가 얼마나 싱싱하고 맛있는 냄새를 풍기는가를 진단해야 한다. 이미 당신은 주가 상승은 미끼에 따라 좌우된다는 것을 배웠기 때문에 미래의 기업구조를 익히는 기술은 고급 레벨에 해당된다. 만약 당신이 바닥을 정확히 짚어낼 수만 있다면 구태여 땀을 흘리면서 데이트레이딩에 목숨을 걸 필요도 없다.

가만히 앉아서 놀거나 쇼핑을 즐기고 인터넷 검색을 통해 재미있는 사연을 읽고 멀리 여행을 떠나 자신만의 즐겁고 소중한 시간을 가질 수도 있다. 그러면서도 계좌에 돈이 척척 불어난다면 그 얼마나 신나는 일인가.

미래의 가치를 따지는 것은 저평가 또는 고평가를 논하는 방법을 미래로 옮겨놓고 계산하는 것을 뜻한다. 지금 현재의 기업가치는 대부분 주가에 모두 반영되어 있기 마련이다. 그러나 기업가치는 변화무쌍하여 현재의 가치가 계속 유지되지 않으며, 크게 증가하기도 한다. 따라서 지금 당장은 어느 기업의 주가가 고평가인지, 저평가인지를 쉽게 파악할 수 있지만 미래에도 저평가로 인식될 주식을 찾는다는 것은 쉽지 않다. 사실 이 부분은 모든 투자자들이 느끼는 공통된 문제이다.

만약 당신이 미래의 저평가를 알아낼 수만 있다면 하늘이 무너져도 기분 좋은 매수를 실천할 것이다. 주가는 곧 미끼에 의해 상승한다는 것을 배웠으니 그것을 실천하는 것은 어렵지 않다.

어느 기업이든 저평가라는 보고서를 받으려면 현재 무언가를 열심히 준비해야 한다. 지금 당장 돈이 되지 않아 허우적거리지만 그것이 미래를 준비하는 과정 때문이라면 이 기업은 일단 저평가 기업 리스트에 포함될 자격이 있다.

과거에는 미래 기술이 소비자에게 전달되어 기업의 이윤으로 돌아오기까지 많은 시간을 필요로 했다. 그러나 지금은 IT기술과 통신기술의 발달로 미래 기술이 소비자의 지갑을 열게 되기까지 걸리는 시간은 비약적으로 줄었다. 얼마 전까지만 해도 LCD TV가 흥행하더니 갑자기 LED TV가 시장을 주름잡고 있다. 곧 TV시장은 OLED라는 자체 발광 다이오드를 사용한 꿈의 시대를 열 것이다.

과거에는 흑백TV에서 컬러TV로 넘어가는 과도기만 존재했으며 브라운관 방식의 TV는 수십 년 동안 진화를 멈춘 채 사용되어왔다. 그러나 LCD로 진입한 이후부터는 새로운 기술이 속속 개발되어 과거와는 비교도 안 될 만큼 소비자의 지갑을 빠르게 열고 있다.

여기까지의 설명은 TV의 발전사를 논하기 위함이 결코 아니다. 세상의 기술이 이렇게 빠른 진화와 변화를 보여주고 있는데 만약 기업이 느슨한 연구개발로 안이하게 대처하고 있다면 그 기업은 어떻게 되겠는가? 중견기업이 하루아침에 몰락하는 것은 그리 어렵지 않다. 따라서 현재의 기술과 판매량 또는 소비량을 갖고 저평가나 고평가를 논하는 것은 대단히 어리석은 분석에 해당된다.

미래가치를 먼저 매수하기 위해서는 그 기업이 현재 어떤 짓을 하고 있는가를 면밀히 검토해야 한다. 이는 결코 어렵지 않다. 삼성전자의 예를 들어보자. UBS증권은 보고서를 통해 삼성전자의 2009년 실적이 크게 악화될 것으로 전망했다. 그들은 서브프라임 사태를 인용해 소비가 침체될 것이니 삼성전자 제품도 판매에 차질을 빚어 실적이 엉망이 될 것이라는 보고서를 내놓았다. 더불어 적정 주가를 크게 떨어뜨렸고 투자의견도 하향에 초점을 맞췄다.

그러나 초생달이 보는 시각은 조금 달랐다. UBS증권사의 보고서는 DDR2를 기준으로 작성된 것을 알게 된 것이다. DDR2는 삼성전자가 적을 무찌르기 위해 준비한 히든카드였다. 어차피 비싼 값을 받을 수 없는 DDR2 메모리를 수율을 끌어올려 웨이퍼 한 장에 담을 수 있는 칩의 개수를 늘림으로써 가격을 마구 내려도 삼성전자는 소폭의 이익을 얻을 수 있었다.

그러나 삼성전자가 D램 가격을 인하하면서 대만의 반도체 기업들은 쓰러지기 시작했다. 파산과 경영악화는 미국으로까지 번져나갔다. 급기야는 일본으로 불길이 번지면서 반도체 기업들의 사면초가는 계속되었고, 그들은 헐값에라도 램을 처분하기 위해 덤핑판매를 시도했다. DDR2의 가격은 더욱 떨어졌고 떨어지는 만큼 세계 반도체 기업은 엄청난 빚더미에 안게 되었다.

이 모든 시나리오는 삼성전자가 의도적으로 계획한 것에 불과하다. 경쟁 기업을 쓰러뜨리고 유리한 위치를 선점하기 위해서는 기술력이 필수라는 것을 삼성전자는 일찌감치 깨달은 것이다. DDR2는 어떤 회사나 만들 수 있는 제품이기 때문에 가격경쟁을 무기 삼아 대량으로 판매해야 한다는 것을 깨달은 삼성전자는 수율을 끌어올리는 방법으로 칩의 가격을 낮출 수 있었던 것이다. 그러나 칩의 가격을 내릴 수 없는 대만과 일본 기업들은 삼성전자 때문에 엄청난 손실을 입으면서 서브프라임 사태까지 겹쳐 쓰러져갔다. 이런 과정 속에서 삼성전자는 차세대 D램에 해당되는 DDR3의 시제품을 만드는 데 성공했다.

DDR3의 경우 DDR2와는 경쟁이 되지 않을 만큼 엄청나게 빠른 속도와 저전력 소모라는 두 마리 토끼를 모두 잡아낸 쾌거이다. 그러나 DDR3는 제품이 아무리 좋아도 시장에 판매할 방법이 없었다. 램은 CPU와 정보를 교신하는 부품이기 때문에 컴퓨터에서 DDR3를 인식해야 한다.

결국 삼성전자가 DDR3 메모리를 만들었다는 것은 미국 인텔사에서 DDR3를 사용할 수 있는 중앙연산처리장치를 만들었다는 것으로 해석해야 한다. 얼마 후 인텔은 코어i7이라는 코드네임을 갖는 x58 cpu를 생산하게 된다. 이제 삼성전자의 실적은 당연히 DDR3로 몰릴 것이다. DDR2와 비교할 때 DDR3의 마진은 3배가 넘기 때문에 엄청난 실적 호전을 끌어낼 수 있다.

DDR3를 사용하는 환경에 또다시 기름을 부어준 기업은 마이크로소프트이다. MS는 윈도우비스타를 조기에 단종시키고 윈도우7이라는 새로운 운영체제를 내놓았다. 이것은 모두 DDR3를 제대로 사용하기 위한 기술기업의 원윈 작전에 의해 마련된 무대이다. 결국 삼성전자의 실적이 대폭 호전될 것이라는 초생달의 예언은 적중했고 UBS는 물을 먹었다. 초생달에게 패배한 것이다.

11개월 후에 하이닉스와 삼성전자의 DDR3 메모리에 대한 실적 호전 보고서가 슬슬 발표되었다. 11개월 동안 주가가 크게 오른 것은 말할 필요도 없다. 그렇다면 삼성전자의 주가는 42만원에서 80만원 근처까지 왜 오른 것일까? 여기에는 필연적인 미끼의 공식이 존재한다.

주가=미끼=실적

미래를 철저하게 준비한 기업은 승리한다. 결국 미래를 알기 위해서는 산업 동향을 어느 정도 인식해야 한다. 세상에 공짜는 없는 법이다.

주부 투자자들은 장바구니에서 기업의 미래를 훔쳐본다고 하지 않는가? 요즘 마트에서 어떤 제품이 마구마구 잘 팔린다고 하면 그 회사의 주식을 구매하는 것이다. 이것은 매우 합리적인 선택이다. 어찌 보면 이런 행동은 '산업 동향을 토대로 한 기업의 활동량을 측정하는' 것과 유사한 효과를 가져온다.

주부 역시 공짜로 기업의 미래를 발견한 것은 아니다. 다리품을 팔아 마트를 다니면서 확인한 결과물이다. 그래도 당신 스스로 산업 동향과 기업의 연구성과를 사전에 파악하기란 매우 어려운 게 사실이다. 이때에는 조금 쉬운 방법을 사용할 수 있다. 과거에는 없던 것들이 상업적 도구로 사용되어 돈벌이가 될 가능성이 높은 것을 찾는 것이다. 현재 이러한 것들은 갑자기 등장한 이명박 대통령 테마를 꼽을 수 있다. 또는 통신인프라 구축 완료에 따른 다양한 콘텐츠 사용의 확대에 따른 수혜주를 찾아내는 것도 한 가지 방법이다.

통신인프라는 하루아침에 만들어지는 것이 아니기 때문에 정상적인 경쟁구도에서는 오래된 기업이 승리를 차지할 가능성이 매우 높다. 또한 오래된 기업이 통신과 관련된 중요한 부분을 선도하거나 기술을 개발하고 있다면 이것은 미래의 미끼에 해당된다. 여기까지의 정보는 이미 공시나 시장정보를 통해 쉽게 얻을 수 있는 것들이다.

어느 통신기업이 와이브로 사업을 확대한다고 발표했지만 주가는 시큰둥한 반응을 보이면서 응답이 없다면 당신은 투자를 포기할 것이다. 무언가 빠른 반응을 보여야만 와이브로 사업이 대단한 것으로 생각되어 즉시 추격매수를 하는 게 투자습성이기 때문에 변화를 보이지 않는 공시나 사업 발표에는 반응하지 않는다.

그러나 이는 매우 잘못된 생각이다. 와이브로 사업을 확대한다는 것은 지금 당장의 재료가 아니라 미래의 재료에 해당된다. 따라서 그 기업은 미래를 준비하는 기업에 해당된다. 그러던 어느 날 똑같은 기업이 이번엔 IPTV 사업에 진출하겠다는 발표를 했다면 이것은 두 번째 미래 사업에 해당된다. 와이브로와 IPTV라는 두 가지 사업을 통해 미래를 준비하는 것이다.

이때 정부에서는 IPTV를 활성화하기 위한 미디어법 개편을 발표하면서 IPTV 사업자도 뉴스, 영화를 만들 수 있는 길을 열어주었다면 이것은 세 번째 미래 재료에 해당된다. IPTV 사업은 초고속인터넷 인프라가 필요하기 때문에 누구나 쉽게 뛰어들 수 있는 사업은 결코 아니다. 따라서 경쟁기업이 출현해도 그것은 제한된 경쟁에 그친다. 또한 IPTV 사업을 흑자로 만들기 위해서는 다양한 고객층을 미리 확보해 충성도 높은 고객을 안정적으로 유지해야 한다. IPTV 사업은 콘텐츠 장사에 해당되기 때문에 설비투자나 공장을 짓기 위한 부지 확보 등이 전혀 필요 없다. 아이디어가 돈이 되는 사업이 IPTV이다. 그런데 이것이 돈으로 바뀌기 위해서는 약간의 시간을 필요로 한다. 지갑을 열어야 하는 고객의 소비 풍속도를 바꾸어야 하기 때문이다.

예를 들어 IPTV 사업자가 영화를 송출해 1편당 3,000원을 받는다고 가정하자. 그런데 불법 업로드 업체인 P2P에서는 똑같은 영화를 300원에 다운로드 받을 수 있다면 영화 판권을 갖고 있는 IPTV 사업자는 결코 돈을 벌 수 없게 된다.

따라서 소비자의 공짜 인식을 없애고 영화는 1편당 3,000원을 주어야 한다는 공감대를 이끌어내기 위해서는 정부의 노력이 필요하다. 불법 업로드 업체를 징계하고 법을 강화해서 공짜문화를 서서히 축소한다면 IPTV 업체는 큰 호재를 만난 것과 같다.

IPTV를 통해 할 수 있는 것 중에 최고의 부산물은 교육 인프라 구축이다. 강남의 유명 강사를 TV 속으로 끌어들여 학원의 사각지대에 놓여 있는 지방도시의 학생들에게도 강남과 똑같은 혜택을 줄 수 있다. 그러나 강남의 잘나가는 강사진들이 IPTV로 모여들어 박리다매를 선택하지는 않을 것이다.

이때에도 정부의 강력한 규제가 필요하다. 불법학원을 색출하고 거액의 수강료를 받는 행위를 조사하면서 사교육비 절감 정책을 대대적으로 발표한다면 이것은 IPTV의 교육사업이 향후 대단한 돈벌이가 될 수 있다는 예측으로 발전하게 된다.

IPTV 사업자는 정부와 보조를 맞추기 위해 지방에 사는 초중고 학생들을 위해 IPTV를 통한 시범교육을 실시한다. 이것은 모두 일련의 과정을 통해 마치 계단을 오르듯 준비된다. 따라서 지금 당장 주가가 움직이지 않는다며 투자를 포기하는 것은 어리석은 행동이다.

어느 기업이 미래 사업을 위해 다양한 일을 준비하고 있다면 미래의 기업가치는 분명히 상승한다. 미래가치가 현재 가치보다 높다면 주가는 그것을 반영하려 할 것이다. 동서고금을 막론하고 치열한 '쩐의 전쟁터'는 항상 그렇게 움직였다. 한 치의 오차도 없이 현재를 통해 미래를 들추어보려는 온갖 노력들이 병행되었다.

아무리 뛰어난 데이트레이더라 할지라도, 또는 단타와 중타를 족집게처럼 짚어낸다 할지라도 결국 그들은 세력이 만들어놓은 잔칫상을 찾아간 것뿐이다. 그들이 직접 잔칫상을 차릴 능력은 안 되기 때문에 세력을 찾아 빵조각을 얻어먹고 철수하는 투자를 반복한다.

그러나 지금 당신은 스스로가 세력이 될 수 있는 방법에 대해 배우고 있다. 주가는 과거의 사건이 현재를 만들고, 현재 벌어지는 문제점들은 미래를 완성하는 발판이 된다. 현재 어떤 일을 꾸미고 있는가에 따라 기업의 미래가 결정된다는 뜻이다. 과거와 현재는 결코 떼어놓을 수 없으며 이들의 결론에 의해 미래가 만들어진다.

주가는 귀신도 모른다고 주장하는 사람은 본인 스스로 현재의 사건이 미래를 어떻게 바꾸어 놓을지에 대해 생각해본 적이 없다고 실토하는 것과 같다. 원유 폭등, 부동산 가격 폭락이 현실로 나타나자 세계 정부는 부양책이라는 카드를 꺼내 들었잖은가? 결국 현재의 사건이 미래를 만들고 있다는 증거이다.

죽어가는 현재를 최대한 살려놓아 미래를 풍요롭게 하기 위한 준비가 부양책이다. 이러한 일련의 과정을 기업에 적용해보는 것은 대단히 흥미로운 과정이다. 만약 어떤 기업이 단일 품목을 생산해 이익을 얻고 있다면 그 기업은 조만간 대단히 위험한 사태에 빠질 수 있다. 단일 품목과 동일한 성능을 갖고 있는 제품을 다른 기업도 생산해낼 가능성이 높기 때문이다.

그렇다면 기업 입장에서는 경쟁기업을 물리치기 위한 새로운 기술 개발이 필요할 것이다. 이때 연구센터나 인력을 구성해서 새로운 제품의 기술을 개발하고 단일 품목을 다품종으로 전환했다면 이것은 그 기업이 미래를 준비하고 있다는 증거가 된다. 따라서 연구센터나 연구인력을 구성하면서 일시적으로 실적이 축소되는 현상이 나타날 것이고 이에 상응하는 주가 하락이 시작되었다면 미래를 구축한 기업을 매수하는 데는 최상의 조건이 펼쳐진 것이다.

주식시장은 일시적으로 기업이 쌓아둔 잉여자금, 유보율이 떨어지는 것을 원치 않는다. 따라서 기업이 막대한 설비투자를 하게 될 경우 주가는 일시적으로 추락한다. 쏟아부은 사업자금을 다시 회수하기까지는 일정 기간을 필요로 하기 때문에 그 기간 동안에는 주가가 오르지 않을 것으로 판단하기 때문이다.

그러나 여기에 깊숙한 함정이 존재하는 것이다. 기업이 아무 짓도 하지 않고 있으며 경쟁기업은 연구인력과 설비투자에 박차를 가하고 있는데 돈만 끌어안고 있는 기업이 있다면 조만간 경쟁기업의 끝없는 연구와 신제품 출시로 인해 패배자가 될 것이다. 결국 장사치의 상술로 계산되는 기업 전쟁은 서로 손을 잡고 걸어가는 원원이나 혹은 서로가 서로를 죽이고 혼자 걸어가는 길을 선택해야 한다.

경쟁 기업을 물리치는 것은 총칼이 아닌 기술력이다. 따라서 미래가치를 매수하기 원한다면 그 기업이 현재 이 시간에 무엇을 하고 있는가를 파악하는 습관을 들여야 한다. 다시 한 번 강조하지만 주가는 미래가치를 분명히 반영한다.

🌙 미래의 예언, 미래의 차트를 만난다

당신은 미래가치가 만들어지는 일련의 과정을 배웠다. 하지만 오늘 이 시간 기업이 땀 흘려 준비하는 미래 기술이 과연 미래에 얼마나 멋진 결과를 가져올지에 대해서는 아무도 모른다. 그럼에도 불구하고 미래를 준비하는 기업을 필요로 하는 까닭은 주식 가격을 결정짓는 도구는 새로운 기술이기 때문이다. 또는 새로운 일을 저지르는 기업이 주식 가격을 결정짓기 때문이다. 일단 들이대고 보아야 한다.

또한 과연 미래에 얼마나 멋진 결과를 가져올지 전혀 모른다 하여 기업 가치를 짓밟아 버릴 필요는 없다. 아무 짓도 하지 않는 기업과 비교할 때 분명 충분한 가치의 반영이 가능하기 때문이다. 물론 여기까지는 "나도 잘 알고 있다"고 큰소리치는 독자들이 있을지도 모른다. 하지만 잘 알고 있다 하여 실전투자에 적용하면 수익을 가져다주는가? 대부분 백전백패했을 것이다.

초생달은 25년의 실전 전문가로서 증시의 모든 국면을 경험했으며 당신이 어떤 생각으로 주식을 거래하는지도 정확히 꿰뚫고 있다. 당신은 분명 백전백패의 그늘 속을 거닐고 있을 것이다.

매우 단순해 누구나 따라할 수 있다는 이유로 보석보다 소중한 것을 내동댕이친 적은 없는가? 세상 모든 기업은 땀 흘려 일한다. 그 과정에는 연구, 개발도 포함된다. 이렇게 따지면 모든 기업이 연구기업이요 미래를 준비하는 기업이다. 지금까지 초생달이 말한 미래가치는 사실 모든 기업이 실천하고 있는 것이다. 그런데 왜 모든 기업의 주가가 삼성전자처럼, 신세계처럼 비싼 값을 넘보지 못하고 몇 천원대에 머무는 것일까?

당신이 왜 패배를 일삼고 있는지의 매우 중요한 힌트가 그 속에 담겨 있다. 널브러진 파편처럼 주변을 어지럽히는 기술, 기업이 생존하기 위해 겨우 만들어내는 준비는 의미가 없다. 어느 기업이 미래를 준비하고 있고, 그에 대해 높은 점수를 받기 위해서는 최소한 그 시대의 기술 중 일부라도 선도하는 부분이 있어야 한다. 이미 삼성전자나 LG전자가 생산하는 제품의 일부 기능을 개선한 것만 가지고는 미래를 준

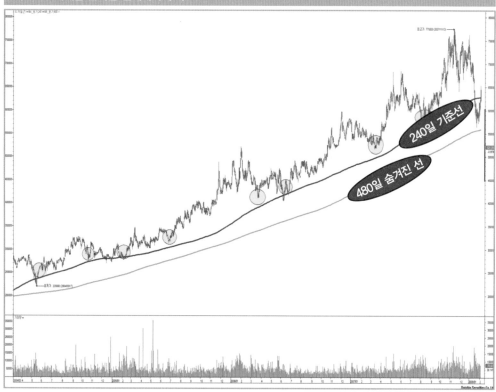

비했다고 볼 수 없다. 개선을 하거나 효율을 높인 차원을 넘어 새로운 기술의 개발이 필요하다.

신세계의 예를 [차트 49]를 통해 보자. 과거 신세계는 이마트라는 브랜드를 출범해 서민들이 주로 이용하는 재래시장과 한판 승부를 펼친 시절이 있다. 그 당시 한국에는 월마트와 까르푸 등 해외의 거대 개방형 마트가 이미 진출해 있었다. 그러나 이마트의 집요한 토종브랜드 인지도 확장과 한국인의 애국심을 자극하는 수단을 통해 이마트가 가장 좋은 제품을 가장 싸게 판다는 이미지를 심는 데 성공했다.

결국 까르푸는 오래 버티지 못하고 한국을 떠날 수밖에 없었으며 월마트의 대형 매장은 이마트에서 인수했다. 한국 내에서는 이마트를 대적할 대형마트가 없었던 것이다. 경쟁자가 없는 신세계의 이마트 전국 제패 소식은 곧 신기술에 해당된다. 신기술이 필요한 까닭은 경쟁자를 물리치기 위해서이다. 따라서 향후 이마트는 높은 신장률과 함께 순이익이 복리로 증가할 수 있는 발판을 마련한 것이다.

제조업은 그 제품이 망가질 때까지 새로운 제품을 판매할 수 없으나 먹을거리는 아무리 비싼 제품도 먹어치우면 다시 구매해야 한다. 결국 고가의 명품으로 그저 그런 이익을 내던 신세계는 이마트의 성공을 통해 미래의 거대한 박리다매의 실적을 거머쥔 것이다. 신세계는 이마트 사업을 준비함으로써 새로운 미래를 개척한 것이다.

1998년 IMF 시절 신세계의 주가는 9,000원이었다. 10년이 지나자 이 주가는 77만5천원에 도달했다. 무려 77배가 넘는 상승을 기록한 것이다. 퍼센트로 따지면 7,700%의 엄청난 투자수익이다. 워렌 버핏도 기록하지 못한 경이적인 수익률이다.

당신이 수십 년 동안 투자를 할지라도 7,000%의 수익을 얻는 것은 사실상 불가능하다. 왜냐하면 매우 짧은 시각을 갖고 있으며, 투자기법을 배우되 짧게 먹고 도망치는 기술만을 섭렵했기 때문이다. 이런 방법으로는 거대한 기류를 읽어낼 수 없다.

 차트를 만드는 요소는 무엇일까

당신은 중장기 이동평균선이라는 말을 들어보았을 것이다. 중장기 이동평균선은 특별히 정해진 것은 없지만 초생달은 240일선과 480일선을 사용한다. 3분봉 차트를 열어놓고 3초만에 주식을 사고팔아 떼돈을 번다는 시대에 무슨 240일을 이야기하고 480일을 논할까? 무수히 많은 트레이더들이 3분봉, 5분봉, 10분봉을 열어놓고 각 분봉차트에 나타나는 지지선을 이용해 주식을 거래하는 상황에서 말이다.

생각해보자. 당신은 3분봉만으로는 부족해 5분봉 차트를 추가로 준비하지만 그래도 불안해서 10분봉 차트까지 준비하는 게 아닌가? 심지어 30분봉의 지지선, 60분봉의 저항선을 분석하느라 진땀을 흘리는 게 과연 고수가 할 일인지는 생각해볼 문제이다.

데이트레이더는 몇 번의 투자 성공을 이끌 수 있지만 데이의 특성 자체가 짧고 작게 먹되 여차하면 주식을 팔아치우는 기술이기 때문에 결코 큰 수익을 얻을 수 없다. 그래서 데이는 몇 번 작은 것을 취하고 한방에 큰 것을 빼앗기는 투자를 통해 깡통으로 치달린다.

아무도 없다. 주변에 그토록 유명했던 데이트레이더의 고수들은 모두 소멸되었고 지금 어디서 무엇을 하는지조차 알 수 없다. 그리고 지금 이 시간 고수로 활동하고 있는 데이트레이더의 고수들도 대부분 허황된 이야기로 개미들을 끌어들이는 호객꾼에 불과하다. 물론 이것이 가능한 이유는 상업적 목표를 갖고 있는 언론사와 포털사의 합작품이기도 하다.

이쯤에서 원점으로 돌아가보자. [차트 49]에는 240일선인 기준선과 숨겨진 선으로 이름붙인 480일선이 준비되어 있다. 240일과 480일 선이 갖고 있는 의미에 대한 모든 예문은 초생달이 2000년에 발표해 학설로 알려진 내용이다.

신세계의 주가는 오랜 세월 정확하게 240일선을 타고 꾸준히 상승한 것을 볼 수 있다. 9,000원이 77만 원이 될 때까지 중요 지지선으로 작용한 녀석은 기준선이다. 기준선은 곧 어느 기업이 돈을 벌어들이는 기준을 갖고 있는가를 알려주는 선이다. 신세계가 벌어들이는 순이익이 매년 들쭉날쭉하다면 주가도 기준선을 지켜내지 못하고 추락할 것이다.

실제로 기업 실적이 오락가락해 주가도 뒤죽박죽 움직이는 기업은 많다. 이런 기업의 특징은 호경기와 불경기가 극명하게 드러나기 때문에 주가는 크게 오르다가 다시 크게 하락하는 트랜드를 갖게 된다. 결국 경기의 호황과 불황을 벗어나지 못하고 그 사이클에 구속된 기업은 주가가 자주 기준선 아래로 굴러 떨어진다. 결국 기준선도 하락각도로 전환되어 그 기업이 당분간은 불황에 허덕일 것임을 암시해준다.

결국 차트를 만들어내는 요소는 기업의 미래실적, 미래가치이다. 반면 삼성전자의 주가차트는 [차트 50]에서 보듯이 신세계와 비교할 때 기준선 각도가 수평각을 유지하면서 기준선 아래로 굴러 떨어진 날들이 비교적 많다. 그러나 신세계의 주가는 240일 기준선 위에서 노닐며 신고가를 계속 만들었다. 신세계 주가차트는 기준선 상승각도가 계속 이어졌는데 삼성전자는 왜 상승 후 잠시 쉬어가는 계단식 각도가 나타났을까? DDR2 메모리가 과포화 상태가 되었다면 거래가격은 추락할 것이다. 원/달러 환율까지 안정되었다면 환차익을 통해 순이익을 늘릴 수도 없다. 이럴 때 삼성전자의 주가는 주춤거리면서 기준선 각도를 수평각으로 전환시킬 정도의 긴 시간을 머뭇거리게 된다.

그러나 삼성전자의 적군들인 마이크론테크놀러지와 일본, 대만의 반도체 기업들이 우후죽순 궁지에 몰려 파산 직전까지 도달했다면 삼성전자 주가는 크게 오를 것이다. 경쟁자가 사라졌으니 거침없는 제품

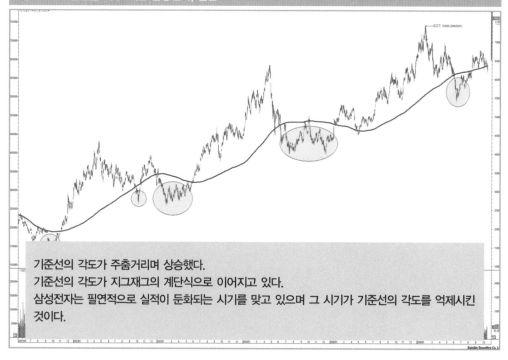

기준선의 각도가 주춤거리며 상승했다.
기준선의 각도가 지그재그의 계단식으로 이어지고 있다.
삼성전자는 필연적으로 실적이 둔화되는 시기를 맞고 있으며 그 시기가 기준선의 각도를 억제시킨 것이다.

공급이 가능하기 때문이다. 그래서 삼성전자 주가는 기준선을 깨뜨리되 끝없이 폭락하지 않고 일정 기간이 지나면 다시 기준선 위로 올라선 것이다.

중장기 이동평균선을 분석하는 이유는 중장기 투자를 하기 위해서가 결코 아니다. 중장기에 걸친 악성매물, 손해를 보고 주식을 틀어쥐고 있는 사람들의 평균 가격대를 알아내기 위해 240일선과 480일선을 관찰하는 것이다.

만약 240일선이 유유히 상승각도를 유지하고 있다면 그 기업의 주가는 더 오를 수 있다는 신호를 주는 것과 같다. 240일선의 각도가 상승각도이면 더 이상의 악성매물이 없으며 신세계를 구매한 투자자들은 모두 이익만 얻고 있다는 증거이다.

　만약 당신이 어느 개별주를 공격해서 수익을 얻고자 한다면 기준선을 살펴보는 습관부터 가져야 한다. 기준선 각도가 하락각도인 종목이 있고, 상승각도인 종목이 있다면 당신은 어느 쪽에 배팅할 것인가? 주식투자는 결국 차익을 크게 얻기 위한 게임이기 때문에 기준선 각도가 상승으로 전환될 수 있는 초기 패턴을 때려잡아 매수해야 한다.

 ## 주가는 미래를 먹고 산다

모두 상승하는 시장에서 기준선이 하락각도를 계속 유지하는 종목은 미래가 매우 불부명한 기업이다. ⌐ 누구노 관심이 없으며 언세 도산할지 모르는 기업에 해당되기도 한다. 물론 기준선이 하락각도로 이어지는 종목은 가격이 매우 저렴하다. 그러나 가격이 저렴한 이유가 기업이 돈을 못 벌거나 미래가 불투명하거나, 전혀 미래를 준비하지 않아서라면 아무리 오랜 세월 기다려도 손실만 대폭으로 늘어날 뿐이다. 웃기는 소리라고 일축하는 사람이 있다면 그 사람이야 말로 웃기는 소리를 멈추어야 한다.

　기준선이 얼마나 위대한 정보를 제공하는지를 간과하는 까닭은 보조지표와 엉터리 분석가에게 주식을 배웠기 때문이다. 삼성전자가 상승하고 삼성SDI가 기준선 위에서 휘파람을 불 때에 한진해운은 [차트 51]에 나타난 것처럼 비참한 운명의 2009년을 살고 있다.

　그 이유를 아는가? 한진해운의 주가는 왜 기준선을 가파르게 하락시키면서 시장에서 소외당하고 많은 투자자들의 가슴을 차가운 시베

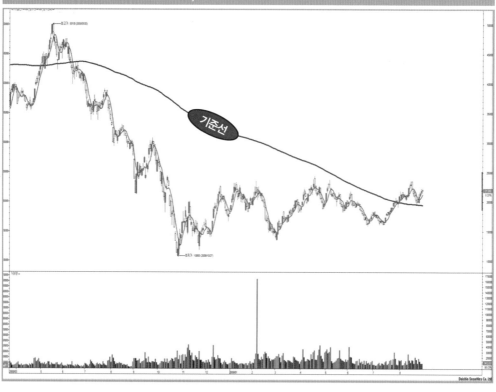

리아로 만드는지 그 이유를 꼭 알아야 한다. 삼성중공업, 대우조선해양, 현대미포, STX조선에서 만들어낸 선박들과 앞으로 만들어야 하는 배의 주문량이 증가할수록 한진해운이 벌어들일 돈의 양은 줄어들 수밖에 없다. 이것은 결국 한진해운의 미래를 측정한 결과이다.

주가는 미래를 먹고산다. 미래의 가치를 주가에 반영시킨다. 싼 맛에 주식을 사는 행위는 휘발유를 등에 짊어지고 불길 속으로 달려가는 것과 다를 바 없다.

주가가 기준선 위에서 움직이는 시간이 많을수록 시장은 그 기업의 가치를 인정하고 있다는 증거이기 때문에 어떤 보조지표도 알아내지 못하는 은밀한 세력의 매매 스타일까지 발견할 수 있다.

지금 당신이 보유한 종목은 세력이 개입되어 있는가? 당신은 그것을 알 수 있는가? 혹시 매집 세력이 멀리 달아나버린 빈껍데기뿐인 종목을 부여잡고 미래를 설계하고 있지는 않는가? 한술 더 떠 렌코차트나 RSI, MACD를 붙들고 늘어지며 매매신호를 찾지는 않는가?

미래의 시나리오를 그려라

당신은 차트가 하는 이야기를 들을 준비를 해야 한다. 그러나 차트의 이야기를 들을 수 있는 단계가 되었다면 한 발 더 나아가 스스로 '차트가 어떤 이야기를 할 것인지' 예측하기 위한 시나리오를 작성해야 한다.

이것은 대단히 흥미롭지만 그만큼의 어려움이 따른다. 시나리오를 그럴 듯하게 그려낼 수 있다면 차트의 미래를 타임머신을 타고 미리 다녀오는 것쯤은 그리 어렵지 않다. 서브프라임 사태는 필연적인 주가 폭등의 시나리오를 갖고 있었다. 부동산 도미노 폭락과 압류사태로 경매장은 포화 상태를 이루었고 그럴수록 금융가는 쓰러져갔다. 미국 정부는 부양책 카드를 꺼냈고 부실한 은행을 매각, 처분, 흡수, 지분장악 등의 방법으로 클린뱅크를 만들어나갔다.

그 후 막대한 돈을 퍼부어 경기를 살리려는 노력의 일환으로 국채를 발행하기 시작했다. 그 국채는 누가 사주었는가? 중국은 자본전쟁에서 승리할 수 있는 거대한 기회를 거머쥐기 위해 미국이 발행하는 국채를 거침없이 사들이기 시작했다.

모든 국가들이 망한 것이 아니었다. 중국은 대단히 많은 돈을 거머쥐고 있었으며 인도 또한 큰 타격이 없었다. 한국은행도 큰 타격 없이 서브프라임 사태를 이겨낼 수 있었다. 이런 국가들이 미국의 회생을 돕기 위해 팔을 걷어붙였고 중국은 미국을 도우면서 국채 매입을 통한 자본전쟁의 무기까지 챙기게 된 것이다.

거대기업을 인수하고, 지분을 사들여 중국기업이 미국기업의 사업에 관여하는 시스템을 만들었다. 일본과 중국은 희망이 보이는 미래기업을 먼저 선점하기 위해 돈보따리를 들고 미국으로 달려간 셈이다.

이때 초생달은 또 하나의 전략을 내놓았는데 러시아펀드를 환매하지 말라는 전략이었다. 그 당시 러시아펀드 가입자들은 80%의 대규모 손실을 입고 있었다. 여기서 처분해도 별로 건지는 게 없는 상태였다. 그러나 내가 바라보는 세계는 회생의 시나리오가 흘러넘쳤다. 중국이 세계를 살려놓는 그림이 현실적으로 가속화되고 있는 상황이었다.

유가는 필연적으로 오르게 된다. 30달러대를 돌파해 70달러대를 향한 경기회복의 수혜를 원유시장이 입게 될 것을 예측했다. 그 이상의 상승은 대단한 무리가 따르며 서브프라임의 후유증이 완벽하게 치유되기는 어렵기 때문에 오랜 기간 70달러대를 유지할 것이라는 시나리오를 설정한 것이다.

이것은 곧 러시아 경제가 일정 부분 살아나게 된다는 것을 암시한다. 동유럽 경제가 숨통이 트인다는 것이기에 유럽 경제의 모럴헤저드를 사전에 차단시켜 주식시장의 안전판으로 사용할 수도 있다. 결국 시장은 안정되었고 유가는 상승했으며 러시아는 재건에 박차를 가하고 있다.

중국은 시장이 너무 빠른 속도로 성장하는 게 골칫거리일 만큼 과도기의 자본효과를 톡톡히 보고 있다. 중국의 성장이 가파를수록 한국 기업이 벌어들이는 외화는 천문학적으로 증가할 것이며, 이미 진행되고 있기도 하다.

서브프라임 사태에도 불구하고 삼성전자와 LG전자가 벌어들인 돈은 상상을 초월하는 파워를 보여주었다. 그 배후에는 중국이 버티고 있으며 차후에는 인도로 확산되는 도미노 성장동력이 마련될 것으로 판단된다.

과거의 잣대로 한국의 현재를 재단하려 해서는 안 된다. 그것은 크나큰 오류를 양산하여 당신을 성공의 큰 기회에서 더욱 멀어지게 할 뿐이다. 세상은 이미 과거의 잣대로는 아무것도 측정할 수 없는 새로운 시대를 맞이하고 있다. 그렇기에 변화와 거대한 기류를 하루라도 먼저 깨닫는 쪽이 승리자가 된다.

한국 주식시장의 지수가 3,000포인트를 찍는다 해도 전혀 놀랄 일은 아니다. 지금까지의 흔적만으로도 모두가 죽는다며 아우성치는 절규의 국면에서 서브프라임 사태는 절호의 기회, 인생에서 단 한번 올까말까한 최대의 기회였지 않은가?

주가는 현재의 가치가 아닌, 미래의 가치, 미래의 실력을 먹는다. 그렇다면 한국증시의 지수가 몇 천 포인트를 기록할 것인가를 놓고 따져서는 안 된다. 대신 한국에 분포되어 있는 기업들은 과연 미래가치, 미래를 위한 실력을 갖추었는가를 따져야 한다.

이리보고 저리보아도 한국의 기업은 이미 미래의 문을 활짝 열 준비를 끝낸 상태다. 단지 투자를 머뭇거리는 당신이 바보스럽고 단편적인 편린의 조각만 붙들고 서성거릴 뿐이다.

KEY POINT ● ● ●

중국은 미래의 거대 시장이다. 중국의 성장이 가파를수록 한국 기업이 벌어들이는 외화는 천문학적으로 증가할 것이다.

한국증시
대폭등 시대가 온다

지은이 | 김경수
펴낸이 | 김경태
펴낸곳 | 한국경제신문 한경BP
등록 | 제 2-315(1967. 5. 15)

제1판 1쇄 발행 | 2010년 1월 15일
제1판 3쇄 발행 | 2010년 2월 10일

주소 | 서울특별시 중구 중림동 441
홈페이지 | http://www.hankyungbp.com
전자우편 | bp@hankyung.com
기획출판팀 | 3604-553~6
영업마케팅팀 | 3604-595, 555   FAX | 3604-599

ISBN 978-89-475-2740-8 (03320)
값 15,000원

파본이나 잘못된 책은 바꿔 드립니다.